BEIHEFTE ZUR ZEITSCHRIFT FÜR DIE ALTTESTAMENTLICHE WISSENSCHAFT 31

DIE QUELLEN DER GENESIS VON NEUEM UNTERSUCHT

VON

WALTHER EICHRODT
LIC. THEOL.

VERLAG VON ALFRED TÖPELMANN
(VORMALS J. RICKER) * GIESSEN * 1916

DIE QUELLEN DER GENESIS VON NEUEM UNTERSUCHT

VON

WALTHER EICHRODT
LIC. THEOL.

VERLAG VON ALFRED TÖPELMANN
(VORMALS J. RICKER) * GIESSEN * 1916

BEIHEFTE ZUR ZEITSCHRIFT FÜR DIE
ALTTESTAMENTLICHE WISSENSCHAFT

31

Inhalt.

I. Einleitung.

Daß die Hexateuchprobleme wieder neue Anziehungskraft gewonnen haben, geht aus den zahlreichen Neuerscheinungen hervor, die in den letzten Jahren innerhalb der alttestamentlichen Literatur gerade diesem Gebiet gewidmet waren. Lange Zeit hatte es den Anschein, als sei hier die Hauptarbeit getan, nachdem die mit den Namen GRAF — KUENEN — WELLHAUSEN untrennbar verknüpfte Umwälzung der Hexateuchkritik in den siebziger Jahren des vorigen Jahrhunderts sich die weitestgehende Anerkennung verschafft hatte. Man beschränkte sich darauf, manche Einzelheiten zu verbessern, Details genauer auszuarbeiten und Lücken der neuen Theorie auszufüllen; im ganzen aber blieb man auf dem Standpunkt stehen, den die Begründer der neueren Urkundenhypothese, vor allem WELLHAUSEN, eingenommen hatten. Diesen Stand der Entwicklung zeigen z. B. in ziemlich übereinstimmender Weise die Einleitungswerke von HOLZINGER, BAUDISSIN, BUDDE, STRACK, SELLIN, STEUERNAGEL und CORNILL [1] und die Kommentare von DILLMANN, HOLZINGER, STRACK, KAUTZSCH, GUNKEL und PROCKSCH. [2]

Diesem in den Hauptzügen deutlich festzustellenden Konsensus gegenüber macht sich jetzt eine neue Bewegung bemerkbar. Wer die bedeutenderen Werke unter denen, die sich in den letzten Jahren mit der Hexateuchfrage beschäftigten, näher in Augenschein nimmt, dem fällt ein stärker oder schwächer zum Ausdruck kommender Gegensatz zu bisher vorgetragenen Anschauungen auf, der ihnen fast allen gemeinsam ist und darauf schließen läßt, daß sie nicht sowohl das bisher Erarbeitete sammeln und in neuem Gewand vortragen, als vielmehr in eine im Fluß

---

[1] HOLZINGER, Einleitung in den Hexateuch 1893. BAUDISSIN, Einleitung in die Bücher des AT. 1901. BUDDE, Geschichte der althebräischen Literatur 1906. STRACK, Einleitung in das AT. 6. Aufl. SELLIN, Einleitung in das AT. 1910. STEUERNAGEL, Lehrbuch der Einleitung in das AT. 1912. CORNILL, Einleitung in die kanonischen Bücher des AT. 1913, 7. Aufl. Vgl. auch MERX, Die Bücher Moses und Josua 1907, RGV II. 3 und KITTEL, Geschichte des Volkes Israel I. 1912, 2. Aufl.

[2] DILLMANN, Genesis, 6. Aufl. 1892. HOLZINGER, Genesis 1898. STRACK, Genesis, 2. Aufl. 1905. KAUTZSCH, Die Heilige Schrift des AT. 3. Aufl. 1908. GUNKEL, Genesis, 3. Aufl. 1910. PROCKSCH, Genesis 1913.

begriffene Bewegung eingreifen und ihr neue Bahnen anweisen wollen.
Das gilt ebenso von den mehr auf dem Gegebenen fußenden Werken
wie Sievers' „Metrischen Studien II. (Die hebräische Genesis)" 1904/05[1],
Luthers „Persönlichkeit des Jahvisten"[2] und Smends „Erzählung des
Hexateuch" 1912[3] als den der bisherigen Hexateuchkritik ablehnend gegen-
überstehenden wie Klostermanns „Pentateuch" 1893, N. F. 1907[4] und
Dahses „Textkritischen Materialien zur Hexateuchfrage" 1912[5]. Zu der
letzten Gruppe ist eine Reihe von Untersuchungen zu stellen, die der
Leidener Professor Eerdmans unter dem Titel „Alttestamentliche Studien"
seit 1908 hat erscheinen lassen. Hier kommt die Ablehnung der bisherigen Position der Hexateuchforschung wohl am schärfsten zum Ausdruck: „In dieser Abhandlung über die Komposition der Genesis sage
ich mich los von der kritischen Schule Graf — Kuenen — Wellhausen und
bestreite ich die sogenannte neuere Urkundenhypothese überhaupt (Komposition der Genesis, III). Ein erneutes Studium der Hexateuchfrage
hat mir den Beweis geliefert, daß die Kritik durch Astruc auf falsche
Fährte kam. Die Gottesnamen Elohim und Jahve sind keine zuver-
lässigen Führer bei der kritischen Analyse ...... der Sinn der Sagen
bleibt uns verschlossen, solange wir unter dem Bann der neueren Urkundenhypothese stehen. Denn diese denkt sich die Sagen als monotheistische." Aber „der Polytheismus findet sich nicht nur im Bundesbuch,

---

[1] Hier ist zum erstenmal der Versuch gemacht, mit Hilfe der Metrik die Text-
und Quellenkritik zu berichtigen. Die Anwendung des metrischen Prinzips ist jedoch
zu willkürlich und einseitig, als daß man Sievers' Resultaten einschneidende Bedeutung
zumessen könnte; und die Zersplitterung der drei Hauptquellen in vierzehn Unterquellen
ist der beste Weg zu einer Auflösung der Urkundenhypothese überhaupt.

[2] Bei Ed. Meyer, Die Israeliten und ihre Nachbarstämme 1906, S. 105 ff. In
neuer und eigenartiger Weise sucht Luther die jahvistische Schicht als Werk einer
lebensvollen schriftstellerischen Persönlichkeit darzustellen, was im Gegensatz zu der
weit verbreiteten Annahme einer jahvistischen Erzählerschule viel für sich hat, aber
manche allzugewagten und oft schlecht fundierten Konstruktionen enthält.

[3] Auf der Arbeit Wellhausens basierend, wird hier eine organische Fortbildung
der Urkundenhypothese versucht, wobei besonders in der Annahme zweier selbständiger
jahvistischer Erzähler und der Einheitlichkeit des Elohisten, sowie hinsichtlich der
letzten Bearbeitung des Hexateuch neue Resultate zutage treten.

[4] An die Stelle der Urkundenhypothese tritt ihm ein Kristallisationsprozeß, dessen
Mittelpunkt das mosaisch-sinaitische Grundgesetz bildet; unter den im Lauf der Zeit
erfolgten Erweiterungen dieses Gesetzes spielt das Deuteronomium eine besondere Rolle.

[5] Auf Grund eines mit erstaunlichem Fleiß und souveräner Beherrschung des
Stoffs durchgeführten Vergleichs der LXX-Lesarten bemüht sich der Verfasser, die
Unterschiede im Gebrauch der Gottesnamen auf die Einteilung der Genesis in Lese-
abschnitte zurückzuführen (Perikopenhypothese) und die P-Stücke in Gen 12—50 als
Auffüllungen eines Kompilators nachzuweisen.

sondern auch in der Genesis" (Komp. S. IV). „Die sog. priesterliche historisch-legislative Schrift, welche mit Gen 1 anfing, stellt dem kritischen Glauben hohe Ansprüche" (S. 2). „Die Meinung, es seien uns in der Genesis die Teile eines priesterlichen Geschichtswerks bewahrt, ist aufzugeben" (S. 33). „Die elohistische Schrift ist in der vorexilischen Zeit eine rätselhafte Erscheinung" (S. 35) usw.

EERDMANS unternimmt also nichts Geringeres, als eine in jahrzehntelanger Arbeit fast zur Alleinherrschaft durchgedrungene Erklärung des Hexateuchproblems für einen Irrtum zu erklären und etwas Neues an ihre Stelle zu setzen. Durch einen angesehenen Kritiker durchgeführt, erhalten die der Erreichung dieses Zieles gewidmeten Untersuchungen dadurch noch besonderes Gewicht, daß sie nicht ein bestimmtes Prinzip in einseitiger Beschränkung zum Ausgangs- und Richtpunkt wählen, wie z. B. DAHSE und SIEVERS, sondern alle brauchbaren Momente der historisch-kritischen Textbehandlung in geschickter Zusammenfassung anwenden. Aus diesem Grunde schon dürfte eine Untersuchung der Quellen der Genesis, die sich mit dem holländischen Gelehrten auseinandersetzt, von hohem Interesse sein.

Als notwendig jedoch erweist sie sich durch das Fehlen einer allseitigen Nachprüfung und Würdigung von EERDMANS' Resultaten. Wohl herrscht allgemein das Gefühl vor, das sich auch in den verschiedenen Besprechungen der EERDMANSschen Studien Ausdruck verleiht, daß in ihnen viel Berechtigtes und Beherzigenswertes zu finden sei, das in sorgfältiger Einzeluntersuchung erwogen werden müßte. Aber wo das zu suchen sei und worin es bestehe, darüber herrscht die größte Unsicherheit. Während der eine EERDMANS in den Hauptpunkten (keine Priesterschrift in der Genesis, starker Polytheismus, E nicht vorexilisch usw.) recht zu geben geneigt ist[1], spricht der andere von der Berechtigung seiner Kritik für allerlei Außenwerk der Quellentheorie[2], oder gar nur von vielseitigen Anregungen für die Forschung[3], und der dritte kann überhaupt keine Förderung der alttestamentlichen Wissenschaft bei EERDMANS finden[4]. Dieser letzteren Ansicht schließt sich auch die bisher einzige eingehende Auseinandersetzung mit EERDMANS, nämlich die von HOLZINGER, an[5]. Wie alle Arbeiten dieses Verfassers, zeichnet sie sich durch einen hervorragenden kritischen Scharfblick aus und leistet durch die klare Herausstellung der Fehler und schwachen Punkte in EERDMANS'

---

[1] HERRMANN, LZB 1908, 897 ff.   [2] VOLZ, ThLZ 1908, 667 ff.
[3] WILKE, ThLBl 1909, 233 ff.   [4] STEUERNAGEL, ThStKr 1908, 623 ff.
[5] ZAW 1910, S. 245 ff. und 1911, S. 44 ff.

1*

Ausführungen jeder ähnlichen Untersuchung wertvolle Dienste. Allein sie kommt über das rein Negative nicht hinaus, weil sie verkennt, daß EERDMANS nur der ausgeprägte Typus einer ganzen Bewegung ist, die eine neue Lösung der Hexateuchprobleme anbahnen will und aus diesem Zusammenhang heraus verstanden werden muß. Eine kritische Nachprüfung seiner alttestamentlichen Studien, die ihn unter diesem Gesichtspunkt betrachtet und, mit zweckmäßiger Heranziehung der am Anfang zitierten Werke, zu einer positiven Wertung seiner Arbeit fortzuschreiten sucht, dürfte deshalb eine fühlbare Lücke ausfüllen, besonders wenn sich herausstellen sollte, daß tatsächlich die moderne Hexateuchkritik durch EERDMANS in mehrfacher Hinsicht eine wirkliche Förderung erfährt. Es wird sich dabei darum handeln, sich stets mit der alten Position auseinanderzusetzen und festzustellen, wo dieselbe weiter zu vertreten sein wird, wo sie korrigiert werden muß und wo eine Entscheidung bis jetzt unmöglich ist.

Eine kurze Begründung bedarf noch die Beschränkung auf den ersten Teil von EERDMANS' alttestamentlichen Studien, die „Komposition des Genesis". STEUERNAGEL meint zwar[1], es sei ein Unding, durch eine kritische Nachprüfung der neueren Urkundenhypothese allein an der Genesis deren Berechtigung zu bestreiten. Auch offenbare die Vornahme der Kritik der Vierquellentheorie in einzelnen Teilen die Schwäche des Angriffs, da diese Theorie sich doch auf das Ganze des Hexateuch stütze. Dem ist aber ein Doppeltes entgegenzuhalten: Einmal ist die Urkundenhypothese doch wohl nicht anders nachzuprüfen, als indem man ein Buch des Hexateuch nach dem anderen vornimmt, um ihre Brauchbarkeit zu erproben. In dieser Weise ist sie ja auch einst durchgeführt worden[2]. Ob das nun in Form einer zusammenhängenden Untersuchung geschieht, wie z. B. bei SMENDS „Erzählung des Hexateuch" oder in einzelnen Teilen, die dann am Schluß einer Zusammenfassung bedürfen, ist doch nur eine Äußerlichkeit und hängt gewiß mehr von den Bedingungen ab, unter denen der betreffende Gelehrte arbeitet, als von einer Unterschätzung der über die einzelnen Bücher hinausgreifenden Zusammenhänge der Quellenschriften.

Zum anderen gibt sich EERDMANS keineswegs der Täuschung hin, als ob mit der Untersuchung der Genesis auch die Widerlegung der Urkundenhypothese beendigt sei, wie schon aus seiner Bemerkung Komp. S. 95 hervorgeht: „Das Resultat der Untersuchung macht es notwendig, auch die

---

[1] ThStKr 1908, 624.   [2] Cf. HUPFELD, Die Quellen der Genesis 1853.

folgenden Bücher der Thora zu behandeln." Er hat denn auch inzwischen seine Studien über die Bücher Exodus und Leviticus veröffentlicht, die beweisen, daß er dem Ganzen der Urkundenhypothese gerecht zu werden sucht.

Übrigens aber trägt auch eine gesonderte Behandlung der Genesis die Gründe ihrer Berechtigung in sich. Es ist durchaus nicht so, wie STEUERNAGEL meint, daß eine Widerlegung der Quellenscheidung in der Genesis für den Bestand der Urkundenhypothese bedeutungslos wäre und ihre Berechtigung für die folgenden Bücher nicht in Frage ziehen würde. Dafür steht die Genesis viel zu sehr im Vordergrund der modernen Quellenanalyse, die hier ihre eingehendste Durchführung, ihre schärfste Begründung und die größte Übereinstimmung hinsichtlich ihrer Resultate gefunden hat. Befindet sich die Quellentheorie hier im Irrtum, so erhält ihr Ansehen einen schweren Stoß. Ferner ist der über die einzelnen Bücher hinausgreifende Zusammenhang der Quellen, wie STEUERNAGEL selbst bemerkt, viel zu stark, als daß man das erste Stück ungestraft abschneiden dürfte. Sein Versuch, EERDMANS' Genesiskomposition in ihrer Bedeutung herabzumindern, ist also nicht glücklich, und EERDMANS hat recht, wenn er Komp. S. 95 sagt: „Die Fundamente der kritischen Analyse liegen in der Genesis".

Aus diesen Gründen, zu denen schließlich auch die Rücksichtnahme auf den Umfang der Arbeit hinzukommt, dürfte die Beschränkung der vorliegenden Untersuchung auf die Genesis gerechtfertigt sein, zumal sie ein in sich geschlossenes Ganzes darstellt. Natürlich ist damit nicht die Notwendigkeit einer Bearbeitung auch der folgenden Bücher des Hexateuch geleugnet; es ist vielmehr die Absicht des Verfassers, daß die hier vorliegende Arbeit dort ihre Fortsetzung finden möge.

II. Die priesterliche Schicht in der Genesis.

a) Ihre Beurteilung innerhalb der bisherigen kritischen Forschung.

Die Quelle, in deren Behandlung die alttestamentliche Wissenschaft, nach dem üblichen Schwanken bei den ersten Versuchen, zu immer klareren, immer allgemeiner anerkannten, ja nach manchen Forschern überhaupt unumstößlichen Resultaten gekommen zu sein scheint, ist die sog. Priesterschrift P. Und gerade auf dieses scheinbar uneinnehmbare Bollwerk der neueren Urkundenhypothese richtet EERDMANS seinen ersten Angriff.

Vergegenwärtigen wir uns also in kurzem Überblick die Stellung, die P im Aufriß der neueren Hexateuchkritik einnimmt.

Zunächst ist hervorzuheben, daß die P genannte priesterliche Schrift keine einheitliche Größe darstellen soll, sondern nur als Sammlung von Produkten einer Schule verstanden wird. „Es herrscht völlige Übereinstimmung darüber, daß man innerhalb P im wesentlichen drei Schichten zu unterscheiden hat"[1]: einen Grundstock, eine von diesem sich deutlich abhebende Sammlung von Gesetzen, die seit KLOSTERMANN gewöhnlich unter dem Namen Heiligkeitsgesetz zusammengefaßt werden, und eine Reihe von Zusätzen und Nachträgen sekundärer Arbeiter. Hier handelt es sich nur um die erstgenannte, bedeutendste Schicht von P, die bei WELLHAUSEN das Siglum Q, bei KUENEN und CORNILL P$_2$, bei DILLMANN A trägt, neuerdings aber mit Vorliebe als priesterliche Grundschrift bezeichnet wird (so z. B. von HOLZINGER, STEUERNAGEL, SELLIN) und die Abkürzung Pg erhält, die wir der Deutlichkeit wegen auch hier beibehalten wollen.

Dieser priesterlichen Grundschrift im besonderen gehören die der priesterlichen Schicht des Hexateuch zugewiesenen Stücke der Genesis an. Sie geben eine kurze Skizzierung der vormosaischen Zeit, die von der Weltschöpfung, den Urvätern, der Sintflut und den Patriarchen in knapper, oft tabellarischer Form erzählt.

Die Richtschnur für die Zuweisung bestimmter Stücke der Genesis an Pg bot zunächst die Eigentümlichkeit der Sprache und des Stils, in dem sie abgefaßt sind, ein Charakterikum, das sie mit allen P-Stücken des Hexateuch überhaupt teilen. Zu den Besonderheiten der Sprache werden eine Fülle einzelner Ausdrücke gezählt, die nur von P oder von P vorzugsweise gebraucht werden und von einzelnen Gelehrten in übersichtlichen Listen gesammelt worden sind, vgl. HOLZINGER, Hexateuch, 338 ff.; STRACK, Einleitung, 46 ff. Dahin gehört auch der Sondergebrauch von Eigennamen, wie אל שדי für Gott, בני ישראל für Volk Israel, ארץ כנען für Kanaan und viele andere. Als den Grundcharakter des Stils bezeichnet HOLZINGER eine große Gleichmäßigkeit. Die ganze Geschichte wird in Einzelabschnitte eingeteilt, die mit immer wiederkehrenden Über- und Unterschriften versehen werden. In der Genesis dienen dazu die Toledoth, deren zehn gezählt werden: Gen 2₄ 5₁ 6₉ 10₁ 11₁₀ 27 25₁₂ ₁₉ 36₉ 37₂. In jedem Abschnitt wird regelmäßig derjenige Punkt des Vorhergehenden rekapituliert, an den der neue anknüpft, cf. 5₁ ₂ und 1₂₆ ₂₇ 6₉ ₁₀ und 5₃₂ usw. Dann wird mit äußerster Genauigkeit im Ausdruck der Inhalt des Abschnitts dargeboten, so daß man mit Vorliebe von der juristischen Art von P redet. Eine

---

[1] HOLZINGER, Hexateuch, 334.

solche systematische Anordnung des Stoffs bedingt eine merkwürdige Breite und Weitschweifigkeit des Stils, die sich noch steigert durch die Vorliebe für unermüdliche Wiederholung derselben Wörter und Ausdrücke, cf. Gen 1 6 19—22 7 15 f.

Die genannten Eigentümlichkeiten machen die P-Stücke ihrer Umgebung gegenüber leicht kenntlich, so daß schon NÖLDEKE in seinen Untersuchungen zur Kritik des Alten Testaments 1869 mit ihrer Hilfe den Priesterkodex fast abschließend aussonderte.

Gleichzeitig glaubte man aber auch in den ausgeschiedenen Abschnitten der Genesis die jetzt zerstückelten Teile eines planmäßig angelegten Werks zu erkennen, das die Vorgeschichte Israels von bestimmten Gesichtspunkten aus darstellen wollte. Solche Gesichtspunkte sah man schon in der Auswahl und Behandlung des Stoffes hervortreten, die der Verfasser bei seiner Erzählung vornahm. In welcher Form ihm sein Stoff vorlag, ist dabei eine Frage für sich. Jedenfalls hat der Verfasser von Pg von dem im jehovistischen Geschichtswerk vorliegenden Material wenig Gebrauch gemacht. Von dem konkreten Erzählungsstoff, der dort einen breiten Raum einnimmt, findet man in Pg sehr wenig, und dies Wenige in ganz veränderter Gestalt: wo jene Erzähler poetische Ausmalung und lebensvolle Schilderung haben, die sich mit Vorliebe an einzelne heilige Orte anrankt, hat Pg prosaisch trockene und nüchterne Aneinanderreihung, die jeglichen Lokalkolorits entbehrt. Andererseits ist das, was die Überlieferung und JE nur in dürftigen Resten bietet, wie z. B. Genealogien, von dem Autor der Priesterschrift mit Vorliebe aufgenommen, durch andere Namenlisten und Stammbäume ergänzt und dann in breiter Fülle aufgeführt worden (cf. den Sethitenstammbaum Gen 5, in dem sich der nur noch trümmerhaft vorhandene Kainitenstammbaum von Kap. 4 verwertet findet).

Dazu treten noch andere Elemente, die sich in den übrigen Schichten der Genesis nicht finden.

Durch eine von der Erschaffung der Welt an durchgeführte Chronologie sucht Pg das Lebensalter jedes Urvaters festzustellen und wichtige Ereignisse genau auf das Jahr, manchmal sogar auf Monat und Tag zu datieren.

Eine Eigenart von Pg ist es ferner, gesetzliche Verordnungen schon in der Ur- und Patriarchengeschichte anzubringen, und zwar scheinen gerade die wenigen ausführlichen Erzählungen darauf hinauszulaufen, cf. Gen 1 28 ff. 9 1 ff. 17 9 ff. Diese dienen zugleich der Hervorhebung großer welthistorischer Perioden, in die für Pg die ganze Geschichte zerfällt. Man zählt deren vier: Von der Schöpfung bis zu

Noah 6 9, von Noah bis Abraham 11 27, von Abraham bis Mose Exod 6 2, von Mose an weiter. Jede beginnt mit einer Gottesoffenbarung, wobei zweimal ein neuer Gottesname genannt wird, und mit einem Bund; bei Schließung des Bundes werden bestimmte göttliche Verordnungen gegeben und Verheißungen angeschlossen. Der Bund wird durch ein Bundeszeichen besiegelt. Allerdings wird dieser Aufbau, wie ihn besonders WELLHAUSEN[1] und GUNKEL[2] durchführen, wieder gekreuzt durch eine Unterscheidung von zwei Stufen der Gotteserkenntnis in der Vorzeit: die Urväter kennen Gott nur als Elohim, die Patriarchen dagegen als El Schaddai Gen 17 1 28 3 35 11. Auf diese Unklarheit im Aufriß des Systems hat besonders HOLZINGER[3] aufmerksam gemacht. Aus dem Angegebenen zeigt sich deutlich ein gewisser gelehrter Charakter der ganzen Schrift, und auch die Hauptabsicht bei der Auswahl und Anordnung des Stoffes läßt sich erkennen: Sie hat als Ziel das mosaische Gesetz, auf das sich das Hauptinteresse von Pg konzentriert; die ganze vorhergehende Zeit ist ihm nur Vorbereitung und wird von diesem Gesichtspunkt aus in kurzem Überblick dargestellt. Die stufenweise sich entwickelnde Gotteserkenntnis erreicht durch Mose den Höhepunkt ihrer Entfaltung: dieser besteht in der Offenbarung Gottes als Jahve, Exod 6 3, und in der Einführung regelmäßiger kultischer Verehrung.

Man stützt diese Auffassung der vormosaischen Geschichte bei Pg noch durch eine andere Beobachtung, die sich bei ihr anstellen läßt: Pg erwähnt nie eine Opferhandlung oder die Begründung einer Kultstätte in der vormosaischen Zeit. Da Noah nach ihm von allen Tieren nur je ein Männchen und ein Weibchen in der Arche aufnimmt, so ist dadurch jedes Opfer unmöglich gemacht. Selbst der Ausdruck כרת ברית wird bei ihm durch נתן oder הקים ברית ersetzt, weil כרת auf das Zerschneiden von Opfertieren anspielt. Diese gründliche Korrektur der Überlieferung ist nur verständlich aus der Rolle, die die Mosezeit bei Pg spielt. Nach seiner Auffassung ist „erst auf der Stufe der durch Mose vermittelten Gotteserkenntnis und in dem einen nach Jahves Weisung unter Mose hergestellten Heiligtum eine richtige Verehrung Gottes denkbar" (HOLZINGER). Aller nicht durch Mose sanktionierte Kult steht auf gleicher Stufe wie Götzendienst; darum wird die vormosaische Zeit als eine kultlose geschildert, wodurch die frommen Urväter von dem Verdacht befreit werden, als hätten sie Kulte ausgeübt, die den Späteren verboten sind. „Hierin hören wir den Priester von Jerusalem sprechen, dessen Theorie ist, daß der Gottesdienst seines Heiligtums der

---

[1] Prolegomena[2] S. 358.   [2] Genesis[3] XCIV 4, S. 343 ff.   [3] Hexateuch S. 365.

allein gültige und die Fortsetzung des mosaischen Gottesdienstes sei"[1]. Als Ersatz für den Kult werden andere Dinge genannt: die Feier des Sabbath, die Beschneidung, die Speisegebote. Auf das Halten von Verordnungen kommt es dem Erzähler also an, von persönlicher Frömmigkeit findet sich bei ihm fast kein Wort, cf. Noah Gen 6 9 ff., Abraham 17 1 ff. Die Befolgung der göttlichen Befehle in blindem Gehorsam ist ihm das Ideal der Religiosität.

Dieser Auffassung menschlicher Frömmigkeit muß die Gottesvorstellung entsprechen. Und zwar ist es „der beherrschende Gedanke der Absolutheit Gottes" (HOLZINGER), den man nicht nur in den Gesetzen, sondern schon in den erzählenden Teilen von Pg in der Genesis ausgeprägt findet. Dieser Gedanke ist der Grund für das eigentümlich Inkonkrete, das bei den Gotteserscheinungen von Pg auffällt, cf. Gen 17 35 9 ff. Die ans rein Menschliche streifende Art des Verkehrs Jahves mit seinen Auserkorenen bei JE findet sich hier nicht. Alle Anthropomorphismen werden vermieden: Gott erscheint, hält eine Rede und fährt wieder auf. Es kommt dem Erzähler nicht auf das Wie, sondern auf den Inhalt der göttlichen Offenbarung an. „Das ist der Geist einer gegen die Geschichte gleichgültigen Orthodoxie"[2]. Mit dem Bestreben, Gott so wenig als möglich mit dem Endlichen in Berührung zu bringen, hängt es auch zusammen, wenn man bei Pg nichts mehr von den heiligen Stätten liest, von den Malsteinen, Bäumen und Brunnen, welche die Sage bei JE so gern verherrlicht. Auch von den Engeln, deren polytheistische Herkunft Pg vielleicht argwöhnte, ist nirgends die Rede.

Und wie die religiösen, so haben auch die sittlichen Anschauungen von Pg auf seine Behandlung der Vätergeschichte eingewirkt. Allerlei sittlich Bedenkliches und Anstößiges, das sich bei J und teilweise E findet, ist bei Pg ausgelassen, und zwar nicht wie noch vieles andere, weil die Urgeschichte überhaupt als kurze Einleitung behandelt ist. Sondern es spricht dabei wohl die bestimmte Absicht mit, die Patriarchen als sittliche Vorbilder hinzustellen. Wo die Überlieferung das nicht erlaubte, wurde sie entweder ganz übergangen oder durch Neues ersetzt, wie sich am deutlichsten Gen 28 1 ff. und 35 27 ff. bei der Motivierung von Jakobs Aufenthalt in Mesopotamien zeigt[3]. So erscheint die Vergangenheit in sittlicher Verklärung.

Die eben aufgezählten Charakteristika, wie man sie aus der priesterlichen Schicht der Genesis herausliest, und wie sie sich gegenseitig

---

[1] GUNKEL, Gen³ XCV. [2] GUNKEL, Gen³ XCVI.
[3] KAUTZSCH³, S. 46 u. 58. HOLZINGER, Hexateuch, S. 385.

stützen und zu einem einheitlichen System zu ergänzen scheinen, gelten
der überwiegenden Mehrzahl von Gelehrten, soweit sie sich der neueren
Urkundenhypothese anschließen, als genügender Beweis dafür, daß die
in Genesis zerstreuten P-Stücke ein zusammenhängendes Ganzes bilden,
das gleichsam als Einleitung zur Hauptmasse der priesterlichen Grundschrift in den folgenden Büchern diente.

Die entgegengesetzte Ansicht, nach welcher die geschichtlichen
Überlieferungen und Gesetze von Pg als bloße Zusätze zu dem deute-
ronomisch-prophetischen Hexateuch zu betrachten wären, wurde anfangs
von GRAF[1], der sie aber bald wieder aufgab, dann von MAYBAUM[2] vertreten, der aber auf dem Boden der neueren Urkundenhypothese keinen
Nachfolger fand.

Von ganz andern Voraussetzungen als die Vorigen spricht sich in
neuerer Zeit KLOSTERMANN[3] gegen eine zusammenhängende Quellenschicht
Pg aus. Er setzt an die Stelle der Vierquellentheorie eine allmähliche
Kristallisation um das mosaisch-sinaitische Grundgesetz, in der allerdings ein sonst Pg zugewiesenes Element, nämlich die Chronologie, eine
bedeutende Rolle für die Einreihung und Anordnung der übrigen Bestandteile des Pentateuch spielt. Ähnliche Anschauungen vertritt LEP-
SIUS[4] und neuerdings DAHSE[5].

Weil es sich in den alttestamentlichen Studien von EERDMANS in
erster Linie um den Gegensatz gegen die neuere Urkundenhypothese
handelt, bei den Untersuchungen über die Genesis sogar ausschließlich
darum, können wir bei unsrer Besprechung der jetzigen kritischen
Stellungnahme uns in bezug auf die nicht auf dem Boden jener Hypothese stehenden Gelehrten kurz fassen. Soweit sie sich in ihren Ausführungen mit EERDMANS berühren, werden sie an den betreffenden
Stellen noch herangezogen werden; soweit sie andre Wege gehen, fällt
eine Auseinandersetzung mit ihnen außerhalb des Bereichs unsrer
Aufgabe.

Während solchen prinzipiellen Bestreitern einer Quellenschrift P
gegenüber die Vertreter der Urkundenhypothese in bestimmter Ablehnung
einig sind, weichen sie in der Datierung dieser Schrift und in der
Frage nach ihren literarischen Vorlagen stark voneinander ab. Seitdem

---

[1] Die sogen. Grundschrift des Pentateuchs. 1869 (in A. Merx, Archiv für wissensch.
Erforschung des AT I, 466—477).

[2] Die Entwicklung des altisraelitischen Priestertums 1880.

[3] Der Pentateuch. 1893, Neue Folge 1907.

[4] Reich Christi 1903.

[5] Textkritische Materialien zur Hexateuchfrage 1912.

die sogenannte GRAFsche Hypothese, welche die Priesterschrift für die jüngste, erst nach dem Exil entstandene Quelle erklärte, von KUENEN und WELLHAUSEN vertreten und weiter ausgebaut wurde, gibt man die früher behauptete Priorität dieser sog. Grundschrift allgemein auf. Doch hielten gegenüber der KUENEN-WELLHAUSENschen Schule neben einzelnen anderen Gelehrten, vor allem DILLMANN und seine Anhänger, an der vordeuteronomischen Entstehung von Pg fest. Zur Begründung führten sie vor allem dasjenige Sagengut an, das P allein besitzt, und das auf eine ältere Entstehungszeit weise als das Exil. Eine Abhängigkeit von E sei zwar nicht zu leugnen, dagegen repräsentiere P gegenüber J trotz vieler Berührungspunkte wahrscheinlich die ältere Stufe. Diese ursprüngliche Quellenbeurteilung von DILLMANN ist in neuerer Zeit dahin modifiziert worden, daß man nur alte Vorlagen für P behauptete. Darin macht sich eine Annäherung an die KUENEN-WELLHAUSENsche Schule bemerkbar, die indes in der Mehrzahl ihrer Anhänger die Benutzung anderer altisraelitischer Quellen als JE für Pg in Abrede stellt[1].

b) Die Auflösung von Pg durch EERDMANS.

Stellen wir nun der eben gezeichneten Position der Quellenhypothese EERDMANS' Neuentwurf entgegen, so fällt daran vor allem ein Mangel an Geschlossenheit in die Augen. Das hängt mit der ganzen Art seines Vorgehens zusammen. Er lehnt eine Ausscheidung bestimmter Stücke nicht von vorherein ab; nur scheint ihm die bisherige Art der Ausscheidung infolge einer verhängnisvollen Vernachlässigung der exegetischen Behandlung der Genesis auf falsche Wege gekommen zu sein. Er sagt in der Einleitung seiner Untersuchungen[2]: „Eine genaue exegetische Betrachtung des Textes belehrt uns, wie es mir scheint, daß in den letzten Jahren so viel Scharfsinn auf die kritischen Probleme verwendet wurde, daß darüber die Exegese vernachlässigt worden ist. Dadurch ist man sogar zu Schlüssen in bezug auf die Quellenscheidung gekommen, welche bei richtiger Exegese unmöglich erschienen wären." So unternimmt er es denn, die Ausscheidung der P-Stücke auf ihre Berechtigung zu prüfen, indem er sie Vers um Vers, Abschnitt um Abschnitt vornimmt. Er kommt zu dem Resultat, daß bei der bisherigen Methode wirklich eine Anzahl von Stellen zu Unrecht ausgeschieden worden sind, während sie als mit dem Kontext unlösbar verknüpft hätten erkannt werden müssen, wenn man es nicht an der nötigen

---

[1] wie z. B. BUDDE (Urgeschichte 1883) und HOLZINGER (Hexateuch).
[2] Komposition der Genesis S. 1.

exegetischen Gründlichkeit hätte fehlen lassen. Überraschenderweise ist die Anzahl solcher Stellen allerdings recht klein und für das Ganze von geringer Bedeutung; auch beschränkt sie sich auf die Patriarchengeschichte. Dagegen wird die überwiegende Mehrzahl von Stellen, die bisher Pg zuerkannt wurden, auch von Eerdmans ausgeschieden. Allerdings wird die Ausscheidung manchmal anders begründet; immer aber werden die ausgeschiedenen Stücke anders beurteilt.

So bildet vor allem die sprachliche Eigentümlichkeit kein Motiv der Ausscheidung, ausgenommen etwa 21 7. Im Gegenteil, Eerdmans kann nicht nachdrücklich genug davor warnen, mit dem Argument des Sprachgebrauchs zu rasch bei der Hand zu sein in einer Literatur, die in so sparsamen Resten auf uns gekommen ist, wie die althebräische. Auch einen eigentümlichen, für die P-Stücke charakteristischen Stil erkennt er nicht an. Gegenüber dem indifferenten formalen Äußeren betont er die sachlichen Gegensätze, die die P-Stücke aus dem Kontext herausheben. Nun sollte man meinen, auch in der Begründung der Quellenhypothese fehle es nicht an sachlichen Momenten, die für die Ausscheidung in die Wagschale fallen. Aber den von dieser Seite beigebrachten realkritischen Erwägungen steht Eerdmans ablehnend gegenüber. Weil sie der Quellenanalyse erst nachfolgen, mehr um sie zu rechtfertigen, als um sie zu begründen, sieht er in ihnen ein Produkt der Voreingenommenheit, das die inneren Widersprüche, an denen die Quellenscheidung krankt, nicht zu verdecken vermag.

Denn nicht auf eine literarische Einheit der P-Stücke weist eine vorurteilsfreie Beurteilung ihrer sachlichen Besonderheiten; vielmehr ergibt sich das überraschende Resultat, daß, was man bisher als Erzeugnis einer schriftstellernden Persönlichkeit ansah, nur als Produkt verschiedener Hände verstanden werden kann.

Nach Ausscheidung verschiedener Glossen erklärt Eerdmans einen erheblichen Bruchteil von Pg als Bearbeitung und Ergänzung des in JE vorliegenden Textes durch gelehrte Ausleger, von denen einer immer des andern Werk fortsetzte und mit künstlichen Theorien weiter ausbaute. Dahin gehören vor allem die chronologischen Angaben und die Stücke, die den Gottesnamen El Schaddai bringen.

Auf die Rechnung des vordeuteronomischen Sagensammlers entfallen die Toledoth, die nur als Rahmen für den zusammengetragenen Stoff in Betracht kommen.

Endlich bleibt ein nicht unbedeutender Rest, zu dem außer Gen 23 auch die großen erzählenden Partien der Urgeschichte Gen 1—11 gehören; aus Gründen religionsgeschichtlicher Art glaubt Eerdmans hier alte Tradition der vorexilischen Zeit vor sich zu haben[1], die, in unabhängig voneinander bestehenden Stücken, bei der Sammelarbeit, der die heutige Genesis ihr Entstehen zu verdanken hat, in den jetzigen Zusammenhang eingereiht wurde.

Man muß zugeben, daß es sich bei diesem Entwurf nicht um eine bloße Korrektur der bisherigen Auffassung, sondern um einen völligen Neubau handelt. Hat EERDMANS recht, so fällt eine der wichtigsten Stützen der Quellenscheidung in der Genesis, nämlich die priesterliche Einleitung zum Gesetz, die man gern als Schaustück und Beweis für die zuverlässige Arbeit der neueren Kritik hinstellte.

c) Kritische Nachprüfung beider Thesen an den einzelnen P-Stücken unter Berücksichtigung der neusten Forschungen.

1. P-Stücke, deren Ausscheidung bestritten wird.

Da bei dem von EERDMANS eingeschlagenen Gang der Untersuchung verschiedene Fragen nebeneinander zur Erörterung kommen, die besser nacheinander behandelt würden, so liegt es im Interessse der Klarheit einen anderen Weg einzuschlagen und, soweit möglich, Zusammengehöriges auch ungetrennt vorzunehmen.

Wir haben schon oben bemerkt, daß EERDMANS die Möglichkeit der Ausscheidung von P-Stücken in der Genesis nicht unbedingt in Abrede stellt, immerhin sieht er sie bei einer beschränkten Anzahl von Versen und Halbversen der Patriarchengeschichte für unberechtigt an, nämlich für 12 5 13 6 11b 12a 19 29 16 1a 3 15 16 21 1b 2b 3—5 29 24 28b 29 31 18 46 6 7. Gehen wir also auf diesen Teil seiner Kritik ein, ehe wir nach seinem Urteil über diejenigen P-Stücke fragen, die auch für sein Auge sich deutlich von ihrer Umgebung abheben.

12 5 steht nach EERDMANS nicht im Widerspruch zum Kontext; streicht man den Vers, so fehlt eine nähere Bestimmung des in v. 6 erwähnten Landes, es entsteht also eine Lücke. V. 5 steht auch nicht im Widerspruch zu v. 1, wo Abraham in ein unbekanntes Land gesandt wird, während hier das Ziel seiner Wanderung genannt wäre, sobald man ללכת ארצה כנען richtig mit „gehend nach Kanaan" übersetzt (inf. constr. mit ל als Angabe von näheren Umständen). Die Wiederholung von v. 4a und 5 glaubt EERDMANS mit der üblichen Breite des hebräischen Stils entschuldigen zu können, indem er Ruth 1 19 u. 22 zum Vergleich heranzieht. — Was die durch Ausscheidung des Verses entstandene

---

[1] Eine Ansicht, für die EERDMANS in gewisser Hinsicht in BUDDE und GUNKEL seine Vorläufer hat, z. B. für Gen 1.

Lücke betrifft, so ist diese nicht weiter auffallend. Bei einer Zusammenarbeitung verschiedener Quellen, die über den gleichen Stoff berichten, wird es mehr als einmal vorkommen, daß Material aus der einen zugunsten der anderen unterdrückt wird. So mag hier gleich für alle folgenden Fälle der Grundsatz aufgestellt sein, daß die Entstehung von Lücken im Text von JE bei der Ausscheidung von Pg an und für sich noch keinen genügenden Grund bildet, an der Berechtigung der Quellenanalyse zu zweifeln, ebenso wie eine Lücke im ausgeschiedenen Text von Pg nur darauf hinweist, daß der Redaktor an der betreffenden Stelle die in JE gebotene Tradition aus irgendeinem Grunde bevorzugt hat und deshalb das entsprechende Stück von Pg fallen ließ.

Mit der neu vorgeschlagenen Übersetzung von ללכת ארצה כנען sind ferner nicht alle Schwierigkeiten des Textes beseitigt. Zunächst beweist der Vergleich mit Ruth 1 19 und 22 nicht, was er beweisen sollte; v. 22 wiederholt nicht einfach die Ortsangabe in v. 19, sondern will die Zeit von Naemis Eintreffen in Bethlehem בתחלת קציר שערים mitteilen. Man kann ruhig zugeben, daß bei der Breite des hebräischen Stils manche Wiederholung möglich ist, die wir als überflüssig empfinden. Aber daß Lot, der v. 4a als bekannt eingeführt wird, v. 5 als Brudersohn Abrahams vorgestellt wird, daß „das Aufbrechen zweimal und erst das zweitemal mit Angabe der dabei nötigen Entschließungen und Maßnahmen erzählt" wird, ist nicht aus der Eigenart des hebräischen Stils zu erklären[1].

Zuzugeben ist, daß der Sprachgebrauch bei so kurzen Stellen allein kaum genügt, um die Ausscheidung zu rechtfertigen, doch kann man hier auch ohne ihn auskommen. Immerhin ist es bemerkenswert, daß die Ausdrücke רכש und רכוש, die Pg zwar nicht allein gebraucht, aber doch bevorzugt, und die meist nur noch in sekundären Stücken (gerade die von EERDMANS angeführten Stellen tragen diesen Charakter: Gen 14 11 12 16 21 15 14) sich finden, gerade hier vorkommen.

Demnach muß es doch bei der Ausscheidung von 12 5 bleiben, wofür auch die Verbindung mit 12 4b spricht; auch EERDMANS scheidet den letztgenannten Vers aus, um ihn statt, wie bisher üblich, an Pg, an einen gelehrten Bearbeiter zu weisen, worauf wir später noch zurückkommen.

Schwieriger ist die Sache bei den Versen **13** 6 11b 12a. EERDMANS weist darauf hin, daß v. 6 zu v. 7 keineswegs im Widerspruch steht, sondern eher zu seiner Verdeutlichung dient, und daß auch v. 9 sich am besten aus v. 6 erklärt. Das scheint auf den ersten Blick sehr ein-

---

[1] HOLZINGER, ZAW 1910, 246.

leuchtend; es liegt in der Tat hier kein Widerspruch vor. Aber andererseits ist dieser Vers auch nicht unentbehrlich und GUNKEL[1] hat wohl recht, wenn er der straffen Komposition der alten Sage zulieb den Vers ausscheiden möchte. Was aus v. 2 5 und 7 herauszulesen ist, nämlich daß der Raummangel an den Zänkereien zwischen den Hirten Abrahams und Lots die Schuld trägt, wird durch v. 8 und 9 völlig deutlich. „Die gute Erzählung sagt nicht alles ausdrücklich." Ferner erwähnt EERDMANS nicht, daß v. 6a ‏ולא־נשא אתם הארץ לשבת יחדו‎ und 6b β ‏ולא יכלו לשבת יחדו‎ Dubletten sind; auch auf Grund der Lesart verschiedener LXX-Handschriften ist v. 6b als Glosse zu betrachten[2], was das Eingreifen redaktioneller Tätigkeit gerade hier beweist. Als weiteren Grund für die Ausscheidung von 13 6 führt HOLZINGER[3] an, daß nach v. 6a Lot eigentlich aus dem Land muß, ebenso wie 12a, während v. 9 Trennung innerhalb des Landes vorgeschlagen werde. Diesem Grund kann indes kaum Beweiskraft zugeschrieben werden; denn weder v. 6 noch v. 9 ist das Land näher bezeichnet, sondern bedeutet ganz allgemein „die Gegend", und auch die Erzählung von J will schließlich zeigen, wie Lot aus Kanaan wegzog und in die Berge Moabs verschlagen wurde: weil Lot freiwillig darauf verzichtet hat, verbleibt Kanaan dem Abraham. So kommen wir zu dem Schluß, daß v. 6a mit demselben Recht als Stück des alten Textes wie des Priesterkodex behauptet werden kann. Für die Zuweisung an Pg spricht aber nun, daß der Vers zur Bildung eines guten, geschlossenen Zusammenhangs zwischen 12 5 und 13 11b 12a dient. Denn zur Diskreditierung der Ausscheidung von 13 11b 12a reichen die Gründe von EERDMANS nicht aus. Daß in v. 9 und 11b dasselbe Wort für „sich trennen" ‏נפרד‎ vorkommt, kann gegen die Existenz zweier Quellen nichts beweisen. Und daß in v. 12a die unentbehrliche Nachricht von Abrahams Wohnsitz gegeben werde, stimmt nicht ganz: Einmal sagt v. 12a nichts von einem eigentlichen Wohnsitz Abrahams, dann wird aus v. 11a und 14 klar, daß Abraham an seinem bisherigen Aufenthaltsort verweilt. Dagegen ist klar, daß v. 11b nach 11a zu spät kommt; und während in 12a Lots Wanderung schon beendet ist, ist in 12b noch davon die Rede. Außerdem ist der Lot, der in den Städten des Kikkar wohnt, ein andrer, als der bis nach Sodom hin zeltet. Auf die Herkunft der beiden Halbverse aus Pg weist das auch 19 29 wiederkehrende ‏ערי הככר‎. Bemerkenswert ist, daß auch DAHSE[4], der treffend auf ähn-

---

[1] Genesis³, 174.

[2] DAHSE, Textkritische Materialien zur Hexateuchfrage 1912, 151.

[3] ZAW 1910, 247.

[4] Textkritische Materialien 151.

liche Stellen 36 8 und 37 1 hinweist, beide Verse ausscheidet und sie seinem Kompilator zuschreibt.

19 29 soll alter Text sein, der, unter Abstrich von v. 29b β בהפך את־הערים אשר ישב בהן לוט und den ersten Worten von v. 30 als später Glosse, die Einleitung bildete zu dem einst selbständig dastehenden Abschnitt von Lots Töchtern 19 30—38.

Man wird EERDMANS (trotz HOLZINGERS Widerspruch ZAW 1910, 247) zugestehen müssen, daß er hinsichtlich der Ausscheidung der Glossen nicht so ganz unrecht hat. Wer den v. 29 aufmerksam liest, dem muß die schwerfällige Wiederholung am Ende auffallen, die es wahrscheinlich macht, daß wir hier in der Tat eine späte Ergänzung vor uns haben[1]. Daraus ist aber noch nicht zu schließen, daß v. 29 einmal selbständig als Einleitung zu v. 30ff. bestanden haben müsse; der Vers schließt vielmehr an 13 12a sehr gut an. Nur aus welchem Grunde er gerade hier eingesetzt worden ist, bleibt eine schwer zu beantwortende Frage.

EERDMANS' Erklärung, er habe als Einleitung der ursprünglich selbständig bestehenden Geschichte von Lots Töchtern gedient, ist nicht ohne Streichung des Satzes in v. 30 von ויעל bis בצוער möglich. Diese Worte sollen Glosse des Sammlers sein, der v. 29ff. durch Bezugnahme auf v. 24 an die vorhergehende Sodomerzählung anfügen wollte. Zwar scheidet auch GUNKEL den ersten Teil von v. 30 als zum Zoar-Einsatz v. 17—22 gehörig aus, wozu ihm der Parallelismus וישב בהר ושתי בנתיו עמו und וישב במערה היא ושתי בנתיו ein gewisses Recht gibt. Aber es will uns doch scheinen, daß EERDMANS trotz seiner Streichung seinen Zweck nicht erreicht. Denn wie das öftere Vorkommen der Töchter Lots in der Sodomgeschichte beweist, hat die Erzählung 19 30ff. nicht ursprünglich in einem andern Zusammenhang gestanden, sondern gehört mit der Sodomgeschichte eng zusammen. V. 29 kann demnach nicht die ursprüngliche Einleitung zur Erzählung von Lots Töchtern bilden, da er nach dem Vorhergehenden ganz unnötig ist; andererseits ist die Angabe von v. 30 über Lots Heraufziehen aufs Gebirge nicht zu entbehren, so daß die Streichung in v. 30 in diesem Umfang jedenfalls unrichtig ist.

Es dürfte also feststehen, daß v. 29 dem ursprünglichen Zusammenhang fremd ist. Darauf weist schließlich auch der mitten in dem jahvistischen Kontext auffallende Gottesname אלהים. Zwar ist nach KITTEL[2] das erste אלהים in der LXX mit κυριος wiedergegeben, doch hat die Sixtina θεος und κυριος nur in dem als Glosse charakterisierten letzten Teil des Verses, wo MT keinen Gottesnamen hat. Merkwürdigerweise

---

[1] GUNKEL, Gen[3] 263; DAHSE, Textkrit. Materialien 164.   [2] Biblia hebraica I 24.

geht EERDMANS hier nicht auf die Gottesnamen ein. Für die Ausscheidung von 19 29 tritt auch DAHSE[1] ein. So schwierig es auch ist, eine Erklärung dafür zu finden, warum der Redaktor, der sich, wie die Lücken 25 19f. 26b zeigen, sonst nicht so gewissenhaft an seine Vorlage Pg gebunden hat, den gar nichts Neues enthaltenden Vers gerade hier eingeschoben hat, so kann doch seine Zugehörigkeit zu Pg kaum bezweifelt werden. Darauf weisen außer dem guten Anschluß an 13 12a Worte wie שחת, עךי הככר und זכר. Vielleicht könnte man die Einfügung des Verses noch am ehesten so erklären, daß die Verse 27 und 28 die direkte Fortsetzung von v. 25 unterbrechen, und dem Redaktor deshalb ein Zurückgreifen auf das vorher Erzählte mit Hilfe eines P-Stücks wünschenswert erscheinen ließen.

Es folgt **16 1a 3 15 16.** V. 1a und 3 sollen ohne Grund ausgeschieden sein. In der Tat stehen sie mit dem Kontext nicht in Widerspruch, und mehr als Wahrscheinlichkeitsmomente für ihre Ausscheidung hat man bisher nicht vorbringen können. V. 1a ist zwar nicht unentbehrlich, J konnte nach 11 30, bzw. 15 1—6, mit 1b anfangen. Aber der Stilunterschied, daß in v. 1a und 3 der Zusatz אשת אברם bei שרי steht, v. 2 und 5 aber nicht[2], kann nur für bereits Überzeugte beweisend sein; man probiere nur den Zusatz auch in v. 2 und 5 zu lesen, und man wird sehen, daß er hier auch für das primitivste Formgefühl unmöglich ist. Daß v. 4 an v. 2 auch ohne v. 3 gut anschließt, ist nicht zu leugnen; aber auch eine Verletzung des Zusammenhangs durch v. 3 kann man nicht behaupten, ebensowenig wie 30 3 4. Die Übergabe der Magd ist tatsächlich ein rechtlicher Akt[3], den man durch die Aufforderung בוא־נא in v. 2 nicht ersetzen kann. Wenn wir also auch auf solche Begründungsversuche verzichten und eine absolute Sicherheit in der Ausscheidung dieser Verse nicht behaupten, so läßt sich doch darauf hinweisen, daß die Zeitangabe in v. 3 auf Einarbeitung eines P-Stücks an dieser Stelle hindeutet, weil wir diese chronologischen Angaben auch sonst an Stellen finden, wo redaktionelle Eingriffe stattgefunden haben, und daß die Exaktheit in der Wahl der Ausdrücke in diesem Vers stark an den Stil der übrigen P-Stücke erinnert. Daß man mit dieser Ausscheidung im allgemeinen das Richtige getroffen hat, dafür spricht der enge Zusammenhang von 16 1a 3 mit v. 15 16, an deren Zugehörigkeit zu Pg kein Zweifel möglich ist. EERDMANS legt bei seiner Kritik dieser Stelle besonderen Wert darauf, daß auch bei JE nicht immer die Mütter dem

---

[1] Textkritische Materialien 169.   [2] HOLZINGER, ZAW 1910, 248.
[3] Cf. Cod. Ham., §§ 144, 146.

Kind den Namen geben, z. B. Gen 25 25 26a, und daß ohne v. 15 der Erzählung der Schluß fehle.   Aber er übersieht, daß damit der Widerspruch zwischen v. 11 und 15 nicht gelöst ist.   Es ist nicht zu erklären,
wie Abraham dazu kommt, seinem Sohn einen Namen zu geben, der
zwar für Hagar, aber nicht für ihn motiviert ist.   Außerdem fällt der
ganze Vers, der die Rückkehr der Hagar zu Abraham voraussetzt, aus
der Absicht der vorhergehenden Erzählung vollständig heraus; diese
will das Beduinentum Ismaels und seinen Hauptsitz beim Brunnen
Lachai Roi[1] daraus erklären, daß seine Mutter ihn in der Steppe an
eben jenem Brunnen gebar (v. 9 und 10 sind als Glossen zu streichen).
Erst die Einfügung der Sage in einen Zusammenhang, der auch Gen 21
enthielt, machte die jetzige Umbiegung nötig.   An diesem Tatbestand
scheitert auch Dahses Versuch[2], mittels verschiedener LXX-Lesarten,
die אברם hinter ויקרא und den Satz ον ετεκεν αυτω Αγαϱ nicht haben,
v. 15 für Pg unwahrscheinlich zu machen.   Mit v. 15 steht die chronologische Notiz v. 16 in Verbindung, die auch Eerdmans nicht als ursprünglichen Text anerkennt.   Was die durch die Ausscheidung ent-
stehende Lücke betrifft, so verweisen wir auf das zu 12 5 Gesagte.

Auch **21** 1b 2b 3—5 soll ursprünglicher Text sein, wobei allerdings
21 2b u. 4 als Spuren der Bearbeitung des Abschnitts durch den Verfasser
von Gen 17 anerkannt werden.   Aber auch v. 1b kann nicht neben 1a
stehen bleiben; mag auch וייצר durch פקד nicht ausgeschlossen werden,
so sind doch sicher כאשר אמר und כאשר דבר Dubletten, die auf Quellenkombination hinweisen.   Daß die Erwähnung der Geburt Isaaks vermißt wird, geht die Frage der Redaktion an, vgl. zu 12 5.   21 5 kann
wegen der Datierung nicht zum alten Text gehören.   Die Ausscheidung
zweier Glossen durch Eerdmans, v. 3b אשר ילדה לו שרה und v. 7a מי מלל
לאברהם היניקה בנים שרה läßt sich bei der Annahme zweier Quellen vermeiden und berührt zudem die Ausscheidung von Pg nicht.   In v. 3
weist jedenfalls die Genauigkeit, die nicht an Worten spart, eher auf
Pg als auf einen Glossator.

Für rätselhaft gilt Eerdmans auch die Ausscheidung von **29** 24 28b 29.
Da nach der Erzählung von Gen 30 feststeht, daß auch die Tradition
von J und E Bilha und Zilpa als Kebsweiber und Mägde gekannt hat,
so sei nichts dagegen einzuwenden, daß in den für Pg beanspruchten
Versen Laban seinen Töchtern eine Sklavin mitgibt.   Außerdem ent-
spreche v. 28b dem v. 23, die feierliche Übergabe der Tochter könne nicht

---

[1] Cf. Die Emendierung von 25 11b bei Ed. Meyer, Die Israeliten 223.
[2] Textkritische Materialien 151.

vermißt werden. Es ist klar, daß bei so kleinen Bruchstücken keine absolute Sicherheit in der Quellenscheidung erreicht werden kann, zumal hier bei Pg eine Lücke klafft. Auch sind solche Bruchteile nicht von allzu großer Bedeutung. Aber darauf kann doch hingewiesen werden, daß v. 24 den Zusammenhang auffallend zerreißt, daß in v. 28b die Übergabe des Weibes in anderen Wendungen berichtet wird als in v. 23, und daß in v. 24 und 29 der Ausdruck שפחה für „Magd" gebraucht wird, der sonst in E nicht üblich ist. Auch wird der Textzusammenhang durch die Ausscheidung nicht gestört, v. 30 schließt gut an 28a an.

Daß **31 18** in den Zusammenhang passe und ohne diesen Vers etwas fehlen würde, kann niemand abstreiten. Aber das beweist nichts gegen seine Zugehörigkeit zu Pg (vgl. zu 12 5). Für Pg spricht der Ausdruck Paddan Aram und die Voraussetzung, daß Isaak noch lebt. EERDMANS sucht es deshalb glaubhaft zu machen, daß nicht nur v. 18, sondern das ganze Kapitel 31 voraussetze, daß Isaak noch am Leben ist. Aber die Art und Weise, wie er den Beweis dafür erbringt, wird von HOLZINGER mit Recht als halsbrecherisch bezeichnet: 31 20 u. 24 seien verwandt mit 28 5, weil in allen drei Versen Laban den Beinamen „der Aramäer" führe (25 20 wird merkwürdigerweise nicht herangezogen), daraus werde wahrscheinlich, daß Isaak hier überall noch am Leben gedacht sei. In Wahrheit wird nirgends im ganzen Kapitel 31 Isaak als noch lebend vorausgesetzt, als in v. 18, wo diese Voraussetzung aber auch ganz klar ausgesprochen ist. Sonst wäre ja wohl auch anzunehmen, daß noch an anderer Stelle von der Rückkehr zu ihm die Rede wäre, während jetzt dieses Moment ganz unvorbereitet auftritt. Die Streichung von מקנה קנינו אשר רכש als Glosse[1] ist für die Frage der Quellenscheidung ohne Bedeutung.

Endlich erklärt EERDMANS die Ausscheidung von **46 6 7** für unmöglich. Aber die große Weitläufigkeit der Aufzählung, besonders in v. 7, läßt die Verse sich von der Umgebung deutlich genug abheben. Angesichts der von GUNKEL[2] angeführten Parallelen 12 5 31 18 36 6 wird die Zugehörigkeit zu Pg sehr wahrscheinlich. Indessen hat auch ihre Auffassung als Glosse durch DAHSE[3] einige Wahrscheinlichkeit gewonnen. Er macht auf den Beginn eines neuen Leseabschnitts 46 28 und den damit zusammenhängenden großen Einschub v. 8—27 aufmerksam, mit dem er auch v. 6 und 7 in Verbindung bringt. Es hat etwas für sich, so wenig Neues bringende Verse, deren Einschub bei der Zusammen-

---

[1] auch bei DAHSE, Textkritische Materialien 168. [2] Gen[3] 492.
[3] a. a. O. 157.

arbeitung der Quellen für einen Redaktor wenig Interesse haben mußte, auf diese Weise zu erklären. Indessen mahnen die angeführten Parallelen zur Vorsicht.

Blicken wir zurück, so müssen wir gestehen, daß EERDMANS mit seiner Kritik die schwachen Stellen in der jetzigen Ausscheidungsmethode richtig herausgefunden hat. Sie liegen überall da, wo die an sich schon sehr dürftige Überlieferung von Pg infolge der Zusammenarbeitung der Quellen in kleinste Teile zersplittert, vielleicht auch ganz bei Seite geschoben ist. Hier hat sich wohl auch HOLZINGER einer Täuschung hingegeben; denn mit den jetzigen Mitteln der Kritik ist es unmöglich, an solchen Stellen die Quellenscheidung und -benennung mit Sicherheit durchzuführen. Konnten wir auch die Ausscheidung für eine Anzahl der von EERDMANS daraufhin untersuchten Verse aufrechterhalten, so mußten wir doch an Stellen wie 13 6 16 1a 3 29 24 28b 29 46 6 7 die Frage nach ihrer Zugehörigkeit zu Pg offen lassen. Haben die genannten Verse für die Frage nach dem Bestand einer Quelle Pg auch wenig Bedeutung, so läßt sich doch die Lehre aus ihnen ziehen, daß es verfehlt wäre zu behaupten, die durch die bisherige Kritik ausgesonderte Schicht Pg stehe in allen ihren Teilen über jeden Zweifel erhaben da. Immer wiederholte Prüfung der bisher erarbeiteten Resultate ist notwendig, das dürfte durch unsere Untersuchung schon jetzt bewiesen sein.

2. Der Charakter der übrigen P-Stücke in Gen 12—50.

Noch einleuchtender wird diese Notwendigkeit, wenn wir an EERDMANS' Beurteilung derjenigen P-Stücke herantreten, deren eigenartigen Charakter er anerkennt. Er unterscheidet unter ihnen in der Hauptsache zwei Gruppen: die eine weist er der gelehrten Bearbeitung vorliegenden Textmaterials zu, die andere betrachtet er als alte, selbständige Tradition der vorexilischen Zeit. Wenden wir uns der ersten Gruppe zu!

Unter den Bedenken, die EERDMANS am Eingang seiner Kritik der Quelle P vorbringt, nimmt die Besprechung der Toledoth einen breiten Raum ein. Das ist leicht zu verstehen, denn an dieses bisher gern genannte Kennzeichen von P lassen sich auch allerlei Bedenken in recht überzeugender Weise anknüpfen.

Bisher glaubte man in den Toledoth Kapitelüberschriften des priesterlichen Verfassers vor sich zu haben, der jeden Abschnitt mit den Worten: „Und dies sind die Toledoth" beginnen lasse. Es läßt sich leicht zeigen, daß das nicht stimmt. Gleich der erste Abschnitt von P, Gen 1, trägt diese Überschrift nicht. Wir finden sie 2 4, also am Ende der Schöpfungsgeschichte. Aber keine Kunst der Kommentatoren[1] kann erklären, wie eine Überschrift an das Ende der Erzählung kommt, zu der sie gehört. Hat sie aber ursprünglich an der jetzigen Stelle gestanden, so müßten 2 4a und 5 1 in P unmittelbar aufeinander gefolgt sein, was bei einem zweckvoll anordnenden Schriftsteller undenkbar ist. Nach EERDMANS' Meinung passen die Toledoth Himmels und der Erde am besten zum folgenden[2]; denn Toledoth bedeute nichts anderes als „Geschichte", was schon daraus hervorgehe, daß diese Formel Gen 6 9 und 37 2 die Einleitung zur Sintflut- und Josephgeschichte bilde, welche mit den Geburten der Kinder Josephs und Noahs nur in sehr losem Zusammenhang stehen.

Gen 5 1 lautet die Formel: „Dies ist das Buch der Toledoth Adams". Das sieht aus wie ein Neuanfang, denn sefer ist immer ein selbständiges Schriftstück, Gen 5 1 kann also nicht die Fortsetzung einer Schrift sein. Wenn man sich aber, wie HOLZINGER, darauf zurückzieht, daß P „etwas wie eine Kommissionsarbeit" sein könne, indem „ein ursprünglicher Plan einer wesentlich aus Genealogien bestehenden, aber mit kurzen summarischen Notierungen wichtiger Ereignisse versehenen Einleitung der Mosegesetzgebung bei der endlichen Redaktion durch Voranstellung einer Schöpfungsgeschichte und Einfügung einer Flutgeschichte (ev. auch durch Kap. 17 und 23) erweitert worden" sei, so heißt das zur Rettung eines Bestandteiles von zweifelhaftem Wert das ganze Gebäude einreißen.

Befremdend ist ferner, daß zwar 11 27 von den Toledoth Terachs die Rede ist, obwohl schon v. 32 Terachs Tod berichtet wird, während die Toledoth Abrams, der doch der Held der späteren Zeit ist, fehlen. „Die Toledoth Jakobs, Gen 37 2, stehen nicht am Anfang der Jakobsgeschichte, sondern beginnen erst, nachdem uns sämtliche Söhne längst aufgezählt sind und Jakob alt ist."[3] SMEND macht darauf aufmerksam, daß die Formel 36 1 9 vor Stücken steht, die nicht von P herrühren, und daß es keine Toledoth der Söhne Jakobs gibt.

Die angeführten Bedenken gegen die Ursprünglichkeit der Toledoth in P lassen sich noch verstärken. Zunächst eine allgemeine Feststellung, die m. W. bisher nicht in ihrer Bedeutung erkannt wurde. Man spricht immer davon, daß in der Toledothüberschrift die Eigenart des priesterlichen Schriftstellers, in schematischen Einteilungen zu schwelgen, so recht handgreiflich zum Vorschein komme. Man legt aber auf die Tatsache kein Gewicht, daß diese Überschrift mit dem Schluß der Patri-

---

[1] Cf. DILLMANN, GUNKEL.   [2] Hier ähnlich wie STRACK.   [3] EERDMANS a. a. O. S. 4

archengeschichte verschwindet, obwohl auch hier noch Gelegenheit genug zu ihrer Anbringung gewesen wäre (vgl. den von später Hand stammenden Versuch dazu Num. 31ff.). Ja sogar in der Patriarchengeschichte kann man ein ganz unmotiviertes Aufhören der Überschrift konstatieren; denn nach den Toledoth Jakobs 37 2 erwartet man mit Recht noch die Toledoth Josephs oder der Söhne Jakobs. Diese Beobachtung allein sollte schon gegen die Anführung der Toledoth als Hauptmerkmal von P stutzig machen.

Man könnte geneigt sein, sich mit der beliebten Ausführung zu beruhigen, Pg habe in seiner großen Ordnungsliebe die Vorgeschichte Israels in zehn Abschnitte einteilen wollen, von denen er — welcher Triumph des Gefühls für Symmetrie! — fünf auf die Urgeschichte und fünf auf die Patriarchengeschichte verteilt habe. Aber diese Symmetrie ist trügerisch. Denn es ist ganz deutlich, daß eine Anzahl der betreffenden Stellen nicht zu Pg gehören können. Für 2 4a geht das ohne weiteres aus dem oben Angeführten hervor[1]. Für die Beurteilung der anderen Stellen erhalten wir einen Maßstab durch die Feststellung der Bedeutung des Wortes תולדת. An den meisten Stellen kann תולדת (eigentlich „Zeugungen", besser „Erzeugtes") nur „Nachkommen" heißen; denn es folgt gleich deren Aufzählung mit הוליד oder ילד, vgl. Gen 5 10 11 10 27 25 12 36 1 9. Dagegen stimmt diese Übersetzung nicht an Stellen wie 2 4a 6 9 25 19 37 2. An ersterer Stelle wird man das Wort, wenn man sich nicht gezwungener Wendungen bedienen will, mit „Entstehung" o. ä. wiedergeben, sonst zu dem allgemeinen Ausdruck „Geschichte" greifen[2]. Daß ein Systematiker von der Akribie P's ein Wort mit so wechselnder Bedeutung zu immer wiederkehrenden, bis auf den Wortlaut gleichmäßigen Überschriften verwandt habe, ist schwer zu glauben. Und nimmt man nun die sechs resp. acht Stellen (von 36 1 9 kann nur eine Stelle zu P gehören, von manchen werden beide R zugeschrieben) zusammen, so nimmt sich diese „Einteilung" der Vorgeschichte Israels, bei der sowohl Anfang wie Schluß fehlen und die Mittelstücke unvollständig sind, sehr merkwürdig aus. Selbst wenn man mit EERDMANS in 11 27 תולדת אברם für תולדת תרח einsetzen wollte, so müßte man doch immer noch die תולדת נח an besserer Stelle und ein תולדת בני יעקב oder ת″ יוסף postulieren. Daher erscheint die Schlußfolgerung, die auch SMEND zieht, daß wir nämlich in den תולדת redak-

---

[1] Die Stelle ist auch von PROCKSCH, Gen S. 433, aufgegeben.

[2] Für 25 19 und 37 2 läßt sich vom Boden der bisherigen P-Theorie aus, z. T. mit Umstellungen, die sich nicht immer rechtfertigen lassen, der einfache Ausdruck „Nachkommen" behaupten.

tionelle Arbeit zu sehen haben, durchaus gerechtfertigt. Bedeutet sie
doch für die Übersichtlichkeit und Einheitlichkeit der Quelle Pg durchaus keinen Verlust, sondern nur Gewinn. Man könnte sie vielleicht
dahin näher ausführen, daß RJEP die Einteilung der Geschichte mit
Hilfe der Toledoth-Überschriften versuchte (u. zw. an den Stellen, wo
das Wort eine einheitliche Bedeutung zeigt, also 5 1 10 1 11 10 27 25 12 36 1),
aber daran scheiterte, und daher diese Einteilung in den folgenden
Geschichtsperioden aufgab. Nach ihm machte ein anderer Redaktor den
Versuch einer Ergänzung, indem er תולדת in übertragener Bedeutung
2 4a 6 9 25 19 37 2 und in seinem ursprünglichen Sinn etwa 36 9 einsetzte [1].

An dieser Stelle ist also der Kritik von EERDMANS volle Berechtigung zuzugestehen. Um so verwunderlicher muß es berühren, wenn
man ihn am Schluß der Kritik, wo es an den Versuch eines Neubaues
an Stelle des Alten geht, gerade auf diese Formel zurückgreifen sieht,
um mit ihrer Hilfe ein sog. Adamsbuch zu rekonstruieren, das mit Gen 5 1
beginnt und den Grundstock der Genesis bilden soll. Ohne uns in der
Beurteilung der Endresultate von EERDMANS' Genesisstudien vorgreifen
zu wollen, können wir doch hier schon darauf hinweisen, daß er sich
über die Schwierigkeiten einer solchen Verwendung der Toledoth zu
rasch hinweggesetzt hat. Daß ein Wort mit so wechselnder Bedeutung,
wie wir sie oben festgestellt haben, von einem Sammler zur Anordnung
seines Stoffes als immer wiederkehrende Einrahmung benutzt worden
sein soll, ist kaum glaublich. Über das Fehlen der Toledoth Abrams,
das ihm bei P befremdend war, kommt er bei seinem Sammler durch
Korrektur der תולדת תרח 11 27 um so leichter hinweg. In bezug auf die
Verwendung von Gen 5 12 besteht für ihn die Schwierigkeit, daß in
diesen Versen das unmittelbar vorhergehende Stück rekapituliert wird,
in vollem Maße. So können wir diesen Rekonstruktionsversuch nicht
als gelungen bezeichnen.

Ein für Pg charakteristisches Element seiner Erzählung in der
Genesis ist die planmäßig durchgeführte Chronologie. EERDMANS geht
nicht näher auf sie ein, sondern bezeichnet sie, da er ihre Aussonderung
aus den Sagen nicht umgehen kann, als Produkt eines gelehrten Bearbeiters in später Zeit, dem die verschiedenen Traditionen bereits gesammelt und zu einem Werk verarbeitet vorlagen. Dieser Ansicht
gegenüber muß betont werden, wie unwahrscheinlich eine solche Bearbeitung des Textes ist. Ein in seinen Angaben freier Sofer hätte

---

[1] Eine Berücksichtigung von BUDDES Aufsatz über Ellä toledoth, ZAW 1914,
S. 241 ff., konnte, weil erst nach Fertigstellung des Manuskripts erschienen, nur am
Schluß des ersten Teiles S. 52 als Nachtrag eingeschoben werden.

sich nicht solche Ungereimtheiten zuschulden kommen lassen, wie daß
Sara im Alter von 65 Jahren so jugendlich schön war, daß der König
von Ägypten sie für sich begehrte, oder daß sie als 90jährige Frau
dem Abimelech so verführerisch dünkte, daß er sie raubte in der
Meinung, sie sei Abrahams unverheiratete Schwester, oder daß Ismael
als 16jähriger junger Mann von seiner Mutter auf der Schulter getragen
wurde. Wenn dagegen diese chronologischen Angaben ursprünglich in
einer Quelle standen, die von jenen Erzählungen nichts brachte, so
wird ihre Einfügung auf Grund der Zusammenarbeitung der Quellen
verständlich.

Indessen stimmen neuerdings auch Dahse und Smend, die von ganz
anderen Seiten an die Untersuchung der Genesis herantreten, vielleicht
durch Eerdmans angeregt, seiner Ansicht bei. Der letztere bemüht sich,
für seine Beurteilung noch eine Reihe von Gründen anzuführen. Doch
hat seine Beweisführung nur für die Stelle 47 9[1] einige Wahrscheinlichkeit, ohne daß damit auch die übrigen chronologischen Angaben als
später eingetragen gelten müßten. Denn daß die Jahreszahlen von
Gen 5 und 11 in LXX, Samaritaner und dem Buch der Jubiläen starke
Korrekturen erfahren haben, liegt in der Natur dieser doch immer willkürlichen Daten. Aus O. Fischers Untersuchung[2] über die Chronologie
des Priesterkodex und ihre Umgestaltungen scheint übrigens hervorzugehen, daß Sam. und LXX in der Tendenz wie in der Abwandlung
ihrer Chronologie von der Chronologie des Priesterkodex sich abhängig
zeigen. Daß manche Zahlenangaben, wie Gen 25 26b, jetzt zusammenhanglos in fremder Umgebung stehen, ist bei der Art der Ineinander-
arbeitung der Quellen nur natürlich. Die stellenweise störenden Wiederholungen, wie 5 32 vor 6 9 10, lassen sich aus der Redaktionsarbeit
erklären, die nach Einschub eines Stücks einer andern Quelle den Anschluß an die vorher verlassene wieder suchte. Auch scheint sich
Smend die Schwierigkeiten gar nicht klargemacht zu haben, die nach
Streichung der Zahlenangaben für die Ausscheidung von Pg bestehen
Die Zahlen in Pg haben übrigens, wenn auch durch künstliche Berechnung entstanden, nicht bloß chronologische Bedeutung, sondern sind,
wie schon Budde[3] erkannt hat und auch Steuernagel[4] ausführt, z. T.
zugleich Einkleidung einer Lehre. Ein langes Leben ist ein besonderer
Erweis der göttlichen Gnade und ein Zeichen der menschlichen Frömmigkeit, dagegen gilt ein früher Tod als Strafe für Sünde. Durch das

---

[1] Siehe S. 39 f.   [2] ZAW 1911, 241 ff.; 1912, 39 ff.
[3] Urgeschichte, Die biblische, 1883, 96 ff.   [4] Einleitung 232.

allmähliche Sinken der Lebensdauer werden also die betreffenden Menschen als Sünder bezeichnet. Das erfährt aus FISCHERs oben erwähntem Artikel eine interessante Beleuchtung. Wie aus seiner Untersuchung hervorgeht, wurden für die drei ersten Urväter Adam, Seth und Enos, indem man die Rechnung nach Generationen zugrunde legte, je das Sechsfache einer Generation als Lebenszeit bestimmt, für die folgenden sieben Urväter auf Grund von Gen 6 1ff. im Vergleich mit 4 17ff. je das Dreifache einer Generation, während die nachsintflutlichen Väter mit nur je einer Generationsdauer angesetzt wurden (MT 42 Jahre, Sam. 39 Jahre). Das Resultat, das sich bei FISCHER aus seiner Untersuchung ergibt, spricht nicht für allzu späte Ansetzung der Chronologie. Er stellt nämlich fest, daß die Chronologie des MT einige Zeit nach 168 v. Ch. ihre Zuspitzung auf das damals erwartete Ende erhalten hat, wobei an der Chronologie der Richter- und Königszeit Veränderungen vorgenommen wurden, nicht aber an der des Priesterkodex, und zwar wegen dessen besonderer Heiligkeit. Das macht gegen eine späte Eintragung der Chronologie in den Pentateuch bedenklich. Solange nicht einschneidendere Gründe gegen die Zugehörigkeit der Chronologie zu Pg vorgebracht werden, kann man sie kaum leichten Herzens preisgeben.

Eine bedeutende Rolle spielt der gelehrte Bearbeiter bei EERDMANS in den vier inhaltlich verwandten Perikopen Gen **17 35** 9—15 **28** 1—9 und **48** 3—6. EERDMANS erkennt an, daß Gen 17 nicht derselben Quelle angehören kann wie Gen 15, da beide Male ein Bund geschlossen wird. Auch die inhaltliche und sogar stilistische Verwandtschaft mit 35 9—15 steht ihm fest. Aber einer bestimmten priesterlichen Schrift können die beiden Perikopen nicht angehört haben. Alles scheine vielmehr auf einen späteren Ursprung, etwa im 4. Jhdt., zu deuten. Abraham und Jakob wird verheißen, daß sie zu einer Menge von Völkern werden sollen (ähnlich 28 3 48 4), das ist ein Unterschied gegenüber den Verheißungen Gen 12 2 18 18, die nur von einem großen Volke wissen. Wie ist er zu erklären? Nach GUNKEL hätte der priesterliche Autor in seiner großen Genauigkeit auch an Ismael und Esau gedacht; aber 28 3 35 11 und 48 4 trifft das nicht zu. Wenn GUNKEL weiter den Nationalstolz anführt, dem Israel allein als eine ganze Gemeinde von Völkern galt, so läßt die exklusive Eigenart der Zeit Esras diesen Gedanken nicht zu. Auch HOLZINGERs Annahme, Pg wolle die Nebenweiber Abrahams und seine Kinder aus dem göttlichen Willen rechtfertigen, gibt für die Verheißung bei Isaak und Jakob keine Erklärung. Da auch für die beiden Bruderreiche Israel und Juda die Bezeichnung קהל גוים oder המון גוים nicht gut möglich ist, so denkt EERDMANS an die jüdische

Diaspora in Babylonien und Ägypten, welche mit den Juden in Palästina
drei zwar verwandte, aber einander schon ziemlich fremde Gruppen
bildeten. Wenn auf diese Diasporajuden Bezug genommen wird, so
muß das exklusivistische Bestreben Esras der Vergangenheit angehören
(man denke besonders an den jüdischen Tempel in Elefantine). Damit
kommt EERDMANS ins 4. Jhdt. v. Chr. Auf diese Zeit führt ihn auch die
Betonung der Beschneidung, die in Gen 17 hervortritt. Pg hätte die
Beschneidung nicht als religiöses Sonderzeichen ansehen können, da,
abgesehen von den Ägyptern, auch die Edomiter, Ammoniter und Moabiter
sie besaßen, Esra aber das Konnubium mit diesen Nachbarvölkern zu
bekämpfen hatte. Auch passe die Aufnahme fremder Sklaven und
Ismaels, des Stammvaters der heidnischen Ismaeliter in den „ewigen
Bund mit Jahve" schlecht zu den Ideen der priesterlichen Schriftsteller
des 5. Jhdt. Endlich sei die frohe Prophezeiung von den Königen, die
aus Abraham und Sara hervorgehen sollen, für die königslose Zeit
mit dem trostlosen Zustand der israelitischen Gemeinde nicht wohl
denkbar. Dagegen werde Gen 17 wohl verständlich, wenn man die Zeit
seiner Abfassung in das 4. Jhdt. hinabrücke. Damals erst gewann die
Beschneidung, eine alte Sitte, die erst spät dem Jahvismus einverleibt
und in den gesetzlichen Kreisen lange nicht heimisch wurde, ihre große
Bedeutung als Abzeichen der Juden und derer, die ihrer Herrschaft
unterworfen waren (vgl. das Verfahren der Hasmonäerfürsten). Damals
konnte auch ein jüdischer Sofer ein Interesse daran haben, den Ursprung der Beschneidung, über den die Tradition nichts enthielt, aus
der Geschichte Israels zu erklären, indem er ihn mit der Bundschließung
Gottes mit Abraham in Verbindung brachte.

Diese Beweisführung beruht auf der Voraussetzung, daß im Exil
die Beschneidung noch nicht als Kennzeichen der Zugehörigkeit zur
Jahvegemeinde angesehen worden sei. Daß die Beschneidung aber
diese Bedeutung schon damals gehabt hat, beweist HOLZINGER[1] aus
Jes. 52 1: לבשי בגדי תפארתך ירושלם עיר הקדש כי לא יוסיף יבא־בך עוד ערל
וטמא. Von da aus wird es durchaus glaublich, daß ein in jener Zeit
entstandenes Gesetzeskorpus zur Beschneidung die Gen 17 bezeugte
Haltung einnimmt. Wenn EERDMANS die Stelle Jer. 4 4 als Beweis dafür
ansieht, daß noch Jeremia gewußt habe, daß die Beschneidung nicht
Jahve galt, so entbehrt das jeder tieferen Begründung. Daß über das
Beschneidungsritual nichts mitgeteilt wird, erklärt sich daraus, daß es

---

[1] ZAW 1910, 248; vgl. auch die Bezeichnung der Philister als ערלים in Richter
und Samuel.

jedermann bekannt war und nicht neu geordnet wurde wie das, was man von Mose herleitete. Was die Aufnahme Ismaels und der fremden Sklaven in den Bund mit Jahve betrifft, so haben auch schon GUNKEL und HOLZINGER bemerkt, daß sie eigentlich der in der Erzählung liegenden Tendenz widerspricht; doch lassen sie es bei der Konstatierung dieses Widerspruchs in Pg selbst bewenden. Richtiger ist es wohl, in Gen 17 die Verse 12b 13a 23—27 als sekundären Einschub bei Pg zu streichen[1]. Denn Pg sagt ausdrücklich, daß nur Isaak in den Bund aufgenommen werden soll (v. 19 21), während Ismael anders abgefunden wird. Wir haben es in dem Einschub vielleicht mit einer alten ätiologischen Sage zu tun, die die Gemeinsamkeit der Beschneidung mit den heidnischen Ismaeliten erklären will, aber für die zeitliche Ansetzung von Gen 17 nicht in Betracht kommen kann, da zur Bestimmung ihres Alters jegliche Handhabe fehlt. Allzuspät kann sie jedenfalls nicht datiert werden, da das mit Esra beginnende exklusive Verhalten des Judentums sie unerklärlich machen würde.

Wenn aber etwas der Behauptung späten Ursprungs von Gen 17 durch EERDMANS widerspricht, so ist es die dem Abraham gegebene Verheißung von Völkern unter Königen. Was EERDMANS gegen die Zeit des Exils anführt, daß sie nämlich nicht nach Königshoffnungen aussah, das gilt womöglich in noch höherem Maße von der Zeit des 4. Jhdt. Und wenn er für die drei Gruppen der Diasporajuden in Babylonien, Palästina und Ägypten die Bezeichnung קהל oder המון גרים in Anspruch nehmen will, so ist auch das vollständig unhaltbar. Denn nie haben sich die in jenen Ländern verstreuten Juden als verschiedene Völker, sondern stets als Glieder des einen Gottesvolkes gefühlt, des עם יהוה. Und der Plural גרים, schon in der vorexilischen Zeit gern für die Völker außerhalb Israels gebraucht, hat in der nachexilischen Zeit durchweg den Sinn „Feinde", „Barbaren" oder geradezu „Heiden" (vgl. bes. die Psalmen) und ist in jener Zeit gewiß nicht mehr auf Israel angewandt worden; kommt doch selbst der Singular גוי selten zur Bezeichnung Israels zur Verwendung, cf. Zeph 2 9, Ps 106 5 und hier als Parallelbegriff zu עם oder נחלה.

Die Verheißung eines המון גרים Gen 17 ist ohne weiteres verständlich, da auf Abraham nicht bloß Juda und Israel, sondern auch Ismael und Esau zurückgeführt werden. 35 11 aber ist das קהל גרים nach גוי offenbar Zusatz, der aus der Parallele zum Abrahamssegen zu erklären ist: Hinter ihm sollte der Jakobsegen nicht zurückstehen. Daß

---

[1] Cf. SMEND, Erz. des Hexateuch, 37.

aus Jakob ein Volk werden sollte, ist nach der vorausgehenden Israel-
verheißung auch das Natürliche, denn als ein גוי, eine Volkseinheit,
hat sich Israel von jeher betrachtet. Auf anderer Linie steht das קהל עמים
28 3 und 48 4, das, wie EERDMANS selbst bemerkt, eine Stämmegemein-
schaft bedeutet (vgl. den Gebrauch von עם Gen 48 19) und für das Reich
Israel keine unerklärliche Bezeichnung ist. Die Erklärung von HOL-
ZINGER[1], daß sich diese Väterweissagungen in der Linie von Deuterojesaja
bewegen, nur eben ohne das hinreißende Pathos dieser Schrift, kann
hier aber auch nicht genügen. Denn selbst ein Deuterojesaja hat sich
in seinen ausschweifendsten Zukunftshoffnungen nie so weit verstiegen,
daß er ein Anwachsen Israels zu Völkern unter Königen geweissagt
hätte. Die wenigen Königsweissagungen, die sich bei Ezechiel finden,
wie 34 23f. 37 24f., noch mehr aber 45 22ff. und 46 tragen durchaus
messianisch-eschatologischen Charakter und können höchstens für die
frühexilische Zeit in Betracht gezogen werden. Im Exil aber, oder
nach ihm, sind, wie KITTEL[2] bemerkt, solche kurze Verweise auf künf-
tige Könige wie Gen 17 6 16 35 11 nicht wohl denkbar; „man hätte in
jener Spätzeit alle diese Dinge gar nicht oder ganz anders gesagt, hätte
man ein total Neues zu schaffen gehabt. Nur wenn P an Vorlagen
oder formulierte Stoffe gebunden war, erklären sie sich".

So kommen wir zu dem Schluß, daß Gen 17 mit seinen unge-
brochenen nationalen Hoffnungen in der späten Zeit, auf die EERDMANS
das Kapitel ansetzt, völlig unverständlich ist, daß dagegen für eine Ansetzung in der frühexilischen oder vorexilischen Zeit keine nennens-
werten Schwierigkeiten vorliegen. Ob man nun deshalb eine ältere
Vorlage für Pg annehmen zu müssen glaubt oder nicht, ist für die
Hauptfrage nicht ausschlaggebend; jedenfalls kann die Perikope dem
Priesterkodex mit gutem Recht zugewiesen werden.

35 9—15 soll von demselben Bearbeiter wie Gen 17 zur Ausfüllung
einer Lücke entworfen worden sein. Nach der Tradition der Genesis
kämpfte Jakob am Jabbok mit Gott und erhielt dort den Namen Israel.
Der Sofer aber weiß aus Hos 12 4 5, daß nach einer anderen Tradition
Bethel der Ort des Streites gewesen ist, und schließt daraus, es müsse
noch eine Gotteserscheinung bei Bethel nachgetragen werden. Er schreibt
also im Stil des Nachtrags: „Und Gott erschien Jakob noch einmal . . .".
Das עוד im v. 9 ist also ursprünglicher Bestandteil des Abschnitts und
nicht eine Klammer der Redaktion. Die bisherigen Erklärungen werden
nach EERDMANS dem Text nicht gerecht. GUNKEL, der aus dem Text

---

[1] ZAW 1910, 248f.   [2] Geschichte des Volkes Israel I², 297, A. 10.

durch Teilung zwei Gottesoffenbarungen erhält, die Jakob auf seiner
Hin- und Rückreise von Mesopotamien hatte, verfährt willkürlich, da
der Text zu einer solchen Trennung keinen Anlaß gibt. Besonders aber
ist es v. 14, der den Exegeten zu schaffen macht. Nach HOLZINGER ist
er für P kultusgesetzlich unmöglich; aber eine befriedigende Erklärung
läßt sich für ihn nicht finden. Denn ihn mit WELLHAUSEN in v. 7 der
elohistischen Perikope einzufügen, geht nicht an, weil dann Jakob in
Bethel zweimal eine Mazzebe errichtet hätte. Nach CORNILL ist v. 14
mit v. 8 zu verbinden; dann aber muß man alles streichen bis auf die
Anfangsworte des Verses ויצב יעקב מצבה במקום מצבת אבן. Warum ein
Redaktor den Malstein von Deboras Grab entfernt und in einen heiligen
Stein in Bethel verwandelt hat, bleibt dabei unklar.

EERDMANS hat mit dieser Kritik richtig hervorgehoben, daß die
Perikope einer Zuweisung zu Pg allerlei Schwierigkeiten entgegensetzt,
die noch nicht befriedigend gelöst sind. Aber er täuscht sich, wenn
er meint, seine eigene Erklärung biete die Lösung. Denn sie basiert
auf einer Auslegung von Hos 12 4 5, die sich nicht rechtfertigen läßt.
Dort ist weder von einer Umnamung die Rede, noch findet sich die
Spur einer Tradition, die den Gotteskampf von Jabbok nach Bethel
verlegte. Der fragliche Vers 5 lautet: „Er kämpfte gegen eine Gotteserscheinung und siegte; er weinte und bat sie um Erbarmen (offenbar
Anspielung auf die Erzählung Gen 32 25ff.). Er fand sie in Bethel und
dort redete sie mit ihm." Von einem Gotteskampf in Bethel ist hier
keine Rede, sondern von einer Offenbarung der Gottheit. Man kann
dabei an 28 11ff. denken, worauf auch die Vorlesungspraxis der Synagoge
hinzuweisen scheint, nach der Hosea 11 7ff. mit dem Vers 12 5 die
Haftare zu der Parasche ויצא Gen 28 10ff. bildet[1]. Da aber dort die
Gottesoffenbarung dem Kampf am Jabbok lange vorhergeht, so könnte
jene Hoseastelle auf Gen 35 6ff., also eben unsere Erzählung, Bezug
nehmen. Schreibt man nun Hos 12 5 Hosea selbst zu, so wäre anzunehmen, daß Pg eine alte Tradition für seine Erzählung vorlag; dann
könnte auch der strittige v. 14 von da aus eine Erklärung finden. Ist
aber Hos 12 5f. eine späte Korrektur von 12 4, um die strenge Beurteilung
des Patriarchen zu mildern, wie z. B. von GUTHE bei KAUTZSCH[3], II, 16
angenommen wird, so liegt kein Bedenken vor, anzunehmen, daß diese
Korrektur eben auf Gen 35 9ff. fußt. Und wenn dann 35 14 unerklärt
bleibt, so läßt sich darauf hinweisen, daß auch der Erklärungsversuch
von EERDMANS diese Schwierigkeit nicht löst. Denn daß dem Sofer des

---

[1] Cf. DAHSE, Textkritische Materialien, 146.

4. Jhdt. eine Mazzebe weniger zuwider gewesen sei als einem Autor
des 5. Jhdt., ist sehr wenig glaubhaft. Und daß der Ergänzer mit der
Notiz von der Errichtung einer Mazzebe „lediglich eine Geschichte nachträgt, die seine literarische Kenntnis ihn nachzutragen zwingt", ist ein
Irrtum; denn Hosea 12 4 f. ist nichts davon zu lesen.

Hier sei kurz ein neuer Versuch von Dahse[1] erwähnt, der darauf
aufmerksam macht, daß der ganze Abschnitt 35 9—15 Parallelen in anderen Genesisstellen hat, und zwar 32 29 17 6 28 13 17 22 28 18 35 7; dem
Verfasser habe also ein großer Teil der jetzigen Genesis schon vorge-
legen, aus dem er den Abschnitt 35 9—15 zusammengetragen habe. Bis
hierher stimmt diese Beobachtung ganz zu dem, was über die Arbeitsweise von Pg oben gesagt wurde: Er hat die uns in JE vorliegenden
Traditionen gekannt und benutzt. Daraus, daß dieser Abschnitt den
Anfang des 32. Seders der Genesis bildete, folgert aber Dahse weiter,
daß hier, wie auch sonst am Anfang und Ende der einzelnen Leseabschnitte, die Arbeit eines Kompilators vorliege, der durch seine
Glossen und Ergänzungen die Genesis für die Vorlesungspraxis beim
Gottesdienst geeignet machen wollte. So gut diese Erklärung auch zu
manchen vereinzelt stehenden Versen aus verschiedenen Quellen am
Anfang und Schluß mehrerer Sedarim paßt, so bleibt sie doch, abgesehen
von anderen Schwierigkeiten, die ihr anhaften, an unserer Stelle nicht
ohne Bedenken. Denn während man bei einem Schriftsteller wie Pg,
der einen selbständigen kurzen Abriß der Patriarchengeschichte schreiben
wollte, diese Art der Benutzung alter Traditionen versteht, so ist das
bei einem Kompilator, der „den Sinn klar machen wollte, so daß man
das Gelesene verstand," nicht ebenso der Fall. Der Gedanke des Segens,
an dem er ein besonderes Interesse haben soll, kommt auch ohne unsere
Perikope bei Jakob häufig genug vor, vgl. 28 13 ff. 31 5 ff. 32 30. Wenn der
Kompilator aber trotzdem dem Jakob auch bei seiner Rückkehr nach
Kanaan einen Segen zukommen lassen wollte, so hätte er das tun können,
ohne die unnütze und verwirrende Dublette zu 32 29 zu schaffen und
ohne in Bethel neben dem ersten noch einen zweiten Malstein zu errichten.

Bevor wir auf die Erörterung des Gottesnamens אל שדי, die Eerdmans an die beiden besprochenen Abschnitte anknüpft, eingehen, wenden
wir uns den beiden anderen P-Stücken zu, in denen jener Gottesname
ebenfalls vorkommt, nämlich 28 1—9 und 48 3—6.

Zu **28** 1—9 gehören **26** 34 35 und **27** 46. Eerdmans erkennt an, daß
diese Stücke, die in 31 18 (s. o.) und 35 23—29 (s. sp.) ihre Fortsetzung

---

[1] Textkritische Materialien 144 ff.

finden, unter sich zusammenhängen und gegenüber Gen 27 Stoff aus
einer andern Quelle enthalten. Aber die Identifizierung dieser Quelle
mit Pg bestreitet er. Was seine Argumentierung mit dem unvoll-
kommenen Zusammenhang dieser Stücke untereinander betrifft, so können
wir auf früher über die Redaktion der Genesis Gesagtes verweisen (S. 13).
Der Sprachgebrauch soll kein den P-Stücken eigentümlicher sein.
Wegen רכוש vgl. zu 12 5. Besonders ist es der Ausdruck Paddan Aram,
dem EERDMANS alle Beweiskraft für Pg abspricht, weil er nur hier und 46 15
vorkomme. Das Wort findet sich aber auch 25 20 31 18 35 9 26, in Stücken,
die auch aus anderen Gründen Pg zugewiesen werden. Daß es nur in
diesem Teil der Genesis steht, erklärt sich daraus, daß nachher von
dieser Gegend nicht mehr zu reden ist. Daß der Ausdruck 46 15 vorkommt, hat nichts zu besagen, da der Vers in einem sekundären Stück
steht[1]. Besonders aber ist die Tatsache hervorzuheben, über die EERD-
MANS stillschweigend hinweggeht, daß andere Teile der Genesis für dieselbe Gegend noch andere Namen haben: 24 10 ארם נהרים, 27 43 29 4
חרן. Paddan Aram als Quellenindiz läßt sich also nicht beseitigen.
Was die Differenz in den Namen der fremden Weiber Esaus, die
zwischen 26 34 35 und 36 besteht, gegen die Existenz einer Quelle Pg
beweisen soll, ist unklar, da Gen 36 bis auf einige Verse als nicht
zu Pg gehöriger Einschub einer allmählichen Sammelarbeit zu betrachten ist. Daß der Verfasser des Priesterkodex als Weiber Esaus
Hethiterinnen nennt, ist bei seiner ungünstigen Beurteilung Esaus nicht
verwunderlich. Den Abschnitt 28 1—9 will EERDMANS auf v. 1 2 3a 5 6a 8 9
zusammenstreichen, weil die Segnung in diesem Zusammenhang unverständlich sei. Esau, der auch hier der ältere ist, würde dadurch zurück-
gesetzt, ohne sich zu wehren und für sein Erstgeburtsrecht einzutreten,
und Jakob empfinge den Segen Abrahams, obwohl er noch unverheiratet
ist und sich nur für kurze Zeit verabschiedet. Es sei deshalb wahrscheinlich, daß der Segen v. 3b und 4, der auch inhaltlich und sprach-
lich mit Gen 35 11 12 und 17 6 7 verwandt ist, von dem Bearbeiter, der
an allen diesen Stellen das El-Schaddai eintrug, hier im Anschluß an
diesen Gottesnamen eingefügt worden sei. Sehen wir ab von der Begründung mit dem Gottesnamen El-Schaddai, die für sich zu behandeln
ist, so ist darauf aufmerksam zu machen, daß der Text zu einer Ausscheidung keine Veranlassung gibt. Im Gegenteil, die Verse 3b 4 sind
unentbehrlich, denn v. 1 ist die Rede von einem Segen und auch v. 6
wird ein Segen ausdrücklich erwähnt. Wenn man aber die von EERD-

---

[1] Cf. DAHSE a. a. O. 157.

MANS vorgeschlagene Ausscheidung vollzieht, so ist von einem Segen nichts mehr zu finden, sondern es bleibt nur noch die Anweisung, keine Kananiterin, sondern eine Tochter Labans zu heiraten. Daß Esau in dieser Version der Erzählung vom Erstgeburtssegen keinen Streit erregt, sondern sich dem Willen des Vaters fügt, ist eben für Pg sehr charakteristisch, der alles Anstößige aus der Tradition über die Patriarchen tilgt. Die Streichung von v. 6b 7 als Glosse hat für die Frage nach der Zugehörigkeit des Stücks keine Bedeutung; nach DAHSE haben in diesen Versen im Laufe der Zeit große Auffüllungen stattgefunden, wie mehrere LXX-Zeugen lehren.

48 3–6, die letzte El-Schaddai-Perikope in Pg, die den Zusammenhang des Kontextes zersprengt und auf Gen 35 9f. hinweist, sollen ein gelehrter Nachtrag sein. Dem Autor war der Segen v. 20ff. zu matt, deshalb wollte er Efraim und Manasse Anteil an dem Segen El-Schaddais geben. Ferner schließt er aus v. 16, daß eine Adoption der beiden Josefsöhne durch Israel stattgefunden haben muß, die er in v. 4–6 nachträgt. Aber diese Gründe reichen nicht aus, um den Abschnitt zum Nachtrag zu stempeln. Ein reicher Segen findet sich schon v. 15f. Wollte ein Gelehrter aber eine Adoption nachtragen, so hätte er geschickter ergänzt, etwa hinter v. 9. Vor allem hätte er nicht die Reihenfolge Efraim-Manasse, die erst später, v. 13f. und 17f., motiviert wird, schon hier vorausgenommen. Die Tatsache, daß der Abschnitt sich in seiner jetzigen Umgebung in mehr als einer Hinsicht stößt, und die Verwandtschaft mit Gen 35 9ff. erklärt sich am besten, wenn er derselben Quelle Pg angehörte, die der Redaktor soviel als möglich berücksichtigte.

Auch 28 1–9 und 48 3–6, die beide an der Grenze eines alten Leseabschnitts stehen, werden von DAHSE[1] dem Kompilator zugewiesen; in dieser Ansicht berührt er sich mit EERDMANS. Auf die Einzelheiten seiner Beweisführung läßt sich hier nicht eingehen; aber im allgemeinen kann man sagen, daß seine Hypothese, die er bisher nur für die Patriarchengeschichte der Genesis durchzuführen versucht hat, für manche nur rekapitulierende oder als Überschriften dienende Einzelverse viel Wahrscheinlichkeit hat, z. B. für 30 22a 17 1 u. a., ja daß sie überhaupt bei den kleinen Bruchteilen von Pg die einfachere Lösung zu bieten scheint gegenüber der Annahme einer Quellenschrift. Aber überall, wo sich größere Zusammenhänge in Pg finden, wachsen auch die Schwierigkeiten der Durchführung dieser Hypothese, was sich schon

---

[1] Textkritische Materialien 146 ff., 159 f.

an Stellen der Patriarchengeschichte wie 35 9 ff. zeigt, aber auch 17 und 23, wo Dahse genötigt wird, alten Text anzunehmen, während Sprache und Stil den engen Zusammenhang mit den „kompilatorischen" Notizen zeigen und ein solches Zerreißen verbieten. In besonderem Maße werden diese Schwierigkeiten vermutlich in der Urgeschichte Gen 1—11 hervortreten, über die Dahse eine Untersuchung erst angekündigt hat. Ferner läßt sich seiner Theorie gegenüber die Frage aufwerfen, „ob nicht umgekehrt die Sedereinteilung so oft mit Abschnitten von Pg zusammenfallen kann, weil eben diese durch ihren Inhalt sich besonders gut dazu eigneten, einen Leseabschnitt einzuleiten oder abzuschließen. Denn die Sedereinteilung lehnt sich nicht nur an ,kompilatorisches', sondern auch an altes Textmaterial an, so z. B. der 27. 29. 30. und 31. Seder. Andrerseits zeugt die Parascheneinteilung, die sicher erst nachesranisch ist und den ganzen Stoff bereits voraussetzt, dafür, daß gerade die P-Stücke sich als Einleitungen von Leseabschnitten eigneten. Denn auch die Parascheneinteilung decken sich vielfach mit P-Abschnitten (z. B. 1 1 6 9 18 1a 23 1 25 19 37 1 47 28)" [1]. Endlich erhebt sich die Frage, ob Dahse das Alter der Sedereinteilung richtig beurteilt hat. Esra paßt allerdings recht gut als Verfasser kleiner Einschübe in Gen 12—50, die vom Abrahamssegen, der Wanderung von Paddan Aram nach Kanaan und der Gefahr der fremden Weiber handeln. Aber wenn jene Stücke in Beziehung stehen zu der Einteilung der Genesis in Leseabschnitte, so wird die Autorschaft Esras mindestens zweifelhaft. Denn mag man seine Tätigkeit zur gottesdienstlichen Verwertung der Tora auch beliebig weit ausdehnen, so ist es doch gewagt, aus Neh 8 1 3 8 auf ihn als den Urheber eines dreijährigen Vorlesungszyklus zu schließen, und wird ziemlich unwahrscheinlich, wenn man bedenkt, daß sich diese Einteilung in Leseabschnitte nur allmählich entwickelt hat [2]. Und selbst wenn diese Annahme sich trotz solcher Schwierigkeiten halten lassen sollte, so wird ihr Wert für die Beurteilung der P-Stücke der Genesis dadurch stark herabgemindert, daß über einzelne Sedarim der Brauch noch lange schwankend blieb. Nicht einmal über die Zahl war man sich einig. Eine Vergrößerung der Differenzen in der Sedarimeinteilung brachte die halachische Anordnung, daß ein Seder nicht weniger als 21 Verse umfassen dürfe, weil man sich, um jener

---

[1] Sellin, NKZ 1913, 136.

[2] Cf. Friedmann, Über die Einleitung des Pentateuch bei Theodor, MGWJ. 1885, S. 362. Selbst Grätz (Geschichte der Juden 2, II, 165) schreibt die Einführung regelmäßiger Vorlesungen aus der Tora, auf denen ja die Sedereinteilung beruht, dem hohen Rat der 70 Ältesten zu, der nach ihm in der Zeit nach Nehemia entstand.

Vorschrift zu genügen, bei den kürzeren Sedarim so half, daß man die noch fehlenden Verse aus dem folgenden Seder entnahm[1]. Bei dieser Sachlage kann die Erklärung der P-Stücke aus der Sedereinteilung und speziell ihre Zurückführung auf Esra nur als ziemlich kühne Hypothese bezeichnet werden.

EERDMANS stützt seine Ansicht, daß die bisher als P-Stücke betrachteten Perikopen Gen 17 39 9—15 28 1—9 48 3—6 späte Nachträge seien, durch eine Erörterung über den Gebrauch des Gottesnamens El-Schaddai in diesen Abschnitten. Schon in den am Eingang seiner Schrift zusammengestellten Bedenken gegen die Quelle Pg weist er darauf hin, daß in diesem Punkt die Theorie nicht mit den Tatsachen übereinstimme. Man erklärte bisher das Vorkommen dieses merkwürdigen Gottesnamens auf Grund von Exod 6 3 daraus, daß der priesterliche Verfasser die Ansicht vertreten habe, Jahve habe sich den Patriarchen nur als El-Schaddai geoffenbart. EERDMANS meint nun, wenn das richtig sei, müsse man erwarten, daß der Verfasser jener Stelle, d. h. eben Pg, vorher immer nur den Namen El-Schaddai für Gott anwende; daß das nicht der Fall sei, spreche von vornherein gegen jene Theorie. Dieser erste Einwurf, mit dem EERDMANS seinen Angriff auf die bisherige Wertung der El-Schaddai-Abschnitte eröffnet, ist aber ganz grundlos; denn die Stelle Exod 6 3 besagt nur, Gott habe sich selbst zuvor immer nur in jener Weise benannt; dagegen sagt sie über den Namen, welchen die Patriarchen von Gott brauchten, nichts aus[2]. Nun führt aber EERDMANS zwei weitere Schwierigkeiten ins Feld, die wir als berechtigt anerkennen müssen: die eine ist das Vorkommen von El-Schaddai außerhalb Pg Gen 43 14 und 49 25 in jehovistischen Perikopen, das man bisher an ersterer Stelle aus Überarbeitung, an letzterer aus dem poetischen Charakter des alten Liedes erklärte; die andere ist die Wiedergabe dieses Gottesnamens bei den griechischen Übersetzern der Tora, die erst neuerdings auch von DAHSE behandelt worden ist. Es fragt sich nun, ob EERDMANS für diese Schwierigkeiten auch eine Lösung gibt, oder ob seine neue Hypothese das Rätsel vielmehr vergrößert.

Er weist darauf hin, daß die LXX den Namen אל שדי mit ο θεος σου, resp. ο θεος μου, Ex 6 3 θεος αυτων übersetzt, also immer die persönliche Beziehung zwischen Gott und den Patriarchen zum Ausdruck bringt, als sei der betreffende Gott der Schutzgott der erwähnten Personen. Diese Vorstellung eines speziellen Schutzgottes findet er auch 48 16 im MT und trägt ihn von hier aus in die beiden Stellen

---

[1] Cf. THEODOR, MGWJ 1887, 358 ff.   [2] Cf. SELLIN, Einleitung 44.

43 14 und 28 3 ein, indem er statt אֵל שַׁדַּי liest: אֵל שַׂדִי, „der Gott, der
mein Herr ist". Auch in Ruth 1 20 21 glaubt er diese Erklärung an-
bringen zu können. Wenn auch שַׁד im MT nirgends in dieser Bedeutung bisher gefunden wurde (Dtn 32 17, Ps. 106 37 haben wir den
Plural שֵׁדִים als Bezeichnung für Götzen), so ist die Deutung אֵל שַׂדִי bei
der Unsicherheit, die in der Etymologie des Namens אֵל שַׁדַּי herrscht,
wohl möglich und bekanntlich längst vorgetragen worden. Nur die
Heranziehung von Ruth 1 20 21 könnte angefochten werden, da es sehr
unwahrscheinlich ist, daß in der späten Zeit, der diese Megille entstammt, eine solche Unterscheidung zwischen Jahve und dem persönlichen Numen denkbar ist. Bei dem Versuch aber, die Umschreibung
von אֵל שַׂדִי in אֵל שַׁדַּי und die Einfügung von El-Schaddai Gen 17 1 35 11
48 3 zu erklären, gerät der Gelehrte ins Phantastische. Ein gelehrter
Bearbeiter habe den 28 3 43 14 erwähnten El Schedi als El-Schaddai aufgefaßt und die Theorie aufgestellt, Jahve sei den Patriarchen als El-
Schaddai bekannt gewesen. Zu diesem Zweck verfaßte er die Notiz
Exod 6 3. Ein späterer Gelehrter zog aus Exod 6 3 den Schluß, El-
Schaddai müsse auch in der Geschichte Abrahams vorkommen (warum
nicht den, daß der Gottesname bei den Patriarchen überhaupt El Schaddai
sein müsse?), trug das Fehlende in Gen 17 nach (das, wie wir oben
gesehen haben, unmöglich aus so später Zeit stammen kann), arbeitete
die ursprünglich kürzere Rezension von 28 3 nach seinem Geschmack
aus (diese kürzere Form von 28 3 ist nach dem oben Gesagten eine
Illusion) und ließ auch dem Jakob eine Offenbarung El-Schaddais zuteil
werden, 35 9 ff. (35 9 ff. kann nicht von einem Kompilator stammen). So
„erklärt" es sich, daß der Name El-Schaddai je einmal bei Abraham,
Isaak und Jakob sich findet — 48 3 ist Rückblick und Wiederholung —
und daß man 43 14 diesen Namen in einer anderen Quelle als Pg liest.
Wir brauchen nicht ins einzelne zu gehen und nachzuweisen, wie unwahrscheinlich es ist, daß ein „Gelehrter" für den im Prosatext stehenden
אֵל שַׁדַּי den pathetischen in der Poesie oder feierlichen Rede gebrauchten
Ausdruck אֵל שַׂדִי gelesen habe, wie wenig konsequent dann jeder der
beiden Gelehrten vorging usw., um zu sehen, daß hier Hypothese auf
Hypothese ins Blaue hinein aufgebaut wird, aber nicht die Lösung einer
schwierigen Frage geboten ist. EERDMANS hat zwar mit Nachdruck
darauf aufmerksam gemacht, daß hier eine noch ungelöste Schwierigkeit vorliegt, die von der jetzigen Theorie über Pg noch nicht genügend
erkannt, geschweige denn beseitigt ist, und man wird in Zukunft bei
der Behandlung der Genesis unbedingt auf seine Fragestellung eingehen
müssen. Aber seine eigene Neuschöpfung hält der Kritik nicht stand.

Der erste, der u. W. neuerdings auf diese Frage eingegangen ist, ist Dahse[1]. Er geht nicht von etymologischen, sondern von textkritischen Untersuchungen aus. Zunächst gibt er die Übersetzungen der LXX zu den betreffenden Stellen: Gen 17 1 *ο ϑεος σου*; 28 3 *ο ϑεος μου*; 35 11 *ο ϑεος σου*; 43 14 *ο ϑεος μου*; 48 3 *ο ϑεος μου*; 49 25 *ο ϑεος ο εμος*; Exod 6 3 *ϑεος (ων) αυτων*. Von der letzteren Stelle geht er aus: Ex 6 3 setzt Gottesoffenbarungen bei Abraham, Isaak und Jakob voraus, für Abraham und Jakob besitzen wir sie in Gen 17 1 und 35 11. Nun muß aber auch bei Isaak eine Gottesoffenbarung vorausgegangen sein, auf die Ex 6 3 Bezug nimmt. Dafür kommt nur Gen 26 24 in Betracht, wo Jahve zu Isaak spricht: „Ich bin der Gott deines Vaters". Eine entsprechende Stelle bei Jakob ist 28 13: „Ich bin der Gott deines Vaters Abraham, der Gott Isaaks". Nennt sich nun Gott Isaak und Jakob gegenüber „Gott ihres Vaters Abraham, resp. Isaak", so hat er sich Abraham gegenüber „dein Gott" genannt. Das drückt die Übersetzung der LXX 17 1 aus, die demnach in ihrem Hebräer אלהיך gelesen hat. Dann hat aber auch an den übrigen Stellen die LXX die ursprüngliche Lesart, und es ist 17 1 אלהיך; 28 3 אלהי; 35 11 אל oder אלהיך; 43 14 אלהי; 48 3 אל oder אלהי; Exod 6 3 אלהיהם zu lesen. Nur 49 25 ist אל שדי ursprünglich. Aus dieser Stelle hat ein theologischer Bearbeiter den Gottesnamen El-Schaddai entnommen und ihn an den übrigen Stellen eingesetzt, abgesehen von 26 24. Warum gerade an diesen Stellen, zeigt ein Blick auf die Sedereinteilung der Genesis: 17 1 28 3 35 11 43 14 48 3 stehen am Anfang oder Schluß eines Seders[2]. Die Einarbeitung erfolgte also, als die Leseabschnitte schon bestanden.

Man wird nicht leugnen können, daß dieses überraschende Resultat scharfer und genauer Beobachtung entspringt und gegenüber der Eerdmansschen Hypothese weit glaubhafter ist. Wenn es anerkannt wird, so fällt damit ein Element, das bisher sozusagen zum eisernen Bestand von Pg gehörte. Wir können indes auf einen Punkt hinweisen, wo Dahses Beweisführung noch eine Lücke zu haben scheint. Der Bearbeiter, der El-Schaddai an den oben genannten Stellen einfügte, soll den Namen Gen 49 25 entnommen haben; dort habe El-Schaddai schon ursprünglich gestanden. Was ist der Grund dafür? Die LXX hat dort allein übereinstimmend die Übersetzung *ο ϑεος ο εμος*. Das ist aber doch dieselbe Übersetzung wie 28 3 43 14 48 3, wo *ο ϑεος μου* steht. Also ist der Gottesname 49 25 etwa auch erst später eingesetzt? Aber ein Grund da-

---

[1] Textkritische Materialien 1 ff.

[2] Exod 6 3, von Dahse nicht mehr ausdrücklich erwähnt, steht am Anfang der 14. Parasche; ein Seder beginnt 6 2.

für liegt nicht vor; 49 25 ist weder Seder- noch Paraschenanfang. Oder
ist ο θεος ο εμος etwa die griechische Übersetzung von אֵל שַׁדַּי? Dann
ist also dort schon der hebräische Ausdruck nicht verstanden worden,
den die Hexapla 35 11 mit θεος ικανος, 43 14 48 3 mit ισχυρος ικανος,
Exod 6 3 mit εν ισχυρω ικανω, also viel genauer, wiedergibt, und El-
Schaddai kann im hebräischen Text auch an allen übrigen Stellen ursprünglich sein. Oder will DAHSE endlich den von EERDMANS vorgeschlagenen Ausweg wählen und אֵל שַׁדַּי als hebräische Vorlage von 49 25
annehmen? Dann fehlt wieder jeder Ausgangspunkt für den theologischen
Bearbeiter. Eine befriedigende Lösung hat also auch DAHSE nicht gegeben, und so wird die beste Erklärung immer noch die von assyrio-
logischer Seite gegebene bleiben, daß in אל שדי die babylonische Bezeichnung Bels, Assurs und anderer Götter als šadû steckt, wozu der
Gebrauch von צור „Fels" für Gott in Parallele zu stellen wäre[1]. Dann
ist אֵל שַׁדַּי ursprünglicher Text, abgesehen von 43 14, wo der Beginn
eines Leseabschnitts die bisherige Annahme, daß der Gottesname auf
Überarbeitung beruhe, vollauf rechtfertigt[2].

Neben den chronologischen Angaben, den Toledoth und den El-
Schaddaiperikopen sind es noch einige kleinere Stücke, die EERDMANS
dem gelehrten Bearbeiter zuweist und an deren Besprechung wir nun
herantreten.

Gen 25 12—18 zeigt die Bearbeitung eines Gelehrten, der älteren
Stoff gesammelt hat. V. 12 und 13 stehen einander im Wege, da sie
zwei Anfänge bilden. Die Angabe des Lebensalters Ismaels in v. 17 steht
ohne Zusammenhang zwischen v. 16 und 18. Später Nachtrag sind die
letzten Worte von v. 16: שנים־עשר נשיאם לאמתם, sie sind im Blick auf
Gen 17 20 eingefügt. Nach EERDMANS können die Verse in ihrer Gesamtheit nicht von Pg stammen, vielmehr sieht es so aus, als sei älterer
Stoff vom Sammler in den Toledothrahmen eingezwängt, allerdings in
recht ungeschickter Weise. Daß nicht alle Verse des Abschnitts zu Pg
gehören können, ist klar; v. 18 wurde bisher zu J gerechnet, GUNKEL
versetzt ihn an den Schluß der Erzählung von Kap. 16. Ferner ist v. 12
als später Zusatz zu streichen, da der Toledothrahmen nach unserer
obigen Darlegung nicht zu Pg gehört. Daß möglicherweise in den
übrigen Versen alter Stoff vorliegt, widerspricht der Zuweisung zu Pg

---

[1] Cf. DELITZSCH, Prolegomena, S. 95 f., 205, 208; HOMMEL, Altisraelitische Überlieferungen in inschriftlicher Beleuchtung 1897, S. 109 f.; SCHRADER, Die Keilinschriften
und das AT. 3. Aufl. 1903, S. 358; HEHN, Biblische und babylonische Gottesidee
1913, S. 265 ff.

[2] Ähnlich KÖNIG, Die moderne Pentateuchkritik u. ihre neuste Bekämpfung 1914, S. 58 f.

nicht[1]. Daß dieser beteiligt ist, zeigt schon die chronologische Angabe in v. 17. Daß er hier nach dem Tode Abrahams die Nachkommen Ismaels brachte, ehe er zu Isaak überging, entspricht seinem Schema, vgl. Gen 10 und 11. Stehen so der Zuweisung zu Pg keine großen Schwierigkeiten im Wege, so dürfte das Stück zu EERDMANS' Toledoththeorie wenig passen; denn wenn irgendwo, so heißt hier Toledoth „Nachkommen", nicht „Geschichte". Und warum ein Sammler den schon vorhandenen Anfang v. 13 nicht durch den seinigen ersetzt, ist nicht einzusehen.

EERDMANS' Einwand gegen **25** 19 20 26 b, die Verse schlössen nicht zusammen, da vor v. 26 b die Geburt der Kinder erwähnt sein müßte, betrifft wieder das schon mehrfach erwähnte Verfahren des Redaktors bei der Zusammenarbeitung seiner Quellen. Pg ist hier nur bruchstückartig überliefert, da der Redaktor die ausführlichere Darstellung von J vorzog, die er aus einem späteren Ort heraufnahm. Auch hier fällt v. 19 wegen der Toledoth weg — damit ist der Einwand, eine „Geschichte" Isaaks könne die Fortsetzung von v. 21 ff. nicht entbehren, erledigt. Für Pg sprechen in v. 20 Paddan Aram und v. 26 b die Datierung. Auch DAHSE scheidet die drei Verse aus, weist sie aber seinem Kompilator zu, da 25 19 der 23. Seder beginnt.

Gen **35** 23—29 werden Pg zugewiesen, wofür Paddan Aram v. 26 b, die chronologische Angabe v. 28, die Rückkehr Jakobs zu seinem Vater und dessen Begräbnis durch seine beiden Söhne als Gründe angeführt worden. EERDMANS findet es sonderbar, daß die Söhne Jakobs am Ende der Isaaksgeschichte aufgezählt werden, und daß statt des nach 35 10 zu erwartenden „Israel" der Name Jakob weiter gebraucht wird. Er berücksichtigt nicht, daß v. 23—26 vielleicht ursprünglich vor 31 18 stand und erst vom Redaktor umgestellt wurde, obgleich er nachher eine ganz ähnliche Auskunft, nämlich die Tätigkeit des Sammlers, zur Erklärung herbeizieht. Was den Namen Jakob statt Israel betrifft, so hält es HOLZINGER[2] für möglich, daß die sorgfältige Schrift Pg den Ausdruck בני ישראל für den weiteren Sinn „Israeliten" reserviert und deshalb den Namen Jakob auch nach 35 10 beibehalten hat. Der Erklärung von EERDMANS', daß auch hier ein Sammler seinen Stoff bearbeitet habe, entspricht in gewissem Sinn die Ausführung von DAHSE[3], der v. 22 b—26 und v. 28 dem Kompilator zuweist, indem er auf Grund einer Vergleichung der LXX-Handschriften zeigt, daß von einer besonderen, Pg eigentümlichen Reihenfolge in der Auf-

---

[1] DAHSE (a. a. O. 149) betrachtet den Abschnitt, weil in einigen LXX-Handschriften fehlend, als Glosse.

[2] ZAW 1910, 253.   [3] a. a. O. 152 ff.

zählung der Söhne Jakobs nicht gesprochen werden könne, und ebensowenig die Behauptung, Pg lasse alle Söhne Jakobs in Mesopotamien
geboren sein, aufrecht zu halten sei, da v. 26b sich als späte Glosse erweise.   Dagegen betrachtet DAHSE v. 27 und 29 als alten Text; und da
wir auch die chronologische Angabe von v. 28 mit guten Gründen für
Pg in Anspruch nehmen können, so bleiben nur v. 22b—26 noch strittig.
Als besonderen Grund, die Verse dem Kompilator zuzuschreiben, führt
DAHSE an, daß der Einschub das mit v. 22 abgebrochene Stück, das sich
nicht zum Vorlesen im Gottesdienst eignete, habe ersetzen sollen.   Man
wundert sich aber, daß dann nicht der ganze v. 22 von dem Kompilator
gestrichen wurde; außerdem sagt DAHSE nichts davon, daß hier ein Seder
begonnen oder geschlossen habe, so daß die bisherige Erklärung, daß
wir hier ein aus früherer Stelle hierher versetztes P-Stück vor uns
haben, noch mindestens viel Wahrscheinlichkeit für sich hat.

Wir kommen zu Gen 36, wo EERDMANS die Ausscheidung von
v. 6—8 für Pg beanstandet, weil der Zusammenhang von v. 1—14 ein geschlossener sei.   Den Abschnitt 36 1—14 Pg zuzuschreiben, verbiete aber
der Widerspruch mit Angaben von Pg in 26 34 und 28 9.   Letzteres ist
richtig, aber eine Ausscheidung von 36 6—8 ist durchaus möglich.
V. 9—14 setzt in Wirklichkeit v. 1—5 gar nicht voraus, das zeigen die
Wiederholungen: v. 4 in v. 10, v. 5 in v. 14.   V. 6—8 aber hebt sich von
v. 1—5 leicht ab, denn 36 1—5 ist Genealogie, keine Erzählung.   V. 6
schließt an 35 29 glatt an.   Eine Bestätigung dafür, daß v. 9ff. nicht ursprünglich zum Vorhergehenden gehört, gibt vielleicht DAHSE in dem
Nachweis, daß v. 9—43 in wichtigen LXX-Handschriften fehlen und deshalb als späterer Zusatz zum Text zu betrachten seien.

Gen 47 5—11 27b 28 gehört zwar auch nach EERDMANS einer besonderen Version der Josephgeschichte an, kann aber nicht zu Pg gerechnet
werden.   Denn der Sprachgebrauch, der als Argument angeführt wird,
kann nicht entscheiden.   Sehen wir davon ab, daß ein Wort wie מגרי
nur in P-Stücken vorkommt (z. B. 17 8 28 4 36 7) und deshalb auch hier
für Pg zu sprechen scheint, ferner daß אחזת vorwiegend bei Pg vorkommt; denn auf den Sprachgebrauch wird bei der Beweisführung für
Pg nicht ausschließlich Wert gelegt.   HOLZINGER[1] betont besonders die
verschiedenen Angaben über den Wohnsitz der Israeliten: Während
v. 11 das Land Ramses genannt werde, gibt v. 4 6b (J) Gosen an, bei
E endlich wohnen die Israeliten, wie aus Exod hervorgeht, mitten unter
den Ägyptern, nicht an der Grenze.   Dieser Argumentierung wird aber

---

[1] ZAW 1910, 254.

viel von ihrem Wert geraubt durch die Bemerkung von DAHSE[1], daß in wichtigen LXX-Handschriften v. 11 „im Land Ramses" durch „in Gosen" ersetzt oder ganz weggelassen sei. Besonders aber hat SMEND[2] gegen die Zugehörigkeit zu Pg Bedenken vorgebracht. Er weist darauf hin, daß die Klage Jakobs über die Kürze seines Lebens gegenüber dem Abrahams und Isaaks nicht recht paßt, da Jakob doch nicht wissen kann, wie alt er wird, vielmehr auf einen Glossator weist, der das Lebensalter Jakobs in v. 28 bereits vor sich hatte. Da Pg von den Leiden Jakobs vermutlich wenig erzählte, könne er ihn auch nicht davon reden lassen. Der weichmütige Ton in v. 9 erinnere an gewisse junge Zusätze in Exod und Num. Entscheidend aber ist ihm, daß מגורים in v. 9 nicht wie bei Pg (17 8 28 4 36 7 37 1) den Aufenthalt unter einem fremden Volk bedeute, sondern das vergängliche Dasein des Menschen auf der Erde, cf. Ps 39 13; Gen 47 7—10 müsse also von jüngerer Hand eingetragen sein. Wird so die Zugehörigkeit von 47 7—10 zu Pg zweifelhaft, so ist doch festzuhalten, daß v. 5 und 6 in der Reihenfolge der LXX sich deutlich vom Vorhergehenden abhebt, was man nicht einfach mit DAHSE durch die Vermutung, daß 47 13 ein neuer Leseabschnitt begonnen habe, als „in den Text geratene Inhaltsangabe" abtun kann. Das Folgende könnte sich an die ursprünglich allein dastehende Altersangabe Jakobs v. 9 in ausschmückender Weise angeschlossen haben. Sicher ist 47 27b u. 28 zu Pg zu rechnen, dafür spricht פרה ורבה und die Chronologie. Der Einwand EERDMANS', der Zusammenhang verbiete das, ist nicht richtig, da v. 29 tatsächlich an v. 27a anschließt.

Wir schließen hiermit die Erörterung derjenigen P-Stücke, die EERDMANS auf die Rechnung gelehrter Bearbeiter setzt, ab mit dem Ergebnis, daß er für manche noch nicht genügend beachtete Probleme innerhalb Pg den Blick geschärft und zu einer Neubearbeitung den Weg gebahnt hat, daß aber seine eigenen Lösungen ihre Aufgabe nicht erfüllen.

3. Pg in der Urgeschichte und Gen 23.

Die Besprechung derjenigen Teile des Priesterkodex, die EERDMANS als alte selbständige Tradition der vorexilischen Zeit glaubt ansehen zu dürfen, zeigt ebenfalls eine große Sicherheit in der Feststellung von allerlei sachlichen Schwierigkeiten. Zu der eben erwähnten Gruppe der P-Stücke gehört aus der Patriarchengeschichte nur Kap. **23.** Die sprachlichen Gründe, mit denen bei diesem Kapitel hauptsächlich operiert

[1] a. a. O. 158.	[2] Erzählung des Hexateuch 13.

wird, hält EERDMANS für nicht stichhaltig. אל שמע אל und אחזה kommen
nicht allein in Pg vor. תושב und קום למקנה kommen in Gen nur hier
vor. נשיא, auch vom Elohisten Exod 22 37, Gen 34 2 gebraucht, findet
sich in der Verbindung mit אלהים nur hier. Das ist zwar im allgemeinen richtig, doch ist hinzuzufügen, daß אחזה, קום und מקנה als bei
Pg vorzugsweise gebrauchte Ausdrücke zu gelten haben, während die
Verbindung קום למקנה allerdings nur hier anzutreffen ist. Auch hätte
EERDMANS eine stilistische Ähnlichkeit mit anderen P-Stücken wohl zugeben können. Indessen existieren in der Tat starke sachliche Bedenken gegen die Autorschaft von Pg für Kap. 23. Man fragt sich,
was für eine Bedeutung dieses ausführlich berichtete Kaufgeschäft in
dem Priesterkodex haben kann. Denn neben den drei großen Erzählungen Gen 1 6 — 9 und 17, in denen es sich um drei große Epochen
der Weltgeschichte handelt, nimmt es sich recht sonderbar aus. Die
früher beliebte Erklärung, der priesterliche Verfasser wolle das Anrecht
Israels auf Kanaan dadurch feststellen, daß Abraham sich dort durch
Kauf Besitz erworben habe, ist neuerdings allgemein aufgegeben; denn
durch Kauf eines Grundstücks des Landes bekommt man doch nicht
das Recht auf das ganze Land. Auch das Bestreben, zu erklären, wie
ein Halbnomade wie Abraham sein eigenes Grab und Grundstück besitzen konnte, während er doch als Fremdling, also rechtlos, unter den
Hethitern verkehrte, kann für Pg nicht als genügender Grund zur Abfassung dieses Kapitels gelten. Aber noch unwahrscheinlicher wird die
Zugehörigkeit zu Pg, wenn man darauf achtet, was denn in der Sage
selbst als Hauptinteresse am Besitz des Feldes und der Höhle Machpela
hervortritt. Es ist unzweifelhaft der Umstand, daß sich dort das Grab
der Ahnfrau befindet, der die ausführliche Erzählung von dem um den
vollen Kaufpreis in aller Form Rechtens erworbenen Grundstück hervor-
gerufen hat. Erinnern wir uns nun, daß überall im Altertum berühmte
Gräber als heilige Orte angesehen wurden, daß noch Jes 65 4 ein Kultus
in den Höhlen und an den Gräbern ausdrücklich bezeugt wird, so wird
uns die Verfasserschaft eines den priesterlichen Kreisen der nachexilischen
Zeit angehörenden Schriftstellers einfach undenkbar, ganz abgesehen
von Stellen wie Jes 63 16, wo vielleicht ein Kultus der Ahnengeister,
speziell Abrahams, abgelehnt wird (von einem örtlichen Kult, den EERD-
MANS hier finden will, ist jedenfalls keine Rede). Selbst wenn man wie
GUNKEL betont, daß in der Erzählung jede Erwähnung Gottes und der
Religion durchaus vermieden wird, wodurch die Höhle als eine profane
Höhle und die Erzählung von ihrem Erwerb als eine profane Geschichte
charakterisiert werden solle, so bleibt es doch unverständlich, daß Pg,

der alle übrigen Erinnerungsstätten an die Patriarchen gestrichen haben
soll, weil er ihren heidnischen Ursprung witterte, mit diesem höchstwahrscheinlich in seiner Zeit abergläubisch verehrten Ort eine Ausnahme gemacht hätte.   Für die Ursprünglichkeit des Stücks können
auch die Rückbeziehungen auf den Kauf in Gen 25 9 10 49 29 ff. 50 13
nichts beweisen.   25 9 ist mit SMEND אל־שדה bis החתי und in v. 10
השדה bis חת zu streichen, ohne daß damit die übrigen Verse des Abschnitts 25 7–11 für Pg zweifelhaft werden, wie EERDMANS meint.   Sein
Grund, der Rahmen der Abrahamsgeschichte, wie er in 11 27 ff. und
25 7 ff. vorliege, könne nur von einem Sammler herrühren, ist nicht
stichhaltig, da er eine unbegründete Änderung 11 27 voraussetzt, und
die Toledoth nicht zu Pg zu rechnen sind.   In 49 29–33 fallen in v. 29 30
die Worte אשר בשדה עפרון החתי במערה, ferner v. 30 b und 32 als Glosse
aus, ebenso in 50 13 die Worte von קנה bis החתי.

    Ist also Gen 23 als P-Stück zu streichen, so erhebt sich die Frage
nach der Zeit seiner Abfassung.   EERDMANS ist geneigt, es als eine Sage
zu betrachten, die weit in die vorexilische Zeit zurückgeht, wenn auch
die Aufzeichnung aus jüngerer Zeit stammt.   Er gibt als Grund dafür
an, daß es schon im 10. Jhdt. v. Chr. in Kanaan ein Feld gegeben hat,
das als „Feld Abrams" allgemein bekannt war.   Das geht aus der Liste
hervor, welche die Eroberungen Šešonks I. (cf. 1 Kön 14 26 f.) in Palästina
aufzählt und in der der Ägyptologe BREASTED[1] und vor ihm schon
SPIEGELBERG[2] diesen Namen wiedererkannt hat.   Das scheint zu der Anschauung zu stimmen, daß die Werthaltung des Ahnengrabs aus der
vorexilischen Zeit besser verständlich sei, da nach dem Exil solche
Dinge streng verpönt waren.   Aber diese Auffassung ist nicht ganz
unanfechtbar, da die Liste Šešonks I. das „Feld Abrams" als Ortsnamen
unter den Namen anderer palästinensischer Städte anführt, nicht als
eigentliches Feld, wie es Gen 23 erscheint.   So vertreten SMEND[3] u. a.
die Ansicht, daß es sich in Gen 23 um einen Einschub eines späten
Bearbeiters handle, der das Anrecht der Juden auf Hebron, das seit
586 in den Besitz der Edomiter gekommen war, rechtlich begründen
wollte.   Gegenüber den Edomitern werden die Hethiter angerufen, von
denen Abraham das Stück Land, auf das es den Juden vor allem ankommt, gekauft hat, um es als Erbbegräbnis zu benutzen.   HOLZINGER
verweist zu der Stelle noch auf Neh 2 3 und macht auf den Ausdruck
עם הארץ aufmerksam, der in demselben Sinn wie Esr 4 4 10 2 11 stehe.

---

[1] Geschichte Ägyptens 1911, 393.   [2] Ägyptische Randglossen zum AT. 13 f.
[3] Erz. des Hexateuch 10 f.

Er ist zu der Vermutung geneigt, Gen 23 könne eine sekundäre Ausspinnung von 25 9 10 innerhalb Pg sein.

Altes Überlieferungsgut sieht EERDMANS auch in den geschlossenen
Stücken der Urgeschichte, die man Pg zuschreibt. Als Beweis dafür
führt er Vorstellungen und Ausdrücke an, die tatsächlich darauf hinweisen, daß hier altes, nicht einmal israelitisches Sagengut im Hintergrund stehe. Besonders zieht er dafür die Sintflutgeschichte heran.
7 11 liegt in den Worten: „da brachen auf die Quellen der großen Ur-
flut und die Schleusen des Himmels taten sich auf" die alte Vorstellung vom Urozean vor. 9 6 ist ein alter Spruch: שפך דם האדם באדם
דמו ישפך. Der Mythus vom Regenbogen, die Tradition vom Aufhören
der Friedenszeit, der Bund mit den Tieren, die Namen Ararat, תבה
(Arche), מבול (Flut), die 150 Tage, die sich der nachexilischen Kalender-
berechnung nicht einfügen lassen, beweisen, daß eine ältere Vorlage
bearbeitet wurde. Das ist zuzugeben. Aber EERDMANS täuscht sich auch
hier über die Tragweite seiner Beobachtung, denn sie beweist nichts
gegen die Vorstellung einer Quelle Pg, die nach alten Vorlagen gearbeitet
haben muß, ihnen aber von ihren religiösen Voraussetzungen aus starke
Umbildungen widerfahren ließ. Darum geht EERDMANS noch weiter
und sucht in den Pg zugeschriebenen Stücken der Urgeschichte direkt
polytheistische Vorstellungen nachzuweisen. 1 26: „Und Elohim sagte:
Lasset uns Menschen machen" soll wie 3 22 11 7 nur polytheistisch zu
verstehen sein. 6 9 gehe ebenso wie 5 22 24 nicht auf den Lebenswandel
Noahs, bzw. Henochs, sondern auf den vertrauten Umgang der Elohim
mit ihnen. Auch 6 13 zeige noch die Spuren des Polytheismus; denn
da alle bisher vorgeschlagenen Emendationen der handschriftlichen Bestätigung entbehrten, sei zu lesen: „Wir, die Götter, werden die Erde verderben". Ebenso stehe es mit 9 16, wo Gott spricht: „Wenn der Bogen in
den Wolken steht, will ich ihn ansehen und des ewigen Bundes zwischen
Elohim und allen lebendigen Wesen gedenken". Elohim könne auch hier nur
eine Mehrzahl von Göttern bedeuten, unter denen vielleicht Jahve einer war.
Mit dem angeblichen Monotheismus des P stehe es also ziemlich schlecht.

Beginnen wir mit der letztgenannten Stelle, so läßt sich nicht
leugnen, daß die Worte בין אלהים in einer direkten Rede, in der Elohim
das Subjekt ist, sich nur schwer begreifen lassen, daß überhaupt v. 16
nach v. 14 15 eine ganz überflüssige Wiederholung ist. Aber EERDMANS
erwähnt nicht, daß der Vers sich auch auf andere Weise befriedigend
erklären läßt; v. 16 läßt sich auch übersetzen: „Und der Bogen war oft
im Gewölk und ich schaute ihn oft usw."[1] Er ist dann als in den

---

[1] KAUTZSCH[3] I, 19.

Text geratene Randbemerkung eines frommen Lesers aufzufassen; damit ist zugleich die Unwahrscheinlichkeit des EERDMANSschen Erklärungsversuchs vermieden, daß in einer Erzählung, in der von Elohimwesen gar nicht die Rede ist, diese ganz unvermutet auftauchen.

An der bisherigen Übersetzung von 6 13 tadelt EERDMANS, daß die Emendationen der handschriftlichen Bestätigung entbehren; und doch bietet die LXX an dieser Stelle ואת־הארץ, die versio samaritana מ־ T sogar מן [1]. EERDMANS' Vorwurf wird um so unberechtigter, als er selbst משחיתים statt משחיתם und הנני statt הנני lesen muß, um seine Übersetzung zu ermöglichen. So kann seine Umdeutung der Textschwierigkeit kaum als brauchbare Lösung gelten.

Die Formel התהלך את־האל' 6 9 bedeutet zwar ursprünglich vertrauten Umgang mit Gott; aber daß diese Vorstellung nur in polytheistischen Gedankenkreisen möglich sei, ist unrichtig; die israelitischen Propheten werden auch in der monotheistischen Zeit in diesem Verhältnis zu Gott gedacht. HOLZINGER zieht zum Vergleich auch Gen 18 17 heran. Worauf es aber ankommt, ist, daß der Autor dieser Stelle den Ausdruck im Sinn eines frommen Wandels angewandt hat; denn 6 9 wird der Sinn des Wandels Noahs mit Gott dahin definiert, daß er im Gegensatz zu seinen Zeitgenossen ein frommer und unsträflicher Mann gewesen sei und deshalb aus dem Strafgericht gerettet wurde.

Über die Deutung von 1 26 endlich herrscht keine Übereinstimmung. KAUTZSCH faßt den Plural als Plural der Selbstberatung zur Hervorhebung der Wichtigkeit dieses letzten Schöpfungswerks; auch kommt die pluralische Konstruktion von אלהים noch an anderen Stellen vor, wo von Polytheismus keine Rede sein kann, wie Gen 20 13, Jos 24 19, 1 Sam 2 25, Jes 6 8, Dtn 5 23. Doch selbst wenn die Erklärung, daß Gott sich hier zu anderen Elohimwesen wendet, nicht zu umgehen wäre, so könnte man doch nicht von Polytheismus reden, so wenig wie bei Paulus mit seinen αρχαι und εξουσιαι, zumal wenn man den geradezu absoluten Monotheismus der ganzen Darstellung in Gen 1 bedenkt. Die Elohimwesen wären also höchstens als untergeordnete Mächte, als Diener des einen Gottes zu betrachten. Da aber Pg sonst Engel nicht erwähnt, so würde er auf diesen Plural von sich selbst aus kaum gekommen sein; es liegt also die Vermutung nahe, daß er hier einer älteren Vorlage folgt. Dafür, daß die Schöpfungsgeschichte von Pg nicht ganz einheitlich ist, sondern auf Vorstufen hinweist, hätte EERDMANS ja noch einige Momente anführen können. So z. B. das Zusammendrängen der zehn

---

[1] KITTEL, Bibl. hebr. I, 8.

Schöpfungsakte auf sechs Tagewerke, die Sabbatidee als der Gedanke des Ausruhenmüssens Gottes von schwerer Arbeit, die lebenbrütende רוח Gottes gegenüber dem lebenspendenden Wort, die Schaffung des Menschen nach dem göttlichen Ebenbild, die wohl ursprünglich nicht rein geistig verstanden wurde. Aber daß solche teils sich widersprechende, teils sehr anthropomorphe Vorstellungen zusammengearbeitet und ins rein Geistige umgedeutet wurden, spricht eben für die Tätigkeit eines Schriftstellers, wie wir ihn in dem Verfasser der priesterlichen Grundschrift vermuten.

Für die Abfassung von Gen 1 durch P sprechen auch nicht nur rein theoretische Gründe, wie EERDMANS meint. Er hat zwar recht, wenn er die Vorliebe für gesetzliche Vorschriften nicht als Grund gelten läßt; denn Gen 2 3 enthält gar keine Vorschrift, nicht einmal den Befehl, daß der Mensch am Sabbat ruhen solle. Auch die oft betonte Einteilung in vier Weltperioden, von denen jede mit einer Offenbarung und Verheißung, mit Bundschließung und Gesetzgebung beginne, muß in dieser Form nachgerade aufgegeben werden. „Von einem Schöpfungs- und Sinaibund weiß Pg tatsächlich nichts" [1]. Damit wird die seit WELLHAUSEN übliche Bezeichnung von Pg = Q d. i. als quattuor foederum liber unmöglich. Auch von einer neuen Gottesoffenbarung kann weder bei der Schöpfung noch beim Noahbund die Rede sein, und auch beim Abrahamsbund wird sie neuerdings zweifelhaft. Gesetze finden sich Gen 1 nicht und Gen 9 so kurz, daß man nicht von „gesetzlichen Vorschriften in ermüdender Breite" reden kann. Auch ohne diese allzu „schematische" Behandlung des Schemas der priesterlichen Geschichtschreibung bleibt die Unterscheidung von vier Weltperioden ganz deutlich: In der ersten bundlosen haben die Menschen wohl die Herrscherstellung unter den Tieren, dürfen sie aber nicht töten (Friedenszeit); in der zweiten durch den Noahbund beherrschten verpflichtet sich Gott, keine Sintflut mehr kommen zu lassen, und gibt den Menschen das Recht des Fleischgenusses, jedoch mit der Einschränkung, daß sie das Blut nicht genießen dürfen, und dem Verbot des Mordes (dies letztere vielleicht späte Einfügung: 9 4—6 [2]); die dritte durch den Abrahambund bezeichnete Periode, in der Gott zu einem bestimmten Kreis von Menschen in engere Beziehung tritt, wird charakterisiert durch spezielle Verheißungen, Forderung eines rechtschaffenen Wandels und der Beschneidung, vielleicht auch durch die Offenbarung Gottes als El-Schaddai; die vierte endlich ist die Zeit der Erfüllung, welche die Volloffenbarung Gottes als יהוה und seine regelmäßige kultische Verehrung sowie die Erfüllung der Verheißungen bringt. Ihr gegenüber

---

[1] STEUERNAGEL, Einleitung 229.　　[2] HOLZINGER, Genesis S. 74.

lassen sich die drei ersten Perioden als Zeit der Vorbereitung zusammen-
fassen.

Zu dieser Feststellung nötigt das Berechtigte an der Kritik von
EERDMANS, die damit in mehrfacher Hinsicht die bisherige Auffassung
korrigiert. Aber wenn auch die Behauptung gesetzlicher Vorschriften
und eines krassen Schematismus für die Abfassung von Gen 1 durch P
nicht ins Feld geführt werden kann, so bleibt doch ein realer Grund
dafür, den EERDMANS allerdings zu rasch erledigt. Das ist die Sprache
und der Stil von Gen 1, die den Zusammenhang dieses Stücks mit Gen 5
und der Sintflutgeschichte schwer bestreitbar machen. Gegenüber dem
Material, das hier HOLZINGER, GUNKEL u. a. anführen, steht EERDMANS, wie
überhaupt in der Urgeschichte, mit seiner Kritik auf viel zu schmaler Basis.

Und so wenig wie seine an sich berechtigte Kritik der bisher oft
allzu mechanischen Darstellung des priesterlichen Geschichtsabrisses eine
übersichtliche und in sich geschlossene Art der Geschichtschreibung bei
Pg in Abrede stellen kann, sind die sonstigen Widersprüche, die er
innerhalb der Priesterschrift in der Urgeschichte aufzuweisen sucht, im-
stande, diese zu voneinander unabhängigen Stücken alter Tradition aus-
einanderzureißen.

Die Schwierigkeit des Neuanfangs 5 1 2 ist schon in dem Abschnitt
über die Toledoth erörtert worden. Ebenso kann 11 10 nicht mehr gegen
10 1 ausgespielt werden, wenn man die Toledoth aus Pg streicht. Denn
daß vor Weiterführung der Hauptlinie die Seitenlinien entwickelt werden,
ist die Anlage von Pg. Der Einwand, daß die in Babylonien ansässigen
Juden gewußt hätten, daß die Elamiten keine Semiten waren, daß also
Gen 10 nicht nachexilisch sein könne, wird durch die Anordnung nach
geographischen Gesichtspunkten als nichtig erwiesen. Diese Anordnung
mag auch erklären, daß in 10 22 Arpachsad der dritte Sohn Sems, 11 1
der älteste ist, wenn es überhaupt richtig ist, daß 11 1 Arpachsad als
den ältesten Sohn Sems nennt. Kap. 11 nennt immer nur den einen
Sohn, von dem die Hauptlinie weitergeht, während es an etwa sonst
noch vorhandenen Söhnen kein Interesse hat. Man braucht sich deshalb
noch nicht mit HOLZINGER darauf zurückzuziehen, daß Pg etwas wie eine
Kommissionsarbeit sein könne. Die Nichterwähnung der Perser in einer
Zeit, da dieses Volk für die Juden das wichtigste war, führt vielleicht
auch hier darauf, daß P nach Vorlagen gearbeitet hat; doch ist auch
möglich, daß Elam nur der Deckname für Persien ist; denn auch
Jes 40 ff. erwähnt die Perser nicht, trotz der Rolle, die hier Cyrus spielt.

Für die Quellenscheidung in der Sintflutgeschichte, die EERD-
MANS im großen ganzen anerkennt, schlägt er einige Verbesserungen vor,

die darauf abzielen, das für Pg als eigentümlich in Anspruch Genommene entweder so umzudeuten, daß es gegen die Zugehörigkeit zu Pg spricht, oder aber es geradezu für die andere Version zu behaupten. Letzteres gilt z. B. für den Abschnitt 9 1−7, der den für Pg charakteristischen Bund Gottes mit Noah enthält und durch die Wiederholung des Schöpfungssegens an Gen 1 anknüpft. Nach EERDMANS kann dieser Abschnitt aber nicht die Fortsetzung von 8 13−19 sein, da Elohim bereits 8 15−17 zu Noah gesagt habe, er und alles bei ihm solle fruchtbar sein und sich mehren. Das könne sich in derselben Quelle nicht in einer neuen Anrede wiederholen; auf 8 19 folge 9 8, 9 1−7 sei eingeschoben. Diese Schlußfolgerung beruht aber auf einem deutlichen Irrtum. 8 15−17 ist nichts von einem Segensspruch für Noah zu lesen, nur von den Tieren ist gesagt, daß sie fruchtbar sein und sich mehren sollen; während erst 9 1 Elohim sich an die Menschen wendet. — Für einen Sonderzug der elohistischen Version der Flutgeschichte hielt man es bisher, daß sie nicht reine und unreine Tiere unterscheide, und man brachte das mit der Theorie von Pg in Zusammenhang, der die Unterscheidung von rein und unrein und ähnliche kultische Gesetze erst für die Mosezeit postuliere. EERDMANS hält das für unsicher; 7 7−9, die man bisher zum Jahvisten rechnete, seien zusammen mit v. 6 an 6 22 anzuschließen. 7 14−16a seien spätere Zusätze, die den Verlauf der Erzählung klarmachen sollen. Versetzt man nun den Abschnitt 7 6−9 nach EERDMANS' Vorschlag, so ist der Eingang Noahs in die Arche in derselben Quelle zweimal berichtet, 7 7 und 7 13. Deshalb nimmt EERDMANS 7 13 zu J; das geht aber nicht an, weil J die Familienangehörigen des Noah, die 7 13 ganz in der Pg eigentümlichen Breite aufgezählt werden (vgl. 8 16 18), sonst nirgends nennt. 7 14−16a können auch nicht späte Zusätze sein, sie erinnern in der Sprache und in der Art der Aufzählung ganz deutlich an vorhergehende Verse aus Pg, cf. 6 17 und 7 15, 6 19 20 und 7 14 ff. Wenn EERDMANS schon eine Quellenscheidung anerkennt, so muß er auf die sprachliche und stilistische Verschiedenheit der geschiedenen Versionen sorgfältiger achten.

Das gilt auch für seinen Versuch, eine einheitliche Zeitrechnung aus den verschiedenen in der Sintflutgeschichte verstreuten Datierungen zusammenzustellen. Wenn er die Zeit zwischen 8 5 und 8 13 auf 61 Tage berechnet und behauptet, diese werden in der Erzählung auf zwei Monate angesetzt, so nimmt er, abgesehen von der nach LXX in 8 5 vorgenommenen Korrektur (11. statt 10. Monat), die Datierung nach 40 und 7 Tagen und die nach Monaten zusammen, als ob sie zu einer Quelle gehörten. Für Kap. 8 rechtfertigt er sich dadurch, daß er 8 1−17 für Pg beansprucht, allerdings ohne weitere Begründung. Aber er nimmt sich die Möglichkeit, beide Datierungen zu kombinieren, nachher selbst, indem er 7 11, wo die Datierung nach Monaten beginnt und mit der Angabe des Alters Noahs untrennbar verknüpft ist, für nachexilischen Einschub erklärt. Auch die Kombination der Datierung nach 150 bzw. 2 × 150 Tagen mit der nach Monaten, um zu beweisen, daß bei der ganzen Berechnung das Sonnenjahr zugrunde gelegen habe, ist nicht einwandfrei. Denn es spricht manches dafür, daß wir in den 150 Tagen die Spur einer dritten Berechnung der Flutzeit auf 300 Tage vor uns haben. Die 8 3 genannten 150 Tage berücksichtigt Eerdmans übrigens gar nicht. Smend ist der Ansicht, daß Pg hier überhaupt keine Monats- und Tagesdata hatte, sondern nur nach Tagen rechnete, die auch nach Ewald das Vorurteil der Ursprünglichkeit für sich haben. Setzt man aber die 150 Tage von 7 24 mit den fünf Monaten von 7 11 und 8 4 in Verbindung, so fragt sich immer noch, ob 150 Tage nicht eine herkömmliche, ungenauere Bezeichnung für fünf Mondmonate = 147 (148) Tage sind[1]. Das Datum der LXX wäre dann das Ursprüngliche und die Änderung von einem Bearbeiter des hebräischen Textes, der ein Sonnenjahr herausbekommen wollte, vorgenommen worden, indem er 17 statt 27 schrieb, was ja nach Eerdmans sehr leicht möglich ist. Immerhin bleibt dabei unklar, welche Absicht den hypothetischen Bearbeiter leitete, die Dauer der Flut gerade auf ein Sonnenjahr zu berechnen. Eerdmans will deshalb annehmen, daß der Zeitrechnung in der elohistischen Flutgeschichte ursprünglich ein Sonnenjahr zugrunde lag, das dann von einem nachexilischen Schriftsteller in seinen eigenen Kalender, der mit Mondjahren rechnete, umgeschrieben wurde. Aber daraus könnte man erst dann auf ein höheres Alter der elohistischen Flutgeschichte schließen, wenn bewiesen wäre, daß die Rechnung nach Sonnenjahren von 365 Tagen älter ist als die nach Mondjahren. Das scheint aber nicht der Fall zu sein. Wohl war das hebräische Jahr ein Sonnenjahr, d. h. die Sonne bestimmte mittels der von ihr hervorgerufenen Veränderungen in Temperatur und Vegetation die Dauer und Folge der Jahre. Aber der Anfang und Verlauf der Monate in diesem Sonnenjahr wurde durch die Mondphasen geregelt und die Übereinstimmung dieser Rechnung mit dem Sonnenumlauf höchstwahrscheinlich durch Einschub eines 13. Monats vor dem Monat Abîb in ganz primitiver Weise erreicht, ohne daß man es mit den dabei entstehenden Unregelmäßigkeiten genau zu nehmen brauchte[2].

---

[1] Gunkel, Gen³ 147. Man hätte dann den Mondumlauf auf rund 30 Tage berechnet, was auch nach Schiaparelli (Die Astronomie im AT., S. 91, A. 1) durchaus wahrscheinlich ist.

[2] Näheres siehe bei Schiaparelli, a.a.O. 108 ff.

Man benutzte also das sog. gebundene Mondjahr, um die Umlaufszeiten der Sonne und des Mondes in der Zeitrechnung auszugleichen, und so war der Kalender der Hebräer, wie der der Babylonier, Syrer und Griechen, jederzeit ein lunisolarer. Daher scheint uns auch die Angabe von BENZINGER[1], daß in historischer Zeit das hebräische Jahr ein Sonnenjahr von 365 Tagen gewesen sei, zum mindesten unbewiesen. Nach GINZEL[2] ist die astronomisch genaue Rechnung nach einem Sonnenjahr von 365 Tagen erst spät, etwa seit dem 3. Jhdt. v. Chr. bei den Astronomen nachweisbar, während sich in alten babylonischen Texten nur Andeutungen von einem 360 tägigen Rundjahr finden. Im Volksgebrauch war wohl nie ein anderes als das (gebundene) Mondjahr üblich, wogegen auch die alten Monatsnamen wie Abîb, Ziw, Bul nichts besagen. Diese Monate waren, wie schon aus der Bedeutung der Namen hervorgeht, ebenso wie die israelitischen Feste vom landwirtschaftlichen, also vom Sonnenjahr, abhängig. Daß aber innerhalb dieses Jahres nach Mondmonaten gerechnet wurde, d. h. daß das Lunisolarjahr der Zeitrechnung zugrunde lag, haben wir schon oben gesehen. EERDMANS hat also bei seinem Versuch, die Berechnung der Flutdauer auf ein Sonnenjahr zum Beweis des Alters der elohistischen Flutgeschichte zu benützen, die bisherigen Feststellungen über die Art der israelitischen Zeitrechnung gegen sich. Dabei ist es von geringer Bedeutung, daß die Benennung der Monate nach Zahlen tatsächlich lange vor dem Exil in Gebrauch gekommen zu sein scheint. (SCHIAPARELLI verlegt sie bis in die salomonische Zeit zurück.) HOLZINGERs Forderung[3], daß EERDMANS erst das Alter dieser Benennung beweisen müsse, um seine Datierung der Sintflutgeschichte zu rechtfertigen, wird zwar damit hinfällig, aber auch EERDMANS kann daraus kein Argument für seine Beweisführung schmieden, denn die Benennung der Monate nach Zahlen blieb bis lange nach dem Exil in Übung, bis sie durch ein neues System von Monatsnamen, nämlich die babylonischen, abgelöst wurde, welche seit der Vernichtung des zweiten Tempels im religiösen Kalender der Juden dauernd angewandt werden.

Aus dem Ausgeführten ergibt sich, daß der Versuch von EERDMANS, durch Korrekturen der bisherigen Quellenscheidung die elohistische Rezension der Sintflutgeschichte als für Pg unmöglich zu erweisen, als mißlungen zu betrachten ist. Dasselbe gilt auch von seiner Behauptung, der Sprachgebrauch dieser Rezension weise nicht auf Pg als Verfasser. Da er dabei von der Voraussetzung ausgeht, daß der Sprachgebrauch

[1] Archäologie 199.
[2] Handbuch der mathematischen und technischen Chronologie I, 127 f.
[3] ZAW 1910, 257.

der vorher Pg abgesprochenen Abschnitte nicht beweisend sein könne, so erledigt sich sein Beweisverfahren auf Grund der bei unserer Nachprüfung gewonnenen Ergebnisse größtenteils von selbst. Was „eigentümliche Ausdrucksweisen" wie כפר, צהר, מבול und תבה gegen Pg beweisen sollen, ist unklar. זכר ונקבה soll sich auch in der jahvistischen Perikope 7 3 finden, ist aber dort schon lange als Glosse erkannt worden. Daß die Sprache den nachexilischen Ursprung von Pg beweise, wofür WELLHAUSEN[1] und namentlich GIESEBRECHT[2] eingetreten sind, wird von EERDMANS zwar bestritten, aber nicht durch genaue Beweisführung widerlegt.

d) Ergebnis.

Am Ende unserer Ausführungen über die Urgeschichte angelangt, bemerken wir zusammenfassend: EERDMANS führt gegen die Einheitlichkeit der P-Stücke, d. h. gegen die Möglichkeit ihrer Zusammenfassung zu einer Schrift, an, daß sie unter sich im Widerspruch stehen; gegen die Annahme eines priesterlichen Verfassers dieser Schrift, der den Monotheismus vertritt, daß sie polytheistische Vorstellungen enthalten; gegen ihre Datierung in der nachexilischen Zeit, daß viel altes Überlieferungsgut in ihnen zu finden ist. Aus den bisherigen Untersuchungen dürfte hervorgehen, daß diese Argumente sich einesteils nicht aufrechterhalten lassen, andernteils nicht beweisen, was sie sollen. Wenn wir also genötigt sind, festzustellen, daß EERDMANS sein Ziel nicht erreicht hat, so wollen wir damit nicht leugnen, daß seine Ausführungen über die Urgeschichte, ja über die ganze P-Schicht der Genesis manches Wertvolle enthalten. Dieses scheint uns jedoch nicht in der Richtung einer Aufhebung, sondern vielmehr einer Korrektur und Fortbildung der bisherigen Quellenscheidung zu liegen.

EERDMANS hat in neuer Fragestellung und mit wohl zu erwägenden Gründen wieder auf das Problem hingewiesen, welches das auch in der priesterlichen Schicht der Genesis sich findende alte Sagengut der Literarkritik bietet, und das bisher nur von wenigen Forschern bearbeitet worden ist. Besonders kommen hierfür Gen 1, 6—9, 17 und 23 in Betracht. Nachdem die Theorie von BUDDE, daß Pg in der Urgeschichte nichts als eine Bearbeitung von J₂ sei, immer mehr an Wahrscheinlichkeit verloren hat, ist es zum mindesten sehr die Frage, ob man sich über dieses Problem mit einem wenig angebrachten Vergleich mit den Richard-Wagner-Texten hinwegsetzen darf[3], zumal von seiner Lösung die historische

---

[1] Prol.[3] 405 ff., [4] 393 ff.

[2] Der Sprachgebrauch des Hexat. Elohisten, ZAW 1881, 177 ff.

[3] HOLZINGER, ZAW 1910, 256.

Wertung des Priesterkodex stark beeinflußt wird. Mußten wir das Vorkommen alten Volksguts innerhalb Pg für die oben erwähnten Stücke
der Genesis als durchaus möglich anerkennen, so gewinnt diese Frage
für die Bücher Exodus, Leviticus und Numeri, wo die Hauptmasse von
Pg liegt, naturgemäß an Bedeutung. Von den dort gewonnenen Resultaten
aus wird auch erst ein endgültiges Urteil über den historischen Wert
des in der Priesterschrift verarbeiteten Materials möglich sein, so daß
unsere Untersuchung dort ihre Fortsetzung finden wird.

Läßt sich in dieser Frage noch nicht von fertigen Ergebnissen
reden, so scheinen solche hinsichtlich der näheren Bestimmung der Größe
Pg in der Genesis vorzuliegen. Hier überrascht besonders das Vorhandensein fremder Bestandteile und später Zusätze in der Grundschrift
in weiterer Ausdehnung, als man bisher angenommen hatte. Als späte
Zusätze sind zu betrachten die Toledoth 2 4a 5 1a 6 9a 10 1a 11 10a 27a
25 12 19 36 1 9 37 2a und die größeren Abschnitte 36 1—5 9—43 46 8—27. Der
Grundschrift ursprünglich fremd und vielleicht älter als sie sind die
beiden Stücke 17 12b 13a 23—27 und 23 mit den dadurch veranlaßten Ein-
fügungen 25 9 10 49 29b—32 50 13. Dazu kommen noch kleinere Abschnitte,
die aus inneren Gründen für den Priesterkodex fraglich sind, nämlich
9 4—6 35 14 und 47 7—10.

Wir sehen daraus, daß die Einheitlichkeit von Pg bisher stark überschätzt worden ist. Die Urform der priesterlichen Grundschrift läßt sich
nicht ohne größere Streichungen wiederherstellen, sie gewinnt aber
durchaus an Einfachheit und Übersichtlichkeit der Anlage und des dabei
verfolgten Zwecks. Redete man bisher nicht ohne Künstlichkeit von dem
auch in der Erzählung durchaus von gesetzlichen Interessen erfüllten
Vierbundesbuch, das die Weltzeit nicht besser als durch vier Bund-
schließungen mit dem jedesmal schematisch abgewandelten Apparat von
Gottesoffenbarung, Verheißung und Gesetzgebung einzuteilen wisse, sich
mit Schemata überlade und sich höchstens bei wichtigen Rechtsgeschäften
einen kleinen Exkurs erlaube[1], so zeigt sich uns jetzt ein großzügig
geschriebener Abriß der vormosaischen Zeit, in dem die dreimal ausführlicher werdende Erzählung deutliche Höhepunkte schafft, die das
Interesse des Verfassers kennzeichnen. Mit Hilfe dreier durch göttliches
Eingreifen geschaffener Weltperioden stellt er die vorbereitende Tätigkeit
Gottes dar: Gott richtet die Menschheit, weil sie seine in der Schöpfung
entfaltete Weltordnung durchbricht, durch die Sintflut, neigt sich ihr aber
doch wieder in der Erwählung Abrahams zu, aus dessen Nachkommen

---

[1] Der Sache nach sogar noch bei GUNKEL Gen³, S. XCIV festgehalten.

4*

das Volk erwächst, das zur Aufnahme der durch Mose vermittelten, vollen
Offenbarung Gottes bestimmt ist.

Lassen so die Ergebnisse von EERDMANS' Untersuchungen die priesterliche Grundschrift der Genesis in schärferen Umrissen hervortreten, so
zeigen sie auf der anderen Seite deutlich die der Herausarbeitung dieser
Quelle in ihre letzten Einzelheiten gesetzten Schranken, indem sie auf
die Unsicherheit der Ausscheidung einzelner Stücke aufmerksam machen
und damit erneut zum Bewußtsein bringen, daß die vorhandenen Lücken
dieser sonst so wohlerhaltenen Urkunde durch keine noch so genaue
Quellenanalyse ausgefüllt werden können. Endlich zeigen die an den
Namen El-Schaddai anknüpfenden Erörterungen, daß auch innerhalb der
mit Sicherheit ausgeschiedenen Quelle noch nicht alle Rätsel gelöst sind.

In der folgenden Tabelle geben wir eine Übersicht über die Quelle
Pg der Genesis, wie sie sich uns jetzt darstellt, wobei die unsicheren
Stellen durch Klammern gekennzeichnet sind:

1 1—2 3 5 1b—28, 30—32 6 9b—22 7 6 11 13—16a 18—21 24 8 1 2a 3b—5 13a 14—19
9 1—3 7—17 28 29. 10 1b—7 20 22 23 31 32 11 10b—26 27b 31 32 12 4b 5 13 [6] 11b 12a
16 [1a 3] 15 16 17 1—12a 13b—22 19 29 21 1b 2b 3—5 25 7 8 10 11a 13—17 20 26b 26 34 35
28 1—9 [29 24 28b] 31 18 35 9—13a 15 [22b—26] 27—29 36 6—8 37 1 2bα 41 46a
[46 6 7] 47 5b 6a 9 11 27b 28 48 3—6 49 1a 28b 29a 33˙ 50 12 22b.

Nachtrag zum ersten Teil.

Für die Zugehörigkeit der Toledoth-Überschrift zu Pg hat noch jüngst BUDDE
in ZAW 1914, S. 244 ff. eine Lanze eingelegt und zieht selbst das Fazit seiner Untersuchung mit den Worten: „Ob mein Vorschlag überall der richtige ist, darauf kommt
wenig an; daß er überall wahrscheinlicher ist als SMENDS Zuweisung (der Toledoth) an
die letzte Überarbeitung, glaube ich beanspruchen zu können". In der Tat, dieser
Eindruck wird wohl zunächst bei jedem Platz greifen, der BUDDES minutiöse Untersuchung mit den wenigen kurzen Worten vergleicht, mit denen SMEND diese Frage
erledigt. Trotzdem glaube ich, daß sich SMENDS vielleicht nicht ganz geschickt vor-
getragene These, die bei ihrer allzu knappen Begründung und besonders in Verbindung
mit der Streichung der Chronologie leicht Angriffe herausfordert, der Sache nach auch
BUDDES Bestreitung gegenüber wohl rechtfertigen läßt.

Wenn ich deshalb kurz auf BUDDES Argumentierung eingehe, so kann ich dabei
von all den Fragen absehen, auf die der betreffende Teil meiner Arbeit schon ge-
nügende Antwort gibt, so die Frage nach der verschiedenartigen Bedeutung des Wortes
תולדת[1], nach der Stellung von Gen 2 4a in Pg und den besonderen Schwierigkeiten
von 5 1 2. Nur BUDDES Hauptargument, die fast gesetzmäßige Gleichförmigkeit in der
Struktur aller Überschriften, die besonders in der kurzen Wiederholung des „passus
concernens" sich zeigen soll, ist einer Prüfung zu unterwerfen.

---

[1] Zu BUDDES Darlegung, daß P dasselbe Wort in verschiedenem Sinne gebraucht,
wäre nur das eine zu bemerken, daß es ein anderes ist, ein Wort im Lauf der Erzählung in variierender Bedeutung zu gebrauchen, ein anderes, ein solches Wort für
gleichförmige Überschriften zu wählen.

Das Schema für alle Überschriften glaubt B. auf Grund von Gen 25 19 feststellen zu können. Nach den Worten "פ תולדת ואלה folgt zunächst die Angabe
des Vaters des Betreffenden, und zwar in der ebenfalls stereotypen Wendung
"פ-את הוליד "פ, dann ev. eine kurze Notiz über die Hauptperson, etwa ihr Alter o. ä.,
dann die Aufzählung der Nachkommen. Ist das richtig, so muß sich dies Schema bei
allen Toledoth-Überschriften feststellen lassen. Wie steht es damit?

In 5 1 2 treffen wir das Schema nicht vollständig, was allerdings in der Natur
der Sache liegt; die verlangte Wiederholung ist da, immerhin in so überladener Breite,
daß man sie Pg so nicht zutrauen möchte.

In 6 9 befremdet zunächst die Charakteristik Noahs, die offenbar die Einleitung
der im übernächsten Verse beginnenden ausgeführten Erzählung bildet, hier also, da
sie das Schema stört, jedenfalls nicht an der richtigen Stelle steht. Dann sollte man
in 6 10 analog 25 19 die Nennung des Vaters Noahs erwarten, besonders wenn man,
wie B., auf so absolute Regelmäßigkeit in den Überschriften P's sich versteift[1].

Auch 10 1 ist nicht in Ordnung. Hier gewinnt B. den Wiederholungspassus
durch Einschub von נח בני. Nach 25 19 und 5 32 läge ein "את הוליד נח wohl näher.
Aber daß B. נח בני vorzieht, ist leicht zu begreifen: Die Weglassung der anderen
Version durch einen R wäre weniger plausibel.

Dasselbe Verfahren wiederholt sich 11 10. Die gewünschte Wiederaufnahme des
Vorangegangenen muß durch Einschub von ויהי שם-את הוליד נח נח בן wiederhergestellt werden. — Daß übrigens SMEND an den Toledoth Sems nach den vorangegangenen Toledoth der Söhne Noahs Anstoß nahm, sollte nicht so unbegreiflich
sein, wie BUDDE es hinstellt[2]; denn eine ähnliche Wiederaufnahme wie 11 10 findet
man sonst nirgends, während man sie bei den Söhnen Jakobs und Josef doch erwarten könnte. Das sollte allerdings mehr gegen die Ursprünglichkeit von 10 1 einnehmen, während SMEND seiner Fragestellung nach gegen 11 10 polemisierte, da nach
den sonstigen Gepflogenheiten des Toledothschreibers ein יפת תולדת אלה und ebenso
ein חם "ת אלה mit unmittelbar folgender Aufzählung ihrer jeweiligen Nachkommen
zu erwarten wäre. Daß man jenes so ganz singuläre בני תולדת ohne weiteres hin-
nimmt, zeugt von der Macht überlieferter Vorstellungen.

Bei der Stelle 11 27, die ebenfalls nicht ins Schema paßt, hilft sich BUDDE wie
EERDMANS durch Ersetzung von תרח "ת durch אברם "ת. Nicht so glücklich ist seine
Erklärung des Umstands, daß Terach im folgenden zunächst die Hauptrolle spielt.
Er sei bei P eben nur als Anfänger von Abrams Wanderung in Betracht gekommen;
denn dadurch ist doch wieder das Prinzip der stereotypen Gleichmäßigkeit P's in der
Anwendung der Kapitelüberschriften durchbrochen, d. h. auch hier ist B.'s Haupt-
argument nicht anwendbar.

25 12 stimmt zur Theorie, die Abweichung im Wortlaut läßt sich aus der besonderen Tendenz erklären. 25 19 ist BUDDES Musterbeispiel.

Die Überschriften in 36 1 u. 9 können jedenfalls nicht beide von P herrühren.
Wenn man eine von ihnen P zuschreibt, so muß man sich wieder auf die Tätigkeit
der Redaktion zurückziehen, um das Fehlen des wiederholenden Passus הוליד יצחק
עשׂו-את zu erklären.

---

[1] a. a. O. S. 247: „Ob dieses Gesetz ursprünglich auch nur eine einzige Ausnahme zugelassen hat, mag man billig fragen".

[2] a. a. O. S. 248, A. 1.

Ebenso ist es 37 2. Für eine Versetzung der Aufzählung 35 22b ff. durch die Redaktion von 37 2a an die jetzige Stelle ist die Notiz 35 26b wirklich kein genügender Grund. Am richtigsten scheint mir immer noch WELLHAUSENs Vermutung, die B. ablehnt; denn ob Pg hinter 29 29 die Geburt der Jakobsöhne im einzelnen erzählt hat, so daß hier keine Aufzählung wie 35 22b ff. mehr Platz finden könnte, wie B. mit ziemlicher Sicherheit annimmt, ist völlig unbeweisbar; von „ausreichenden Spuren“ dafür kann ich jedenfalls nichts bemerken, vgl. o. z. St. Warum schließlich die letzte Bearbeitung die תולדת יעקב nicht hinter den Stammbaum Esaus gesetzt haben soll, so gut wie 25 19 hinter 25 12 ff., ist nicht einzusehen. Auch ist es, nebenbei gesagt, ganz unklar, was der ganze Vers 37 2 in Pg bedeuten soll, da Pg den Streit der Brüder, zu dem 37 2b die Einleitung bildet, wahrscheinlich überhaupt nicht erwähnte.

So entsprechen nur drei Stellen (5 1 25 12 19) den von B. selbst an die Kapitelüberschriften gestellten Anforderungen; zwei (2 4a 36 9 [1]) können überhaupt nicht gehalten werden, während alle übrigen (6 9 10 1 11 10 27 36 1 [9] 37 2) durch mehr oder minder wahrscheinliche Textänderungen zurechtgestutzt werden müssen. M. a. W. das von B. willkürlich einer Stelle entnommene Gesetz der stereotypen Gleichmäßigkeit bewährt sich, wenn man damit Ernst machen will, nirgends. Man kann es uns deshalb wohl nicht verdenken, wenn wir die oben vertretene völlige Ausscheidung der תולדת aus Pg für die bessere Lösung halten.

III. Das jehovistische Werk in der Genesis.

a) Seine Darstellung in der neueren Urkundenhypothese.

Nach Ausscheidung aller unter die Rubrik P gerechneten Bestandteile bleibt das sog. jehovistische Geschichtswerk als die große Hauptmasse der in der Genesis gesammelten Sagen übrig. Es ist das Verdienst von ILGEN[1] und HUPFELD[2], die Elohimquelle als einen Komponenten dieser Masse und als selbständige Schrift neben J und P erkannt zu haben. Damit hat die Überlieferung der hebräischen Urgeschichte, die, bei der Dürftigkeit der Erzählung von Pg, ohne E nur beim Jahvisten vorliegen würde, einen zweiten wichtigen Zeugen bekommen, der für die Frage nach dem Alter und geschichtlichen Wert der auf uns gekommenen Nachrichten über die israelitische Vorgeschichte, wie für die nach der Existenz und dem Umfang einer vor den Quellen liegenden mündlichen Tradition von größter Bedeutung ist. Seit HUPFELD ist der Aufbau der Genesis aus drei Quellen J, E und P die von der Mehrzahl der Gelehrten stets festgehaltene Grundlage der kritischen Arbeit an den Hexateuchproblemen geblieben.

Daß die Urteile über die einzelnen Quellen im Lauf der Zeit einer mannigfachen Wandlung unterlagen, wie sie besonders anschaulich in der allmählichen Umkehrung der Altersfolge der Quellen hervortritt, kann nicht wundernehmen, wenn man die Schwierigkeit der gestellten Aufgabe bedenkt. Welche Fülle von Gelehrtenfleiß und Scharfsinn mußte allein

[1] Urkunden des ersten Buchs von Moses in ihrer Urgestalt 1798.
[2] Die Quellen der Genesis 1853.

auf die Rekonstruktion der in dem jehovistischen Geschichtswerk so innig miteinander verflochtenen Quellen J und E verwandt werden, bis ihr Bild in den heutigen, fast allgemein anerkannten Umrissen heraustrat, und wie sehr fehlt es trotzdem noch in manchen wichtigen Punkten an widerspruchsfreien Resultaten! Im Hinblick darauf wird jeder Versuch, eine neue Lösung der Probleme zu bringen, von vornherein verständlicher. So liegt es im Interesse einer vorurteilsfreien Einschätzung der neu einsetzenden kritischen Arbeit an der Genesis, insbesondere des EERDMANNschen Angriffs auf die Urkundenhypothese, wenn wir unserer Untersuchung auch hier eine kurze Skizzierung des auf dem Boden der Urkundenhypothese bisher Errungenen vorausschicken.

Wie bei Pg, so hat man auch bei J und E einen nur ihnen eigentümlichen Sprachgebrauch feststellen zu können geglaubt und durch ausführliche Tabellen und Übersichten bis ins einzelste zu verfolgen gesucht[1]. Zwar ist man in neuerer Zeit von einer allzu ausgedehnten Verwendung dieses Kriteriums abgekommen[2], doch erfreuen sich immer noch eine ganze Anzahl von Ausdrücken allgemeiner Anerkennung als Quellenindizien. Vor allem ist es der Unterschied der Gottesnamen, der als bequemstes und nahezu untrügliches Mittel zur Quellenbestimmung benutzt wird; der wechselnde Gebrauch von Jahve und Elohim, der vor mehr als 150 Jahren von ASTRUC zum Ausgangspunkt einer Quellenscheidung gemacht wurde, ist bis heute der wichtigste, ja, wenn man manche Kommentare daraufhin ansieht, der unfehlbare Leitfaden durch das Labyrinth der Quellenanalyse geblieben, wie er denn auch den beiden Urkunden den Namen des Jahvisten und Elohisten eingetragen hat. In der Josephgeschichte ist die verschiedene Benennung des dritten Erzvaters vielfach an seine Stelle getreten; J bezeichnet ihn seit seiner Rückwanderung nach Kanaan als „Israel", E bleibt bei dem Namen Jakob. Beschränktere Bedeutung hat die Bezeichnung der vorisraelitischen Bewohner Kanaans mit כנעני bei J, אמרי bei E, ferner die verschiedenen Ausdrücke für Magd (bei J שפחה, bei E אמה), Sack (bei J שק, bei E אמתחת), jünger (bei J צעיר, bei E קטון) u. a. m. Ferner gibt es eine Reihe von J und E eigentümlichen Worten, die in der anderen Quelle keine Parallelen haben, aber für die betreffende Schicht charakteristisch sind, so für J שפה, ידע, איש ואשתו, ילד, אדמה usw., für E בעל (Inhaber), דבר (Streitsache), חזק לב (verstocken) usw.

---

[1] STRACK, Einleitung, 46 ff.; HOLZINGER, Hexateuch, 93 ff. 181 ff.; CARPENTER, Composition of the Hexateuch, 384 ff.

[2] KRÄUTLEIN (Die sprachlichen Verschiedenheiten in den Hexateuchquellen 08) nennt nur noch für P 17, für D 14, für JE 13 Charakteristika.

Weist so schon die Sprache der beiden Urkunden auf ihre Herkunft aus verschiedenen Schriftstellerkreisen, so wird das vollends wahrscheinlich, wenn man Form und Stoff ihrer Erzählung vergleicht. Wenn es auch nicht leicht ist, ein allgemein zutreffendes Urteil über die stilistische Eigenart der beiden Quellen zu gewinnen, so wird doch übereinstimmend die lebendige, anschauliche und naturwüchsige Art der Darstellung des Jahvisten hervorgehoben, die diesen Erzähler zu einem der besten des Alten Testaments überhaupt macht. Bei aller schriftstellerischen Kunst der Verknüpfung bleibt er fern von schematischer Behandlung seines Stoffes und vermeidet alle Einförmigkeit. Seiner naiven Art gegenüber hebt sich die reflektierende und mehr gesuchte Erzählungsweise des Elohisten ab, bei dem alles Derbe gemildert erscheint (vgl. Gen 21 mit 16, 20 mit 12), und rührende Geschichten mit Vorliebe erzählt sind (vgl. Gen 22 und die betreffenden Partien der Josephgeschichte). Viele unbedeutende Einzelzüge erwecken zwar den Eindruck größerer Genauigkeit, verhindern aber nicht eine bisweilen mangelhafte „Verumständung" seiner Erzählungen. Ihm unbeholfene Darstellungsweise vorzuwerfen[1], liegt jedoch kein Grund vor; will doch Gunkel in Gen 20 vielmehr eine besondere Kunstform, die sog. „nachholende" Erzählungsart entdecken.

Noch deutlicher unterscheidet die Quellen ihre Stoffverwertung sowohl hinsichtlich des Umfangs wie der besonderen Ausführung. Auffallend ist, daß E zu der von J in Gen 1—11 behandelten Urgeschichte keine Parallele zeigt. Er setzt erst mit Abraham ein und hat wahrscheinlich mit Absicht ein weiteres Zurückgehen vermieden, wohl deshalb, weil ihm die heidnische Herkunft jener Erzählungsgruppe bewußt und unsympathisch war. Nach Ed. Meyer lag ihm auch „eine Einreihung der Israeliten in einen allgemeinen völkergeschichtlichen und weltgeschichtlichen Zusammenhang, wie sie bei J vorliegt", fern, wie denn auch bei E die Völkertafel und ethnographische Listen fehlen. In der Patriarchengeschichte bieten J und E ein in der Hauptsache übereinstimmendes Bild; doch zeigen sich im einzelnen bedeutsame Differenzen. Neben den geschlossenen Parallelstücken tritt auch in den aus beiden Quellen kunstreich zusammengewobenen Erzählungen die individuelle Eigenart einer jeden mehr oder weniger deutlich in inhaltlich verschiedenen Varianten, doppelten Motiven oder gewissen die Geschichte durchziehenden Zügen hervor (vgl. die übliche Quellenanalyse in Gen 27, in der Josephgeschichte besonders den verschiedenen Bericht, wie Joseph nach Ägypten gelangte). Außerdem zeigen J und E ihre Sonderüberlieferungen, so J in Gen 32 23ff., 38 und 39, E in 35 1—9 16ff.

---

[1] Holzinger, Hexateuch, 191.

Das verfeinerte Empfinden, das bei E in Form und Stoff der Erzählung zu beobachten war, ist auch für die religiösen und sittlichen
Vorstellungen dieser Schrift kennzeichnend. Besonders sind die Schil-
derungen von Gotteserscheinungen lehrreich. Der Jahvist scheut sich
nicht, Jahve in einfacher Menschengestalt auf Erden wandeln zu lassen:
Gott kommt als Gast zu den Menschen, läßt sich von ihnen bewirten,
ißt, trinkt und redet mit ihnen (Gen 2 3 16 18 und 19). Der Elohist
vermeidet solche grobsinnlichen Vorstellungen, im Traum (21 3) oder im
Rufen eines Engels vom Himmel (21 17) offenbart sich die Gottheit.
Merkwürdig und bewundernswert bleibt dabei, daß J trotz seiner starken
Anthropomorphismen Gott keineswegs von der irdischen Welt abhängig
werden läßt oder ihm seine Erhabenheit raubt. Wie bei E, so ist auch
bei J Gott über alle irdischen Gewalten erhaben und bewahrt auch dem
Frommen gegenüber, zu dem er sich herabläßt, den Charakter der Heiligkeit und Unnahbarkeit. Man könnte sogar sagen, daß Jahve als der
Herr der Welt und der Richter der Menschen bei J (vgl. besonders die
Urgeschichte) eine viel großartigere Darstellung gefunden hat als bei E,
dessen Gesichtskreis enger ist und kaum über das auserwählte Volk hin-
ausgeht. Dafür finden wir allerdings das Verhältnis des Menschen zu
Gott beim Elohisten ungleich tiefer erfaßt: In altertümlichem Gewand
zwar, aber in welch unvergleichlicher Weise ist das unbedingte Ver-
trauen des Menschen auf Gott im Gehorsam gegen seinen Willen in
Gen 22 geschildert; und auf welcher Höhe zeigt sich der Erzähler in
der Josephgeschichte, wenn er den sie durchziehenden Grundgedanken
der göttlichen Vorsehung am Schluß der Erzählung durch Joseph in dem
klassischen Wort 50 20 aussprechen läßt: ואתם חשבתם עלי רעה אלהים
חשבה לטבה.

Wie bei E innerhalb seiner religiösen Gedankenwelt die altertüm-
lichen Volksvorstellungen von der Gottheit und die Reste heidnischen
Aberglaubens, die wir bei J noch antreffen, verschwunden sind, so verraten auch seine in der Erzählung hervortretenden sittlichen Anschauungen
einen fortgeschrittenen Standpunkt. Zwar läßt sich der hohe sittliche
Ernst, der der jahvistischen Schicht zugrunde liegt, nicht verkennen;
aber die unbefangene Freude an den von Jahve erwählten Urvätern
Israels und ihrem Glück spricht sich manchmal in einer für unser sitt-
liches Empfinden anstößigen und verletzenden Weise aus (cf. 12 10ff.);
und mit der vorbildlichen Frömmigkeit der Patriarchen hält ihre sittliche
Beschaffenheit nicht immer gleichen Schritt (vgl. die Preisgebung des
Weibes Gen 26 7ff. 12 10ff. und Labans Überlistung durch Jakob Gen 30 25ff.).
Hier steht E unserem Empfinden näher, wenn er solche Züge entweder

ganz tilgt oder doch so umzudeuten sucht, daß sie den Hauptanstoß verlieren (vgl. Gen 21 11ff. mit 16 6, 31 4ff. mit 30 28ff., 20 mit 12 10ff.). Das
sind Zeichen einer ausgebildeteren sittlichen Erkenntnis, die wohl mit
Recht unter die charakteristischen Unterschiede der beiden Quellen gerechnet werden.

Es ist natürlich, daß man sich nicht mit der einfachen Feststellung
der Differenzen begnügte, die man aus dem einmal bestimmten Text des
Jahvisten und des Elohisten herauslesen konnte, sondern nach ihren
Gründen forschte und weitere Schlüsse in bezug auf bestimmte Absichten
der Verfasser oder auf Alter, Heimat und Abhängigkeit der beiden
Quellen voneinander aus ihnen zu ziehen suchte. Aber so groß auch
im allgemeinen die Übereinstimmung der Gelehrten bei der Konstatierung
der unterscheidenden Merkmale zwischen J und E ist, so weit gehen
ihre Ansichten auseinander, wenn es sich darum handelt, eine Erklärung
dafür zu geben.

Es liegt nahe, in beiden Quellen bestimmte Tendenzen zu vermuten,
die an der eigentümlichen Gestaltung der Überlieferung bei J oder E
schuld wären. So betrachtet Erbt [1] die Bücher als „Staatsschriften" mit
politischem Interesse, die die Rechte des Davidischen Reichs gegenüber
Babel verteidigten. B. Luther [2] hingegen sieht in dem Jahvisten einen
überzeugten Anhänger der von den Propheten von Elia bis Hosea eifrig
betriebenen religiösen Reform, deren Ziele, die Verwerfung des Kultus
und das nomadische Ideal, er in seinem Werk durch bewußte Umgestaltung des traditionellen Sagenstoffs zur Geltung zu bringen suche.
Demgegenüber bestreiten Wellhausen, Gunkel, Holzinger u. a. jegliche
Parteinahme für das Nord- oder Südreich auf das bestimmteste und
halten die Betrachtung von J als Tendenzschrift für unmöglich, wenn
nicht die allgemeine Absicht, das Volk durch die Sagensammlung zu den
in ihr ausgesprochenen Idealen emporzuheben, als Tendenz gewertet
werden solle. In der Mitte zwischen diesen beiden Extremen steht wohl
die Ansicht, die den leitenden Gedanken jeder Quelle deutlich herausheben und zu ihrer Charakterisierung verwenden möchte; so bezeichnet
Schrader E als „theokratische" Schrift, weil in ihr die deutliche Absicht vorliege, an der Geschichte des Volkes zu zeigen, daß Gott allein
durch sein Wunderwirken Israels Existenz begründet hat und dessen
ausschließlicher Herr und König ist. Im Gegensatz dazu mag man wohl
J den Namen einer „staatlich-religiösen" Schrift beilegen (Sellin), mit
Rücksicht auf die nationale Grundstimmung, die diese Schrift durchzieht

---

[1] Mitteilungen der Vorderasiat. Gesellschaft 1904, Nr. 4.
[2] Bei Ed. Meyer, Israeliten, 127 ff.

und in ihr den Versuch eines urkundlichen Beweises „für die göttliche Legitimation der Ansprüche Israels auf Palästina und der Stellung seiner Dynastie als Großmacht" erblicken.

Im Zusammenhang mit der Behauptung oder Bestreitung gewisser Tendenzen innerhalb der Quellenschriften steht das Urteil über die schriftstellerische Eigenart von J und E. Sind die mit diesen Sigla bezeichneten Schichten Produkte von Erzählerschulen oder Erzeugnisse von Einzelschriftstellern? Je nachdem man zu dieser Frage Stellung nimmt, wird man geneigt sein, in den Quellen bestimmte Grundgedanken wirksam zu sehen, oder aber glauben, nur die allerallgemeinste Übereinstimmung in der literarischen Arbeitsweise innerhalb einer Quelle feststellen zu können. Denn einer Gelehrtenschule, deren Arbeit sich über viele Jahrzehnte erstreckt und in vielen Fällen von der Neigung der Mitarbeiter und vom Zufall abhängig ist, wird man kaum das Festhalten an bestimmten Leitgedanken und ihre großzügige Durchführung zutrauen wollen. Schon bei der Durchführung der neueren Urkundenhypothese durch Männer wie NÖLDEKE, DILLMANN, WELLHAUSEN und KUENEN ergab sich, daß keine der vier Hauptquellen eine streng literarische Einheit bilde, sondern jede Stücke verschiedener, wenn auch verwandter Herkunft enthalte. So hat SCHRADER die literarische Einheit der jahvistischen Schicht zuerst mit Erfolg angefochten[1]. Zur Scheidung von Schichten innerhalb dieser Quelle bietet die Urgeschichte die meisten Handhaben. Während WELLHAUSEN hier einen Grundstock annimmt, in den von einem Bearbeiter einzelne Stücke eingetragen seien, glaubt BUDDE zwei Ströme jahvistischer Urgeschichte aufzeigen zu können, die von einem Redaktor, welcher teilweise selbst Neues hinzufügte, vereinigt wurden. Läßt sich bei letzterer Theorie allenfalls noch von selbständigen Erzählern reden, so fällt diese Möglichkeit ganz weg, wenn man, wie GUNKEL, nicht nur in der Urgeschichte, sondern auch in der Patriarchengeschichte von J drei Quellen unterscheidet, die in verschiedener und höchst komplizierter Weise bald nur lose, bald zu fester Einheit miteinander verwoben sind. Hier müssen die Quellen als Produkte von Erzählerschulen betrachtet werden, die nur den in mündlicher Überlieferung schon begonnenen Prozeß der Sagensammlung weiter fortsetzten, ohne ihm einen bestimmten Charakter aufzuprägen. Dieser Hypothese gegenüber halten B. LUTHER und PROCKSCH an der Abfassung der Urkunden durch Einzelpersönlichkeiten fest. Ihrer Ansicht schließt sich auch SMEND an, der sie jedoch in Begründung und Durchführung durch viele neue Momente bereichert.

---

[1] Studien zur Kritik und Erklärung der biblischen Urgeschichte 1863.

In der jahvistischen Schicht sucht er durch den ganzen Hexateuch hindurch zwei selbständige Erzähler zu verfolgen, jedoch tritt er gegenüber der bisher üblichen Unterscheidung von Schichten innerhalb E für die Einheitlichkeit dieser Quelle ein.

Allerdings ist SMEND dadurch gezwungen, auch in seiner Datierung unter die sonst üblichen Ansetzungen herunterzugehen. Während man seit WELLHAUSEN die Entstehungszeit des Kerns von E ziemlich allgemein in das 8. Jhdt. verlegte, glaubt SMEND — und hierin hat er in LAGARDE einen Vorgänger — unter die Zerstörung des Nordreichs herabgehen zu müssen und nimmt den Anfang des 7. Jhdt. als Ursprungszeit des ganzen Elohisten an, also die Zeit, der man sonst E$_2$ zuweist. Vergleicht man damit die Datierungen von SCHRADER, DILLMANN und KITTEL[1], so ergibt sich eine Differenz von 200—300 Jahren. Nicht ganz so bedeutend ist der Unterschied in der Schätzung des Alters von J. Die überwiegende Mehrzahl der Forscher hat sich auf das 9. Jhdt. geeinigt; SELLIN und PROCKSCH glauben bis in die Zeit Salomos hinaufgehen zu können, SMEND entscheidet sich für die erste Hälfte des 8. Jhdt. Jedenfalls ist die Meinung DILLMANNS und seiner Schule, daß E älter sei als J, fast vollständig aufgegeben.

Auch hinsichtlich der Bestimmung der Heimat beider Quellen ist es allmählich zu einer annähernden Übereinstimmung gekommen, sofern man meist den Jahvisten in Juda, den Elohisten in Nordisrael entstanden sein läßt. Doch kann man auch hier nicht von gesicherten Resultaten reden, da gerade in neuerer Zeit für die Herkunft von J aus Nordisrael, von E aber aus Juda eingetreten worden ist[2].

Mit der Bestimmung des Alters und der Heimat ist die Frage nach der Abhängigkeit der Quellen voneinander gegeben. Sie hat sich insofern vereinfacht, als mit der Meinung DILLMANNS über das höhere Alter von E auch die Behauptung, daß der Elohist dem Jahvisten als Vorlage gedient habe, unmöglich geworden ist. Dagegen hat WELLHAUSENS Annahme, daß E von J abhängig sei, namentlich in ED. MEYER und SMEND eifrige Vertreter gefunden. Immerhin scheint sich die Überzeugung mehr und mehr durchzusetzen, daß J und E nach gemeinsamen Vorlagen gearbeitet haben und sich daraus ihre weitgehende Übereinstimmung wie ihre wesentlichen Differenzen am besten erklären lassen.

[1] In seiner Gesch. d. V. Israel 1912 geht KITTEL für E auf die erste Hälfte des 8. Jhdt. herunter.
[2] Vgl. für ersteres B. LUTHER bei ED. MEYER, Israeliten, 107 ff., für letzteres SMEND, Erz. des Hexateuch, 31 ff.

b) Die kritische Position von Eerdmans.

Man sieht, daß die Zahl der Differenzpunkte bei der Beurteilung der Quellen J und E nicht gering ist, und muß zugeben, daß hierin eine gewisse Schwäche der Quellentheorie liegt. Mag Steuernagel[1] auch entgegnen, daß es sich dabei nur um Unwesentliches dieser Theorie handle, so ist damit doch nicht die Tatsache zu verdecken, daß bei den strittigen Punkten die eigentliche Verwertung der vorangegangenen mühsamen Quellenscheidung in Frage kommt. Man kann es darum niemandem verdenken, wenn ihn die bestehenden Schwierigkeiten an der Richtigkeit des ganzen komplizierten Prozesses, dem die Urkundenhypothese die Entstehung des Genesis zuschreibt, zweifeln lassen und ihm den Versuch nahelegen, auf andere Weise den hier vorliegenden Problemen gerecht zu werden.

Die kritische Arbeit Eerdmans' verfolgt das Ziel, die Auffassung der Genesissagen als Bestandteile zusammenhängender Schriften, die die charakteristischen Merkmale von J und E tragen, als unmöglich nachzuweisen. Also nicht gegen eine Quellenscheidung überhaupt wendet er sich — wie die Sintflut- und Josephgeschichte zeigen, nimmt er eine solche unter bestimmten Bedingungen ebenfalls vor —, sondern die Technik der Quellenanalyse und ihre Ausführung unter dem Gesichtspunkt der Herstellung geschlossener Urkunden bekämpft er. Was ersteres betrifft, so hält er besonders die Zerlegung zahlreicher Erzählungen in parallel laufende Versionen, die auf Grund von vermeintlichen Dubletten und Widersprüchen vorgenommen wird, für verfehlt und vertritt gegenüber solchem „Überscharfsinn" die Einheitlichkeit der meisten Genesissagen. Soweit die bestimmten Unterscheidungsmerkmale der einzelnen Urkunden in die Analyse hereinspielen, sucht er deren Unbrauchbarkeit darzutun. Wie bei Pg, so hält er auch hier das Argument des Sprachgebrauchs für illusorisch. Das wichtigste Quellenindizium dieser Kategorie, der Gottesname soll durch die z. T. auf alten hebräischen Vorlagen beruhenden Abweichungen der LXX-Lesarten als unbrauchbar erwiesen werden. Und auch die anderen sprachlichen Unterschiede sind bei näherem Zusehen nicht stichhaltig. Fällt damit noch ein Hauptgrund der Quellenscheidung, so werden die stilistischen und stofflichen Differenzen der beiden Quellen, deren Feststellung in der Hauptsache jener erst nachfolgt, zum großen Teil ebenfalls unhaltbar. Damit wird es natürlich auch unmöglich, von einem bestimmten religiösen oder sittlichen Standpunkt zu sprechen, den die Quellen vertreten. Ja gerade darin, daß man ein-

---

[1] ThStKr 1908, 623 ff.

heitliche Vorstellungskreise aus ihnen herauslesen wollte, sieht EERDMANS einen Hauptirrtum der Urkundenhypothese. Der ursprüngliche Sinn der Sagen bleibt dem vollständig verschlossen, der in ihnen die Gedankenwelt einer monotheistischen oder dem Monotheismus nahestehenden Religion zu finden glaubt. Welch starke Abstufungen die religiöse Vorstellungswelt der Sagen tatsächlich aufweist, konnte so lange nicht offenbar werden, als man unter dem Einfluß der Urkundenhypothese in אלהים den appella- tivischen Ausdruck für den nahezu universalistisch gedachten Gott Jahve sah. Nur darum konnten „die Alttestamentici gerade so wie die späteren Soferim die alten Traditionen unter der Voraussetzung des Monotheismus lesen". In Wirklichkeit muß אלהים in den alten Sagen ebenso wie im Bundesbuch eine Mehrzahl von Göttern bedeuten, und Jahve ist, wo er mit Elohim zusammen genannt wird, nur einer unter ihnen. Wird die Genesis unter diesem Gesichtspunkt gelesen, so kommt eine stark poly- theistische Vorstellungswelt zum Vorschein, an einigen Stellen nur leicht, an anderen kräftig übermalt und nur in verhältnismäßig wenigen Stücken ganz fehlend, die sich eben dadurch als späte Nachträge verraten. In welcher Weise EERDMANS diese polytheistischen Sagen zur Anbahnung eines neuen Verständnisses der Genesis benützt, muß der Besprechung des dritten Teils seiner „Komposition der Genesis" vorbehalten bleiben. Doch wird schon aus dieser Skizzierung seiner kritischen Grundlegung die Umwälzung klar, der er die Hexateuchkritik entgegenführen will. Damit ist auch die Notwendigkeit einer genauen Einzelprüfung seiner Ausführungen gegeben.

c) Einzeluntersuchungen.

Da die Ausdehnung und Mannigfaltigkeit des Stoffs einer Einteilung nach dem Inhalt entnommenen Prinzipien widerstrebt, so folgen wir der von EERDMANS eingehaltenen Ordnung, nach welcher zuerst die elohistischen und die aus J und E zusammengesetzten Stücke, dann die rein jahvistischen Abschnitte zur Besprechung kommen. So bedauerlich dabei das Zerreißen der Zusammenhänge und ein gewisser Mangel an Übersichtlichkeit sein mag, so werden doch auch Wiederholungen und Auslassungen bei dieser Anordnung leichter vermieden.

1. Die elohistischen und jehovistischen Stücke.
α. Gen 12 — 36.

Wir beginnen also mit Gen 15, wo nach der bisherigen Theorie die Quelle E ihren Anfang nimmt. EERDMANS erkennt an, daß hier zwei Erzählungen vorliegen, die schon von WELLHAUSEN auf die Verse 1—6

und 7—21 aufgeteilt worden sind. Die sachlichen Gründe dafür liegen
auf der Hand: Zwischen v. 6 und 8 besteht keine gerade Verbindung;
Abrahams Unglaube in v. 8 paßt schlecht zu dem vorher gerühmten Glauben.
V. 5 ist es Nacht, v. 12 und 17 geht die Sonne eben unter. Aber die
Perikopen liegen nicht in ursprünglicher Form vor; das gibt auch
EERDMANS zu, doch glaubt er mit der Ausscheidung von Glossen sie
leicht wieder herstellen zu können und hält eine Unterscheidung
zweier Quellen in v. 1—6 für unnötig: die in v. 3 vorliegende Dublette
zu v. 2 sieht er als Erklärung dieses Verses an, die man in den Text
aufgenommen habe. Das kann jedoch kaum zutreffen, denn v. 3 enthält
das leitende Wort ירש, das in v. 4 wiederkehrt. V. 4 und 1 aber müssen
wegen des im Hexateuch sonst nicht vorkommenden היה דבר יהוה אל
gleichen Ursprungs sein. Ihnen gegenüber gehört v. 2a wegen des אדני
יהוה mit v. 8 zusammen. Hierbei kann v. 7 ohne weiteres als Fortsetzung
von v. 2 verstanden werden, weil die Verheißung des Landes die eines
Leibeserben in sich schließt. Vor v. 2 mag, nach v. 7 zu urteilen, J von
einer Gotteserscheinung erzählt haben. Fragen wir nun, welcher Quelle
die so erhaltene Rezension v. 1 3—6 zuzuweisen ist, so erinnert an E v. 1
אחר הדברים האלה; ferner ist ihm noch am ehesten der Ausdruck היה
דבר יהוה אל־אברהם in v. 1 und 4 zuzutrauen, da er 20 7 den Abraham
einen ‏נביא‎ nennt. V. 5 und 6 sind die direkte Fortsetzung von v. 3 und 4.
Ob man v. 13—16 und 19—21, die jedenfalls stark glossiert sind, wenigstens
ihrer Grundlage nach zu diesem Stück hinzunehmen will (daß das für
ihre jetzige Form unmöglich ist, geht aus ihrem engen Zusammenhang
mit v. 11 und 12 hervor) oder sie mit EERDMANS späterer Hand zuweist,
tut nichts zur Sache. Gegenüber der E-Erzählung fällt die Perikope
v. 2 7—12 17 18 naturgemäß an J. Zu J passen die in der Theophanie sich
aussprechenden sehr alten Anschauungen: das Nahen der Gottheit kündigt
sich durch gewaltigen Schrecken an, Jahve selbst kommt erst nach Sonnen-
untergang, er erscheint als eine Art Feuerdämon. — Nach dieser Skizzierung
der in solcher Gestalt besonders von SMEND [1] vertretenen Quellenscheidung
wenden wir uns den Einwänden von EERDMANS zu, die sich in diesem
Fall weniger gegen die Quellenscheidung selbst, als gegen die Zurechnung
der geschiedenen Erzählungen zu J oder E richten. Die Perikope v. 7ff.
J zuzuweisen, soll nicht angehen, weil J nach 12 7 13 14—16 die Verheißung des Besitzes Kanaans hier zum dritten Male bringen würde, und
zwar in einer Form, als handle es sich um etwas ganz Neues. Dieser
Einwand ist der Vorstellung gegenüber, als hätten wir in J eine einheit-

---

[1] Erz. des Hexateuch 43ff.

liche schriftstellerische Konzeption vor uns, vollauf berechtigt, beweist
aber nichts gegen die Annahme, daß wir in J zwei Überlieferungsfäden
zu unterscheiden haben, deren einem unsere Perikope zugeschrieben wird,
während dem andern die vorhergehenden Verheißungen zufallen. Gegen
J in 15 7ff. soll aber auch die Lesart der LXX sprechen, die v. 7 und 18
אלהים, v. 8 יהוה liest. Ist bewiesen, daß diese Lesart gegenüber dem MT
den Vorzug der Ursprünglichkeit besitzt, so ist damit doch unsere Annahme noch nicht ausgeschlossen; denn für die jahvistischen Perikopen
wird der ausschließliche Gebrauch von יהוה gar nicht behauptet, sondern
nur der vorzugsweise. So sagt STEUERNAGEL[1], „daß für einen jahvistischen
Verfasser ein Zwang den Namen יהוה ausschließlich zu gebrauchen, nicht
vorliegt", daß also ein אלהים nicht gegen einen Jahvisten beweist. Dasselbe Argument der Lesart der Gottesnamen in LXX führt EERDMANS
aber auch gegen die Zuweisung von 15 1ff. an E ins Feld: LXX liest
v. 1 2 4 Jahve, v. 6 Elohim; das zeige, daß der ursprüngliche Gebrauch
der Gottesnamen nicht sicher zu ermitteln sei. HOLZINGER[2] wendet dagegen ein, daß planloser Wechsel der Gottesnamen bei einem hebräischen
Autor grundsätzlich schwieriger vorzustellen sei als Zufälligkeiten in
einer griechischen Übersetzung. LXX scheine außerdem die Neigung
zu haben, für יהוה ϑεος einzusetzen, besonders wo allgemeine Begriffe
hereinspielen, wie v. 6, wo der Begriff „Gottvertrauen" erreicht werden
solle und von wo der Gebrauch von ϑεος auf v. 7 nachgewirkt habe.
Endlich verlangt er einen systematischen Beweis dafür, daß LXX vor
MT den Vorzug verdiene. Einen solchen Beweis hat nun neustens DAHSE
zu führen gesucht, der auch HOLZINGERS Aufstellungen über das Verhältnis
von MT zu LXX in bezug auf die Gottesnamen scharf kritisiert[3]. Auf
seine Untersuchungen näher einzugehen, behalten wir uns für später vor,
da sie für unsere Stelle nicht direkt in Betracht kommen, denn 15 1ff.,
das wir E zuschrieben, zeigt ja, von dem ausgeschiedenen v. 2 abgesehen,
im MT selbst an drei Stellen יהוה. EERDMANS müßte also an dieser
Quellenscheidung seine helle Freude haben, da sie von den Gottesnamen
unabhängig ist. Aber spricht das nicht gegen die ganze elohistische
Theorie? SMEND läßt sich darüber nicht weiter als in dem Satz aus: „In
v. 1 4 6 findet sich יהוה, das auf Kompilation des E mit J hinweist." Er
scheint also stillschweigend vorauszusetzen, was wir hier ausdrücklich
feststellen möchten: In Stücken, die aus J und E in der Weise zusammengesetzt sind, daß kleine Bruchstücke, Verse und Halbverse in den fremden Zusammenhang eingekeilt sind, können die Gottesnamen nicht mehr

---

[1] Einleitung 138.   [2] HOLZINGER, ZAW 1911, 44.   [3] Textkrit. Mat. 41.

als ausschlaggebendes Kriterium dienen; hier treten vielmehr andere Gründe stilistischer, sprachlicher oder religionsgeschichtlicher Art ein. Denn es kann doch nicht angenommen werden, daß bei der ziemlich großen Freiheit, mit der der Redaktor bei Zusammensetzung der Quellen verfuhr, jeder Gottesname sklavisch treu bewahrt worden wäre; Änderungen in dieser Beziehung liegen in der Natur der Sache. So einleuchtend diese Festellung auch sein mag, so wenig ist sie bisher berücksichtigt worden. Darum müssen wir Quellenscheidungen wie die von GUNKEL, die mit Hilfe der Gottesnamen bis auf den Halbvers genaue Resultate erzielen wollen[1], für verfehlt halten. Diese Kinderschuhe, in denen sie das Laufen lernte, muß die Pentateuchkritik nun allmählich ablegen, sonst werden sie ein Hindernis für ihre gesunde Weiterentwicklung. Zu was für gezwungenen Konstruktionen von Zusammenhängen diese Bindung an die Gottesnamen führen kann, lehrt die GUNKELsche Kommentierung verglichen mit der WELLHAUSENS oder SMENDS.

Mit Bezugnahme auf Stellen wie Gen 22 16 26 3 Exod 32 13, die man meistens als sekundär ansieht, glaubt EERDMANS nun aber den Abschnitt 15 1—6 als späte Verherrlichung von Abrahams Glauben betrachten und zu den jüngeren Teilen der Genesis rechnen zu dürfen. Gen 26 3 und Exod 32 13 weisen auf Gen 22 16, cf. die Phrase „ich habe geschworen"; Gen 15 1—6 könne nicht ursprünglich sein, da 22 16 keinen Bezug darauf nehme, sondern die Verheißung als eine erstmalige einführe, während doch der sekundäre Verfasser die Tradition von 15 1—6 gekannt haben müßte, wenn sie ihm in J oder E oder JE vorlag. HOLZINGER bezeichnet diese Ausführungen als „sehr erwägenswert"; an Jes 46 26 erinnere auch das Motiv von v. 5[2]. Das wäre indessen nur dann zuzugeben, wenn 22 15—18 als Zusatz eines Bearbeiters über jeden Zweifel erhaben wäre. Dies ist nicht der Fall, vielmehr nimmt SMEND[3] die Verse, wenigstens in ihrer Urgestalt, für E in Anspruch, da die darin ausgesprochenen Verheißungen hier, wo die Geschichte Abrahams gewiß auch bei E ihren Abschluß fand, völlig in Ordnung seien. Eine ausdrückliche Bezugnahme dieser Verse auf 15 1—6 zu erwarten, ist aber unnötig, da die Anknüpfung an jenen Abschnitt in der Quelle E offen zu Tage lag, andererseits durch die Steigerungen der dort gegebenen Verheißungen eine eintönige Wiederholung vermieden ist.

Die nächste elohistische Perikope ist Gen **20**. Hier ist die Behauptung EERDMANS', der ursprüngliche Gebrauch der Gottesnamen sei nicht mehr zu ermitteln, ganz rätselhaft; denn sowohl LXX wie MT gebrauchen

---

[1] Gen[3] 177 ff.   [2] ZAW 1911, 45.   [3] Erz. des Hexateuch.

in dem ganzen Stück bis auf die Anrede in 20₄ אדני LXX κύριε אלהים;
der einzige Vers, in dem יהוה steht, v. 18, rührt zweifellos von einem
Bearbeiter her. — EERDMANS sucht nun allerlei Unebenheiten in der Erzählung selbst nachzuweisen, die es wahrscheinlich machen sollen, daß sie
eine starke Bearbeitung erfahren hat. V. 3f. stehe im Widerspruch zu v. 17,
denn das Ausbleiben von Schwangerschaften in v. 17 setze einen längeren,
das Unberührtbleiben der Sara, ein wenig glaubwürdiger Zug, in v. 3f.
nur ganz kurzen Aufenthalt derselben im Harem Abimelechs voraus.
Daß Sara in der Tat nicht unberührt geblieben sei, gehe aus v. 16 hervor, wo die Worte לכל אשר אתך, die bisher verschieden gedeutet wurden,
nur „für alles, was bei dir ist" heißen können und von den etwaigen Folgen
ihres Verkehrs mit Abimelech reden.   Diesen für die Soferim über-
aus anstößigen Zug der Erzählung wollten sie durch v. 3f. beseitigen.
Die Überarbeitung verrate sich in v. 4 noch in dem Wort גוי, das nach
dem späteren Sprachgebrauch mit Heide übersetzt werden müsse.   Diese
Argumentation von EERDMANS scheitert indes an einem Punkt: Nach v. 17
ist auch Abimelech impotent geworden, die Ursache davon wird ihm
v. 3f. aufgedeckt.   Die betr. Verse passen also sehr gut zusammen.   לכל
אשר אתך wäre außerdem ein sehr merkwürdiger Ausdruck für Schwangerschaft.   Nach HOLZINGER[1] handelt es sich um einen Gebrauch von את
wie in dem Ausdruck עשה את פ׳ „mit einem verfahren", der Sinn wäre
dann: „für alles, was mit dir geschehen ist".   Auch GUNKELS Deutung,
der אָתָך von אתה „kommen" liest und demgemäß übersetzt[2]: „in be-
treff alles, was dir begegnet ist", ist an sich wohl möglich, denn auch
Hiob 3 25 bedeutet das Wort „überkommen"; nur erwartet man hier nicht
diesen poetischen Ausdruck zu lesen.   Das גוי in v. 4 mit „Heide" zu
übersetzen, hieße auch dem Bearbeiter eine „ungewöhnliche Geschmack-
losigkeit" zutrauen.   Das Wort kann aus גם verschrieben sein, oder man
übersetzt mit „Volk", da Abimelech es für selbstverständlich hält, daß
der Zorn Gottes nicht bloß über den König, sondern auch über das ganze
Volk kommt (GUNKEL).   EERDMANS stößt sich auch daran, daß Abraham hier
ein נביא genannt wird; erst in der späteren Zeit habe man sich die
Offenbarungsvermittler der Vorzeit als Propheten gedacht (Ps 105 15).   Indes
erscheint Abraham hier weniger als Offenbarungsvermittler wie als Für-
bitter, cf. 18 17 [3], und daß ein נביא in besonderem göttlichem Schutz steht,
illustrieren auch die Elias- und Elisageschichten 2. Kön 1 9ff. 2 23f. 6 15ff.
Die von EERDMANS vorgeschlagene Textemendation, die das unverständ-
liche ונכחת in v. 16 aus נכח, arabisch „verheiratet sein, von der Frau"

---

[1] ZAW 1911, 45.   [2] Gen³ 224.   [3] HOLZINGER, ZAW 1911, 46.

herleiten und als Zustandssatz וְאַתְּ נְבֻעְחְתְּ, unter Streichung des כל, „indem
du verheiratet bist" übersetzen will, hat viel für sich, ist aber für die
Hauptfrage ohne Belang.

Dagegen knüpft sich an v. 13 die Frage, ob unsere Erzählung nicht
aus einer polytheistischen Urform umgearbeitet worden ist. Die pluralische Konstruktion von אלהים in diesem Vers paßt nach EERDMANS schlecht
zu einer elohistischen Schrift, die אלהים als Bezeichnung Jahves gebraucht,
und beweist ursprünglichen Polytheismus dieser Perikope. Das ist indes
unbeweisbar, da wir auch sonst in unzweideutig monotheistischen Texten
die pluralische Konstruktion von Elohim vorfinden (vgl. die bei der Besprechung von Gen 1 26 angeführten Stellen). GUNKEL verweist auf das
Vorkommen des singularisch zu fassenden Plurals in den Tel-Amarna-
Briefen, wo „meine Götter" im Sinn von „mein Gott" vom König gebraucht wird. Doch hält er es auch für möglich, daß התעו ein alter-
tümlicher Singular von ר"ל sei. Jedenfalls handelt es sich hier nur um
das, was der Verfasser unseres Textes mit dem Ausdruck gemeint hat,
während wir auf die an אלהים sich anknüpfenden religionsgeschichtlichen
Fragen später eingehen können.

Wenn EERDMANS auf den schlechten Zusammenhang hinweist, in
dem der Abschnitt jetzt steht, so geht das die Arbeit des Redaktors an
und beweist für die elohistische Frage nichts. Die geographischen
Schwierigkeiten von v. 1 werden von EERDMANS übertrieben: Abraham
soll nicht im Negeb und in Gerar zugleich sein können, da letzteres
weit nördlicher liege. Es gibt jedoch nicht nur ein Gerar weit nördlich
vom Negeb, im Südosten von Gaza, sondern auch eines südwestlich von
Kadesch, jetzt Wadi Dscherur, welches noch im Negeb, d. h. der Ebene
südlich vom judäischen Gebirge liegt (cf. KAUTZSCH[3] zur Stelle). Das
kann auch zu den folgenden Erzählungen, Gen 21 und 26, stimmen.
Wenn es aber 21 und 26 heißt, Gerar gehöre den Philistern, wovon
Gen 20 keine Rede ist, so liegt vielleicht eine spätere Verwechslung mit
dem bei Gaza gelegenen Gerar vor[1]. Eine Verkürzung des Textes von E,
die EERDMANS für 20 1 unwahrscheinlich erscheint, ist jedenfalls für die
Verbindung unseres Textes mit den folgenden Kapiteln anzunehmen.
Nach 21 14 war die vorher erzählte Geburt Isaaks offenbar in Beersaba
lokalisiert, zwischen 20 und 21 fehlt also die Nachricht von einer Über-
siedlung Abrahams von Gerar nach Beersaba. Darum kann auch EERD-
MANS nicht herumkommen, und es ist die Erklärung wohl am wahrschein-

---

[1] So GUNKEL, Gen 220. Doch ist auch möglich, daß man das Reich der Philister
sich weit nach Süden reichend dachte, wenigstens in jener grauen Vorzeit. Um so
ehrender ist für Abraham die Bundschließung mit einem so mächtigen König.

lichsten, daß der Redaktor die Geburt Isaaks, die nach 18 10 14 in Hebron stattfand, gegen die jahvistische Vorstellung ausdrücklich nach Beersaba zu verlegen Bedenken trug[1].

Nach den Bemerkungen von EERDMANS zur folgenden elohistischen Perikope 21 1—21 wäre der Geburtsort Isaaks in Gerar im Philisterland zu denken. Das ist unverständlich; denn von Gerar in Philistäa wird die ägyptische Magd kaum nach der östlich gelegenen Wüste von Beersaba fliehen, sondern viel eher südlich, ihrer Heimat zu. Komp. S. 86 ändert EERDMANS seine Ansicht und meint, 21 1—21 sei möglicherweise Hebron als Geburtsort Isaaks und Ausgangspunkt der Flucht Hagars zu denken. Dann fehlt aber auch bei ihm die Nachricht, wie Abraham von Gerar (Gen 20), resp. aus dem Negeb oder von Bethel (Gen 13), nach Hebron kam. Seine Annahme hat also nichts vor der von uns oben vertretenen Lokalisierung von 21 1—21 in Beersaba voraus, die durch den Wortlaut von 21 14 empfohlen wird.

21 1—21 soll auch deshalb nicht als Teil einer elohistischen Schrift betrachtet werden können, weil v. 1 יהוה gebraucht und dieses ebenso- gut ursprünglich sein kann wie von einem Redaktor eingesetzt. Da keiner der neueren Kommentatoren vor 21 6 ein Stück des Elohisten zu finden behauptet, gehört diese Erörterung nicht hierher (vgl. die Be- sprechung der Stelle bei Pg). Was gegen die Zuweisung von 21 6 oder 8ff. an E sprechen soll, wird bei EERDMANS nicht klar, zumal er selbst aus v. 17 schließt, daß אלהים zum ursprünglichen Text gehört. Wenn er aus 21 2 die Worte לְמוֹעֵד אֲשֶׁר־דִּבֶּר אֹתוֹ אֱלֹהִים statt mit Gen 17 21 (Pg) mit 18 14 (J) in Zusammenhang bringt, so ist das an sich wohl möglich; doch die darauf gestützte Schlußfolgerung, daß in v. 1 und 2 Jahve als einer unter den Elohim genannt sei und speziell als der Gott verstanden werde, der die Schwangerschaft hervorrufe, ist an dieser Stelle zu wenig begründet und zum mindesten vor einer Erörterung von Gen 18 verfrüht. Doch läßt sich darauf hinweisen, daß diese Annahme mit 30 2 nicht stimmt. dort ist es Elohim, der die Leibesfrucht versagt. Auch berührt es immerhin sonderbar, daß EERDMANS für 21 2 nicht die Lesart der LXX heranzieht, die hier κύριος hat. Wäre die LXX-Lesart hier ursprünglich, so könnte sie die Behauptung, daß 21 2b auf 16 14 Bezug nehme, stützen; dafür müßte EERDMANS dann allerdings seine Theorie, daß Jahve hier einer der Elohim sei, fallen lassen.

Wir gehen absichtlich erst jetzt, nachdem wir die Berechtigung, 21 6ff. für E in Anspruch zu nehmen, festgestellt haben, auf die sogenannte

---

[1] SMEND, Erz. des Hexateuch, 42.

jahvistische Dublette Gen 16 ein, die Eerdmans bei seiner Besprechung
von 21 1—21 in einer der Klarheit wenig dienlichen Weise vorausnimmt.
Daß Gen 16 eine Dublette von Gen 21 ist, kann wohl niemand bestreiten.
Aber daß es eine jahvistische Dublette sei, will Eerdmans in Abrede
stellen. Diese Stelle gehört deshalb eigentlich zu der Erörterung der
jahvistischen Stücke. — Daß wir in Gen 16 kein ursprünglich jahvistisches
Stück haben, sondern daß das „Jahve" aus Überarbeitung stammt, soll
aus v. 11 und 13 hervorgehen. Die Erklärung des Namens Ismael v. 11
mit „Jahve hat gehört" zerstört jetzt das Wortspiel, ursprünglich muß
hier אל gestanden haben. Ebenso ergeben die Worte in v. 13: „Sie nannte
den Namen Jahves, der mit ihr sprach: du bist El, der mich sieht"
keinen Sinn. Auch hier muß statt Jahve El gestanden haben; denn das
Partizipium הדבר beweist, daß hier von einem aus einer Mehrheit die
Rede ist; es hat aber nicht mehrere Jahves gegeben, von denen der
Jahve, welcher mit Hagar sprach, einer war. Diese letztere Schlußfolgerung ist nicht unanfechtbar; man kann nicht sagen, daß das Partizipium הדבר zwingend dafür spreche, daß hier von einem aus einer
Mehrzahl die Rede sei. Es ist nicht mit Eerdmans so pointiert zu übersetzen: „Sie nannte den Namen des Jahve, der mit ihr sprach, El Roi",
sondern „sie nannte den Namen Jahves, der mit ihr (nämlich hier an
dem Brunnen) gesprochen hatte, El Roi". Daß es Jahve war, der mit
ihr gesprochen, wird hervorgehoben, weil das Weib ihn vorher nicht
erkannt hatte. Warum hier stehen sollte: „sie nannte den Namen des
(einen) Gottes (unter den vielen), der mit ihr gesprochen hatte — — —"
ist vernünftigerweise nicht einzusehen. Es handelt sich ja nicht darum,
daß einer von vielen Göttern ihr erschienen war, sondern darum, daß
der, der mit ihr sprach, Gott oder Jahve war, nicht ein gewöhnlicher
Mensch. Gott und Mensch, nicht ein Gott und viele Götter ist der
Gegensatz, um den es sich hier handelt.

Die Bemerkung zu v. 11 ist auch von Gunkel gemacht worden;
es fragt sich nur, ob man „Jahve" nicht anders als aus Überarbeitung erklären kann. Schon der Umstand, daß der Name, den
Hagar dem ihr erschienenen Jahve gibt, nicht Jahve Roi, sondern El
Roi heißt, sollte dagegen mißtrauisch machen. Denn ein später Bearbeiter hätte sich kaum darum gekümmert, ob einmal am Brunnen
Lachai Roi ein El Roi verehrt worden ist. Dagegen ist es verständlich, daß der Autor von Kap. 16, der vielleicht noch die Quelle
Lachai Roi mit ihrem Numen El Roi kannte oder dem eine alte Sage
darüber vorlag, das Numen des Brunnens mit Jahve, dem National-
gott Israels, identifizierte. Wir hätten dann hier den auch aus anderen

Stellen[1] wahrscheinlichen Vorgang, daß Israel bei seinem Einzug in Kanaan mit den kananäischen Kultstätten auch die Namen der dort verehrten Gottheiten übernahm, diese aber mit Jahve identifizierte und die eigentümlichen Namen als Beinamen Jahves erklärte. Wenn also schon der Autor von Kap. 16 bei der Namengebung Ismaels sein יהוה schrieb, während 21 17 der Erzähler bei der Anspielung auf den Namen Ismael Elohim schrieb, so scheint das doch auf einen bedeutsamen Stilunterschied zwischen beiden Dubletten zu führen, ebenso wie der ausschließliche Gebrauch von שפחה in Kap. 16, אמה in Kap. 21, von dem EERDMANS nichts sagt, darauf hinweist, daß wir in Gen 16 ein Stück der Quelle J, in Gen 21 der Quelle E haben.

21 22—34 will EERDMANS für einheitlich halten, besonders gegen GUNKEL, der auf Grund einiger Unebenheiten der Erzählung hier zwei Fäden der Überlieferung unterscheiden will. Seine Erklärung hat hier in der Tat viel für sich; denn abgesehen von einigen unbedeutenden Merkmalen, die GUNKEL für seine Variante anführt, kann von einer doppelten Benennung des Brunnens nicht die Rede sein. V. 31 wird der Name als Schwurbrunnen erklärt, die Nennung der sieben Lämmer in v. 28 bringt nur ein Wortspiel herein, von denen die alte Sage voll ist (cf. die Esaugeschichte), auch bleibt GUNKELS J-Variante sehr lückenhaft. Der Besuch Abimelechs mit seinem Heerführer (und natürlich auch Soldaten) hat nach EERDMANS keinen andern Zweck, als in orientalisch-höflicher Weise Tribut zu fordern. Abraham gibt den Tribut (v. 27), sichert sich aber zugleich das Anrecht auf den Brunnen, indem er sieben Lämmer als Zeugnis, daß er den Brunnen gegraben habe, und als Opfer-lämmer, welche die Anerkennung des Rechts Abrahams heiligen sollen, beiseite stellt (v. 28 f.). Weil Abraham auf den Brunnen Anspruch macht, schenkt er die Tiere, die nach alter Sitte bei Eröffnung von Brunnen geopfert und beim gemeinsamen Opferschmaus verzehrt werden. Abimelech ist bei der religiösen Handlung so viel wie der Priester. Diese Erklärung des Abschnitts ist durchaus einleuchtend und macht die auch von anderer Seite (SMEND) behauptete Einheitlichkeit der Erzählung sehr annehmbar.

Aber auch die Verse 00 01 zu dem Abschnitt hinzuzunehmen, wie EERDMANS will, geht nicht an. V. 34 erweist sich schon deshalb als Zusatz, weil er von einem Wohnen Abrahams im Philisterland redet, während die Erzählung sonst (v. 32) voraussetzt, daß Beersaba nicht im Philister-

---

[1] GUNKEL (Gen³ 187) weist auf 31 13 35 7 „El Bethel", 21 33 „El Olam", 33 20 „El Gott Israels" als Namen ursprünglicher Lokalnumina hin. Auch der von zwei LXX-Handschriften Ri 9 26 gebrauchte Name ירבל scheint auf eine Zeit der Religionsmengerei hinzuweisen.

land, sondern höchstens an seiner Grenze lag. Diese Beobachtung wird
auch nicht dadurch hinfällig, daß in v. 1 nicht davon die Rede ist, daß
Abimelech zu Abraham kommt, sondern gleich da ist und mit ihm spricht.
Denn es findet sich bei E häufiger, daß die Voraussetzungen zu einer
Erzählung nicht sehr sorgfältig gegeben werden[1] (vgl. 21 27 die Erwähnung
der Lämmer als schon bekannt mit Artikel). Auch ist nach dem vorhergehenden Kapitel der Wohnort Abimelechs in Gerar zu denken. Daß
v. 33 nicht in den Zusammenhang gehört, geht nicht nur aus dem Gebrauch von יהוה hervor, der allerdings in einem elohistischen Text zunächst Bedenken erregen muß; sondern der Vers führt gegenüber der
vorhergehenden Erzählung ein neues Moment ein. Die Anrufung des
El Olam steht tatsächlich mit dem vorher Berichteten in gar keiner Verbindung. Smends Ansicht, daß das Jahve in v. 33 von demselben Redaktor
herrühre, der v. 34 eingefügt hat, läßt zu deutlich den Wunsch erkennen,
den Vers für E zu retten. Denn schon der Ausdruck קרא בשם spricht
gegen E. Woher aber der Vers stammt, ist nicht mit Sicherheit zu sagen.
33b würde für J sprechen, der uns ja auch in Kap. 16 den alten Gottesnamen El Roi überliefert hat. 33a spricht aber dagegen, denn nach J
weilt Abraham nicht in Beersaba. Man hat deshalb als Subjekt in v. 33a
schon Isaak vermutet und den Vers hinter 26 25 einstellen wollen[2]. Aber
wie dann der Vers hierher verschlagen worden ist, ist bei dieser Annahme schwer zu begreifen. Möglich wäre, daß er ursprünglich in der
jahvistischen Schicht, die Gen 15 und 16 enthält, gestanden hat; denn
jene Erzählungen spielen wahrscheinlich in Beersaba; damit würden wir
wieder auf eine doppelte Überlieferung innerhalb J geführt. 21 33 wird
für Eerdmans besonders wichtig, weil er aus ihm den polytheistischen
Charakter der ursprünglichen Erzählung ganz klar nachweisen zu können
glaubt. Abraham hat durch Pflanzung eines Baumes ein Numen schaffen
wollen, das den Ort schützen soll. Ist dem so, dann kann der Vers
keinem jahvistischen Erzähler angehören, denn Jahve und Baumkult sind
einander fremd, wie die Bekämpfung des Baumkults durch die Propheten
beweist. Außerdem ist eine Anrufung Jahves als El Olam an sich unmöglich, weil Jahve nicht an verschiedenen Orten unter verschiedenen
Namen angerufen wurde.

Um die letzte Bemerkung aufzugreifen, so scheint außer den schon
an früherer Stelle aufgeführten Gottesnamen in der Genesis auch aus
Ri 6 24, wo wir den Namen יהוה שלום finden, hervorzugehen, daß an
verschiedenen bedeutenden Kultorten Jahve verschiedene Beinamen führte,

---

[1] Holzinger, Gen. 163.   [2] Kautzsch-Socin, Anm. 93; Holzinger, Gen. 163.

die man in den Heiligtumslegenden gern mit einer geschichtlichen Er-
innerung erklärte.   Ein solcher Kultort war auch Beersaba, noch zur
Zeit des Amos berühmt, cf. Am 5 5 8 14.   Daß die Jahveverehrung den
Baumkult ursprünglich nicht kannte, ist richtig, aber gerade die Polemik
der Propheten beweist, daß es eine Zeit gab, in der die Jahveverehrung
auch diese Kultform annahm.   Jedoch der Autor von v. 33 will sicherlich
nicht diesen Baumkult auf Abraham zurückführen und ihn dadurch rechtfertigen, im Text steht auch nicht das mindeste, was dafür einen An-
halt bieten könnte: Abraham pflanzt eine Tamariske und ruft den Namen
des Jahve El-Olam an.   Es scheint uns eine nicht aus irgendwelchen
heidnischen Sitten zu belegende Behauptung, daß man durch Pflanzung
eines Baumes ein Numen „schaffen" könnte.   Denn das ist etwas ganz
anderes, als daß in irgendeinem alten Baum, der eine Quelle beschattet,
ein göttliches Wesen wohnend gedacht würde.   Die nächstliegende Erklärung ist, daß der vorisraelitische Kultort Beersaba mit dem dort
stehenden heiligen Baum und der dort verehrten Gottheit El-Olam von
dem in Kanaan einziehenden Volk übernommen und jahvistisch umgedeutet wurde; HOLZINGER verweist auf die Umdeutung des athenischen
Altars Act 17 23 1.   Dem Baum wurde alles Bedenkliche dadurch genommen, daß man ihn vom Patriarchen Abraham gepflanzt erklärte.
Möglich, daß der Vers auf vorisraelitischen Baumkult in Beersaba hinweist, ebenso wie die Terebinthen Mamres 13 18 18 1.   Es ist aber etwas
anderes, hinter solchen Erzählungen einen vom Jahvismus überwundenen
Polytheismus durchschimmern zu sehen, als diesen Hintergrund in die
Erzählung selbst als noch bestehend hereinrücken zu wollen.

      Auch für die Erzählung von Isaaks Opferung Gen 22 1–14 sucht
EERDMANS nachzuweisen, daß eine Erklärung dieses Abschnitts mit der
JE-Theorie unmöglich sei, da sie den ursprünglichen Polytheismus der
Sage verkenne.   Er setzt mit seiner Kritik naturgemäß dort ein, wo ein
יהוה in elohistischem Zusammenhang Schwierigkeiten bereitet, nämlich
v. 11 und 14 und meint, dies sei nur so zu erklären, daß die Sage zu
gleicher Zeit Jahve und Elohim schreibe.   Die Prüfung Abrahams im
allgemeinen werde auf die Elohim zurückgeführt, die Götter oder die
göttliche Welt, das Opfer Isaaks aber gelte speziell Jahve, der dann auch
die Rettung sende.   Dieser „monolatrische" Standpunkt der Sage sei dem
des Amos und überhaupt der Propheten des 8. Jhdt. parallel.   Man vermißt hier wohl mit Recht einen Beweis für den monolatrischen Standpunkt der Propheten des 8. Jhdt., denn mit dem Hinweis auf die einzige

------

1 ZAW 1911, 47.

Stelle Am 4 11, die bisher nicht eindeutig erklärt worden ist, ist doch
nicht alle Gerechtigkeit erfüllt. Aber auch ohnedies erweist sich eine
Unterscheidung von Jahve und Elohim, wie EERDMANS sie vorschlägt, in
Kap 22 undurchführbar. V. 2 befiehlt Elohim, den Sohn als Brandopfer
darzubringen; dabei ist es doch die stillschweigende Voraussetzung, daß
Isaak eben dem Elohim dargebracht werden soll, der ja auch v. 2 und 9
den Ort des Opfers bestimmt. Wer das bestreiten zu können glaubt, muß
auf v. 8 verwiesen werden, wo aus den Worten אלהים יראה־לו השה לעלה
unzweideutig hervorgeht, daß das Opfer Elohim gilt. Wenn wir aber
einmal zwischen Elohim und Jahve trennen wollen, so wäre in unserer
Erzählung doch ein recht sonderbares Verhältnis zwischen der Götterwelt und Jahve vorausgesetzt: Das Opfer, das von den Elohim gefordert
ist und ihnen gilt, wird von Jahve vereitelt. Abraham will den Elohim
gehorsam sein, er wird v. 12 aus dem Munde des Engels Jahves ein ירא
אלהים genannt, offenbar als Lob; Jahve aber hindert ihn in seiner Gottes-
verehrung, tritt also gegen den Willen der Elohim auf. Eine solche Vorstellung vom Verhältnis zwischen Elohim und Jahve ist bei Amos und
seinen Zeitgenossen gewiß nicht nachzuweisen; in unsere Erzählung herein-
getragen zerreißt sie aber die ganze Einheit der Komposition, vernichtet
ihre Wirkung und stellt uns vor ein unverständliches Durcheinander.

Es fragt sich also, ob nicht doch die bisherige Auffassung dem Ver-
ständnis der Erzählung gerechter wird. Für E spricht, wenn wir vom
Gottesnamen absehen, die Offenbarung Gottes in der Nacht v. 1 2, die
Weisung an den Wachenden durch die Stimme vom Himmel und der
Wohnsitz Abrahams in Beersaba; ferner die religiöse Eigenart des Stücks,
das eine Verherrlichung der höchsten Gottesfurcht und des unbedingtesten
Vertrauens in die göttliche Leitung darstellt und damit schon an das
האמין des Jesaja anklingt. Das sind Momente, die eine Zuweisung des
Stücks an E doch nicht unbegründet erscheinen lassen, ohne daß damit
die Schwierigkeit, die der Gottesname יהוה v. 11 und 14 bietet, geleugnet
ist. Für v. 14 zwar, der anerkanntermaßen korrumpiert ist und in seinem
ursprünglichen Sinn kaum mehr wiederhergestellt werden kann[1], ist das
Vorkommen von יהוה nicht unerklärlich. Wird v. 15 ff. als Einschub betrachtet, so ist für den מלאך יהוה im elohistischen Zusammenhang v. 11
ein Eingreifen von redaktioneller Seite nicht von der Hand zu weisen;
vom מלאך יהוה in v. 15 aus versteht es sich, daß der Redaktor den מלאך
אלהים v. 11 in seinem Sinne geändert hat. SMEND, der v. 15—18 in ihrer
Urgestalt nach zu E rechnet, sogar mit נאם יהוה v. 16, spricht sich über

---

[1] Vgl. die Versuche bei HOLZINGER, Gen 165, und GUNKEL, Gen. 239.

den Gottesnamen Jahve in elohistischem Text nicht weiter aus, abgesehen von der Bemerkung, daß נאם יהוה für E nicht verwunderlich sei, da er den Abraham auch sonst durchaus als Propheten hinstelle[1].

Weit sichreren Boden hat EERDMANS unter den Füßen, wenn er versucht, die Quellenscheidung in Kap 27, der Erzählung von der Erschleichung des Erstgeburtssegens durch Jakob, ad absurdum zu führen. Auch in diesem Kapitel nämlich glaubte man bisher E mit Sicherheit nachweisen zu können. Während WELLHAUSEN[2] sich mit der Aufzeigung einzelner Dubletten begnügte, aus denen er auf den zusammengesetzten Charakter des Kapitels schloß, und auch DILLMANN[3] von einer genauen Scheidung beider Bestandteile Abstand nahm, versucht man neuerdings ziemlich allgemein, die beiden Sagen von J und E zu rekonstruieren[4]. Vergleicht man aber die Ergebnisse dieser Arbeit bei GUNKEL, KAUTZSCH, PROCKSCH und SMEND, so wird man sehr geneigt sein, dem Urteil von EERDMANS zuzustimmen, daß hier eine Quellenscheidung undurchführbar sei. Denn man kann mit großer Sicherheit darauf zählen, wo der eine Gelehrte ein Stück aus J „deutlich" feststellen zu können glaubt, da erkennt ein anderer „zuverlässig" die Quelle E, und umgekehrt. Wollte man die verschiedenen Resultate nebeneinander aufreihen, so bekäme man die bunteste Musterkarte. Wir können also nicht mit GUNKEL von einem „schwer zu begreifenden Widerspruch" EERDMANS' reden.

Indessen ist es etwas anderes, die Unmöglichkeit einer genauen Quellenscheidung zuzugeben, und das Vorhandensein verschiedener Überlieferungen überhaupt zu leugnen. Trotzdem die Versuche einer exakten Quellenanalyse sich gegenseitig aufheben, ist die Einheitlichkeit der Erzählung nicht ohne weiteres gegeben. Sie scheint vielmehr durch mehrere Varianten, die sich in dem Kapitel zeigen, in Frage gestellt zu werden.

Als das Hauptunterscheidungsmerkmal wird bei allen Kommentatoren genannt, daß Jakob nach v. 16 Ziegenfelle benützt, um seinen Vater zu betrügen, während er nach v. 15 zu diesem Zweck Esaus Kleider anzieht. Dem entspricht, daß Isaak nach der einen Version durch Betasten der Arme Jakobs die Probe macht (v. 21—23), daß Esau vor ihm steht, nach der anderen die Kleider beim Küssen beriecht und durch den Geruch getäuscht wird (v. 26 27). Nach EERDMANS gehört beides zusammen: die Kleider Esaus genügen nicht, um Isaak zu täuschen, Hals und Hände könnten den unbehaarten Jakob verraten. Es ist zuzugeben, daß beides an

---

[1] Erz. des Hexateuch 41.
[2] Die Komposition des Hexateuchs und die Hist. Bücher des AT. 1899, 32 ff.
[3] Genesis 327.
[4] Vgl. GUNKEL, Gen[3] 305, PROCKSCH, NHS 19 f., SMEND, Erz. des Hexateuch, 68 f.

sich wohl zusammenpassen kann; aber die Behauptung, daß diese beiden Züge aus zwei Quellen stammen, wird durch v. 23 gestützt, wo Isaak, nur durch die Ziegenfelle betrogen, seinen Sohn Jakob segnet. Hier sollte man nun den Segen von v. 27 ff. erwarten, während jetzt das Essen Isaaks und seine Täuschung durch den Duft der Kleider Esaus dazwischengeschoben und das ויברכהו von v. 23 in v. 27 wieder aufgenommen ist. Diese Schwierigkeit sucht EERDMANS dadurch zu beseitigen, daß er auf den Gebrauch von ברך als Umgangsformel bei der Begrüßung und Verabschiedung hinweist und das ויברכהו in v. 23 mit „er begrüßte ihn" oder „er hieß ihn willkommen" übersetzt. Die Situation sei dann so zu denken: Der Vater hat zunächst aus Mißtrauen den Gruß des Sohnes nicht erwidert; erst als er sich überzeugt hat, daß der Eintretende Esau ist, spricht er die übliche Willkommenformel aus, d. h. er sagt: ברוך אתה. Diese Übersetzung scheint mit einem Schlag die Hauptveranlassung zur Quellenscheidung aufzuheben, ist aber nicht ohne Bedenken. Daß der Vater seinen Sohn erst nach der langen Unterhaltung und prüfenden Betastung begrüßt habe, ist schon merkwürdig. Daß er aber nur aus Mißtrauen nicht gegrüßt habe und erst, nachdem dieses gehoben war, den Sohn willkommen geheißen habe, stimmt nicht mit dem Folgenden; denn v. 24 besagt deutlich, daß Isaak auch nachher noch Zweifel hat[1]. EERDMANS müßte diesen Vers schon an frühere Stelle setzen oder beseitigen, wenn er seine Übersetzung von v. 23 rechtfertigen wollte. Damit gäbe er aber zu, daß die Einheitlichkeit des Textes doch nicht so zweifellos ist, wie er behauptet.

Wenn wir also an der Übersetzung „er segnete ihn" für v. 23 festhalten, so müssen wir auch dabei bleiben, daß die doppelte Art des Betrugs in zwei verschiedenen Quellen ihren Grund hat. Daran ändert auch der von EERDMANS fein beobachtete Umstand nichts, daß Isaak mit seinem Segen an den Geruch der Kleider Esaus, die an den Duft des durch Regen gesegneten Feldes erinnern, anknüpft, um seinem Sohn die Fruchtbarkeit des Landes zu verheißen, v. 27 28. Denn jedenfalls ist in v. 27 auch gemeint, daß Isaak durch den Geruch der Kleider getäuscht werde, und auf diese Täuschung hat es nach v. 15 Rebekka auch angelegt, als sie Jakob die Kleider seines Bruders anziehen ließ. So sind auch v. 15 und 16 als Dubletten zu betrachten.

Ein Hindernis für die Quellenscheidung sieht EERDMANS auch darin, daß auch diejenige Version, zu der v. 23 gehört und die den Segen vor der Mahlzeit erteilen werden läßt, um den Befehl Isaaks, ihm ein Mahl

---

[1] Vgl. HOLZINGER, ZAW 1911, 48.

zu bereiten, wisse, wie aus v. 19 hervorgeht. Aber so, wie diese Version uns jetzt vorliegt, ist nicht gesagt, daß sie den Segen vor die Mahlzeit verlegt hat, das erscheint jetzt nur so infolge der Verbindung mit der anderen Quelle, während die Version, die wir in v. 23 vor uns haben, möglicherweise gar nicht von dem Essen und Trinken Isaaks erzählte, was ungefähr zu der Erzählungsart von E passen würde. HOLZINGER weist hier auf die Tätigkeit des Redaktors hin, der sich bei der Zusammensetzung der Quellen nicht frei bewegen konnte, da er so viel als möglich aus J und E aufnehmen wollte.

Eine auffallende Dublette liegt wohl auch v. 34 und 38 vor in dem wiederholten ברכני גם אני אבי, wenn auch eine genaue Quellenanalyse, wie wir schon oben betonten, nicht möglich ist. So kann man in v. 30 trotz des doppelten Ansatzes mit ויהי keinen Neuanfang erblicken, denn eine sachliche Dublette liegt nicht vor. Auch KAUTZSCH sieht von einer Trennung in diesem Verse ab. Auch v. 45a ist besser mit EERDMANS als Dittographie von 44b zu erklären, als daß man, wie WELLHAUSEN[1], in der ganz unnötigen Wiederholung eine Dublette sieht. Aber das ändert nichts an der Tatsache, daß die Einheitlichkeit der Erzählung infolge der wirklich vorhandenen Varianten von EERDMANS zu Unrecht behauptet wird.

Die Schwierigkeit, wenn nicht Unmöglichkeit der Zuteilung einzelner Verse an J und E zeigt sich auch in der Behandlung des Segens v. 27—29, der bei GUNKEL und HOLZINGER auseinandergerissen wird, um v. 27 wegen יהוה an J, v. 28 wegen האלהים an E zu bringen. HOLZINGER gibt allerdings die Zusammengehörigkeit von v. 27 und 28 neustens indirekt zu, wenn er gegen EERDMANS bemerkt[2], daß „der Tau vom Himmel v. 28 nicht von dem die Erde feuchtenden Jahve, sondern von האלהים kommt". Denn das von Jahve gesegnete Gefilde v. 27 duftet eben durch den Regen oder Tau, den Elohim darauf herabsendet v. 28. Die Verse sind also nicht zu trennen, KAUTZSCH[3] und SMEND[4] weisen beide Verse E zu. Dabei bemerkt SMEND in Anmerkung: „Die Ausleger, die sich auf Grund der Beobachtungen WELLHAUSENS in der Analyse von Kap 27 versucht haben, lassen sich durch das bloße יהוה v. 27 übel in die Irre leiten. Es beruht aber, wie so oft bei E, auf Korrektur." So erfreulich bei SMEND das Aufgeben der Gottesnamen als wichtigstes Quellenindiz ist, so läßt sich doch hier eine Änderung ursprünglichen Elohims in Jahve schwer erklären; es erhebt sich sofort die Frage, warum nicht auch in v. 28 geändert wurde. Der Text möchte fast für den Jahvisten, für den der Gebrauch von Elohim ja nicht ausgeschlossen ist, leichter begreiflich sein.

---

[1] Die Komposition 32.   [2] ZAW 1911, 49.   [3] 3. Aufl. 45.   [4] Erz. des Hexateuch 69.

Doch wie dem auch sei, jedenfalls ist mit יהוה und האלהים in v. 27 28 derselbe Gott gemeint und von ursprünglichem Polytheismus, den EERDMANS auch hier entdecken will, nichts zu sehen. Jahve soll der Gott sein, der das Feld netzt, während האלהים „die göttliche Welt“, „die Götter“ bedeute. Dann müßte der Tau vom Himmel v. 28 auch von Jahve kommen, während seine Spendung doch eben Elohim zugeschrieben wird. HOLZINGER macht auch darauf aufmerksam, daß gerade hier im metrischen Spruch, der am ehesten alte Textformen bewahrt, אלהים nicht mit dem Plural konstruiert wird, worauf EERDMANS sonst mit Vorliebe seinen Beweis basiert.

Die Gen 27 beginnende Jakobgeschichte setzt sich bei E fort in der Erzählung von der Gotteserscheinung bei Bethel, die Jakob auf seiner Flucht zuteil wurde, Gen 28 11—22. In v. 13—16 19 sieht man eine jahvistische Einarbeitung, v. 21b wird meist als redaktionelle Zutat erklärt. EERDMANS setzt bei v. 21b mit seiner Kritik ein. Diesen Versteil als Arbeit eines Redaktors zu erklären, soll nicht angehen, weil einem in der Zeit des Monotheismus arbeitenden Gelehrten ein so antiker Zug, wie daß man dem Gott, der den Verehrer nicht schützt und segnet, auch nicht zu dienen braucht, nicht zugetraut werden darf. Für J aber soll der Vers ebenso unmöglich sein, weil bei ihm Jahve von Anfang an der Gott der Patriarchen ist, Jakob sich ihn also nicht erst wählen kann. 21b ist also ein ursprüngliches Element der Erzählung. Was den Einwand gegen die Zuweisung an J betrifft, so muß er als berechtigt gelten. Dagegen hat HOLZINGER[1] wohl recht, wenn er die Möglichkeit des redaktionellen Ursprungs mit dem Hinweis auf die bei den Propheten oft wiederkehrende Formel: „so will ich euer Gott sein“ stützt. Immerhin ist hier ein Grund für das Eingreifen des Redaktors schwer ersichtlich, und so tut auch SMEND[2] den Schritt, 21b als ursprünglich anzusehen und für E in Anspruch zu nehmen: Die Worte seien durch 35 2 4 als ursprünglich gesichert, wo Jakob bei Erfüllung seines Gelübdes die Götzen aus seinem Hause entfernt. Daß auch er, wie Abraham, sich vom Heidentum losreißen muß, sei daraus verständlich, daß er noch einmal aus heidnischem Lande in das Land Kanaan einwandert. Die Frage nach den Gottesnamen löst SMEND ähnlich wie schon BALL[3] dadurch, daß er ein ursprüngliches האל annimmt, wie der wahre Gott auch 35 1—3 in Rückweisung auf dies Gelübde heiße.

Eine andere Lösung gibt EERDMANS: Er hält יהוה in v. 21 für ursprünglich und schließt daraus, daß die Erzählung יהוה und אלהים nebeneinander gebraucht habe; deshalb gehören für ihn auch v. 13—16 zum ur-

---

[1] ZAW 1911, 49.　　[2] Erz. des Hexateuch 71.　　[3] The Book of Genesis 1896, 83.

sprünglichen Text, und die ganze Erzählung ist polytheistisch zu erklären. Jakob erfährt durch den Traum, daß der Ort, wo er liegt, ein Tor des Himmels sei, wo Götter wohnen, also auch Jahve erscheinen kann. Diesem Jahve, der sich ihm als Gott seiner Väter offenbart, verspricht er, er solle auch sein Gott werden und seine Verehrung genießen, wenn er ihm auf der Reise seinen Schutz gewähre. Diese Erklärung läßt sich jedoch mit der tatsächlichen Beschaffenheit des Textes nicht in Einklang bringen. Die Hauptfrage ist, ob Jahve v. 21 von den „Göttern" unterschieden wird. Diese Frage ist entschieden zu verneinen. Jakob spricht v. 20 f.: .... אם־יהיה אלהים עמדי ושמרני והיה יהוה לי לאלהים. Das hätte gar keinen Sinn, wenn Jahve ein anderer wäre als der v. 20 genannte Elohim, ganz unabhängig davon, ob man v. 21b als Glosse oder als ursprünglich ansieht. Auch sollte man, wenn אלהים immer „die Götter" bedeutet, erwarten, daß es v. 21b nicht heiße והיה יהוה לי לאלהים, sondern לאל. Der Satz spricht aber auch gegen die Ursprünglichkeit des יהוה; ist er einheitlich, so erwartet man statt יהוה ein אלהי המקום הזה oder האל. Und das um so mehr, wenn v. 13—16 nicht ursprünglicher Bestandteil der Erzählung sind, weil dann Jahve in dem ganzen Abschnitt vorher nicht genannt wird. Diese Ausscheidung läßt sich in der Tat nicht umgehen. Die Himmelsleiter mit den daran herauf- und heruntersteigenden Engeln, die nichts anderes als Vermittler des Verkehrs zwischen Gott und Menschen bedeuten können (man beachte die Übereinstimmung mit sonstigen Vorstellungen von E), schließt die Erscheinung Jahves, der vor Jakob hintritt, tatsächlich aus. Das scheint auch Eerdmans zu fühlen, sonst würde er sich nicht bemühen, die מלאכי אלהים in אלהים zu ändern oder sie wenigstens als gleichwürdig mit Elohim hinzustellen; aber trotz seiner Berufung auf Gen 35 7 ist dafür kein Grund vorhanden. Daß mit dem Wegfall von v. 13—16 auch eine Notiz über das Erwachen Jakobs aus dem Traum verloren geht, genügt nicht, um die Annahme von zwei Quellen für widersinnig zu erklären.

Auf Zusammenarbeitung weist schließlich auch die Namengebung 29 19. E bringt die Benennung des Orts erst 35 7, hier dagegen spielt er in v. 17 nur auf den Namen Bethel an. V. 19 stammt also wohl von demselben Autor wie v. 13—16, nämlich von J, der ja sonst keine Erklärung des Namens Bethel brächte. Eerdmans hilft sich hier, indem er den Vers als Glosse eines Gelehrten beseitigt, allerdings ohne weitere Begründung; da die alten Sagen auch sonst gern auf eine Namengebung hinauslaufen, so ist der Vers hier ganz verständlich.

Eine längere Ausführung widmet Eerdmans der Geschichte von Jakobs Aufenthalt bei Laban Gen **29—31.** Auch für diese Kapitel sucht er die Einheitlichkeit der Erzählung zu beweisen. Für 29 1—30 hat man immer größere Zusammenhänge bestehen lassen und in der Hauptsache nur in v. 14 einen Einschnitt gemacht, weil hier ohne Berücksichtigung des vorher Erzählten deutlich neu eingesetzt wird. EERDMANS erkennt an, daß 29 16 redet, als wäre vorher von Rachel noch nicht die Rede gewesen. Er meint aber, man dürfe den Erzähler nicht nach den Gesetzen einer strikten Logik beurteilen, und weist dafür auf Ruth 1 22 hin. Für diese Stelle können wir an die Besprechung von Gen 12 5 erinnern (s. S. 13ff.). Sie kann auch hier nichts beweisen; für eine gut zusammenhängende Erzählung sollte man doch einen leisen Hinweis auf das Vorhergehende erwarten, der nicht so umständlich zu sein brauchte, wie EERDMANS meint; eine ähnliche Fassung wie „Rachel war die jüngere, die ältere aber hieß Lea"[1] wäre einem gewandten Erzähler wohl zuzutrauen.

29 1 ist seit DILLMANN zu E gerechnet worden, weil hier das Land der בני-קדם als Reiseziel Jakobs genannt wird. EERDMANS wendet dagegen zweierlei ein: Einmal habe der Redaktor als Einleitung zur Begegnung Jakobs mit Laban aus E nicht gerade die Nachricht über das Land der Bene Kedem wählen können, da er doch gewußt habe, daß Charan, wo nach v. 11 die Begegnung stattfindet, nicht in der syrisch-arabischen Wüste liegt. Zum andern sei das Land der Bene Kedem und Charan als Ziel der Wanderung Jakobs kein Widerspruch; denn קדם bedeute das ganze Hinterland, nicht nur die Gegend östlich von Palästina, sondern auch viel nördlicher und südlicher liegende Gegenden. 29 1 wolle gar nichts anderes besagen, als daß Jakob von Bethel nach der syrisch-arabischen Wüste, d. h. in nordöstlicher Richtung, weiterreist, nicht von der Ankunft am Ziel, sondern von der nächsten Richtung der Wanderung werde gesprochen.

Man bemerkt sofort, daß der zweite Punkt den ersten aufhebt; wenn zwischen Charan und dem Land der Bene Kedem kein Unterschied ist, so kann auch für den Redaktor keine Schwierigkeit bestehen, diese Nachricht an den Eingang seiner Erzählung zu setzen. Aber auch ohnedies ist der erste Einwand nicht stichhaltig. 29 1 paßt ganz gut zu den letzten Versen des vorhergehenden Kapitels, die man bekanntlich E zuteilt, und scheint nur jetzt, an den Anfang des 29. Kapitels gestellt, zusammenhanglos und mit dem folgenden unvereinbar. Der zweite Einwand ist in sich widerspruchsvoll; denn wenn das Land der Bene Kedem ein so vager Begriff ist, kann man auch nicht daraus schließen, daß 29 1 von

---

[1] HOLZINGER, ZAW 1911, 53.

der Reise Jakobs „in nordöstlicher Richtung" spreche. Wenn EERDMANS aber diese Deutung vorschlägt, so nimmt er doch selbst das Land der Bene Kedem als einen ziemlich sicher umgrenzbaren Begriff an. Es fragt sich also nur noch, ob die Annahme wirklich ganz ausgeschlossen ist, daß die Sage, resp. eine Version der Sage sich Laban im Lande der Bene Kedem, d. h. also in der syrisch-arabischen Wüste ansässig denkt, so daß 29 1 nur die Richtung der Reise, nicht ihr Ziel bedeuten müßte. Es ist richtig, daß man in Kap. 29 und 30 keinen Anhaltspunkt für diese Annahme aufweisen kann. Dagegen scheint 31 21ff. einen andern Wohnsitz Labans als Charan vorauszusetzen. Wenn 31 22 23 berichtet wird, daß Laban den Jakob 10 Tage nach seiner Flucht auf dem Gebirge Gilead einholt, so kann der Wohnort Labans unmöglich in Charan gedacht sein; denn von dort bis Gilead hätte Jakob mit großen Herden mindestens 40 Tage gebraucht[1]. Dagegen würde zu dieser Entfernung die syrisch-arabische Wüste gut passen. Nach HOLZINGER[2] wäre auch für die Angabe der Reiserichtung ein andrer Wortlaut von 29 1 zu erwarten, etwa ‏ארצה בני־קדם‎ statt ‏קדמה‎.

Komplizierter ist die Sache von 29 31 an. EERDMANS bemerkt, daß der Stil 29 31—30 24 ein so einheitlicher sei, daß man ohne die Verschiedenheit der Gottesnamen nichts von der Arbeit zweier Autoren merken würde. Wenn sich also die Abwechslung der Gottesnamen anders und besser als bisher, besonders mit Rücksicht auf die abweichenden LXX-Lesarten, erklären läßt, so ist der wichtigste Grund gegen die Einheitlichkeit der Erzählung beseitigt. Diese Erklärung soll wieder in dem Verständnis der Geschichte aus polytheistischer Gedankenwelt liegen.

Prüfen wir zunächst, inwieweit sich polytheistische Züge in unserem Abschnitt nachweisen lassen, ehe wir auf die übrigen Schwierigkeiten eingehen, die der Quellenanalyse hier zu schaffen machen. 29 31—35 schreibt Lea die Geburt ihrer Söhne Jahve zu. 30 11 wird der Sohn der Zilpa von Lea Gad genannt, indem sie ausruft: ‏בגד‎. EERDMANS deutet ‏גד‎ auf den Jes. 65 11 genannten Glücksgott Gad und schließt daraus auf polytheistischen Gedankenkreis des Verfassers. Diesen zeige auch die Erzählung über die Zauberwirkung der Liebesäpfel. Diese Züge machen es wahrscheinlich, daß hier eine polytheistische Erzählung vorliegt, welche ‏אלהים‎ in allgemeinem Sinn gebraucht und Jahve als einen unter den Elohim gekannt hat. Bei dieser Argumentierung kommt alles auf die Deutung des Ausdrucks ‏בגד‎ an. An sich möglich ist sowohl die Übersetzung „mit Glück" oder „ich Glückliche" wie „mit Gad", d. h. mit

---

[1] Vgl. KAUTZSCH[3], S. 51, Anm. g.   [2] ZAW 1911, 53.

Gads Hilfe. Es fragt sich nur, welche Übersetzung besser in den Text paßt, und dabei ist doch wohl·die erste vorzuziehen. Daß der Stammname Gad mit dem Glücksgott Gad zusammenhängt, ist zwar sehr wahrscheinlich[1], aber hier soll doch der Name des Kindes durch den Versuch einer Etymologie motiviert werden. Wo wir nun ähnliche Namengebungen haben, in denen der Gottesname eine Rolle spielt, wird er in der Zusammensetzung mit einem Verbum, aber nie direkt auf das Kind übertragen, man denke nur an Ismael. Man bedenke ferner, wie unwahrscheinlich es ist, daß eine Mutter den Namen der Gottheit direkt auf ihr Kind überträgt. Der Gottesname wird wohl eine Rolle bei der Namengebung spielen, aber er wird nicht der Kindesname werden. HOLZINGER[2] illustriert die Unwahrscheinlichkeit eines solchen Vorgangs treffend mit dem Satz: „Sie sprach mit Jahves Hilfe, darum nannte sie ihn Jahve." Dagegen sind Namen wie „Jahve hilft" (יהושע), „Jahve hört" (ישמעיה), „Jahve ist gnädig" (יוחנן) usw. sehr häufig. Das ist festzuhalten, wenn man fragt, was die Meinung des Erzählers war, der den Namen Gad mit dem Ausruf der Mutter בגד motivieren wollte. Ihm lag es völlig fern, dabei an die Glücksgottheit Gad zu denken. DAHSE verkennt hier völlig die Sachlage, wenn er HOLZINGER den Vorwurf macht, er habe sich zu wenig um einige alte Namensformen der Söhne Jakobs gekümmert; sonst würde er nicht mehr „dekretieren, daß die Namenserklärungen hier unter Absehen von den Götter- resp. Gottesnamen gebracht würden"[3]. Es wird niemandem einfallen zu bestreiten, daß Namen wie Rubel oder Josephel, die DAHSE anführt, mit dem Gottesnamen El zusammenhängen. Aber daß der Gottesname selbst auf das Kind übertragen werde, wie EERDMANS zu 30 11 behauptet, das wird bestritten, und es wird DAHSE schwer fallen, EERDMANS' Recht in diesem Punkt zu beweisen.

Ist also die Deutung von בגד als „mit Gads Hilfe" aufzugeben, so verliert der von EERDMANS vertretene Polytheismus in 29 31 — 30 24 jeden Halt, und auch die Erwähnung der zauberisch wirkenden Liebesäpfel 30 14ff. wird ihn schwerlich retten können. Die Überlieferung dieses alten Aberglaubens deutet auf das hohe Alter der uns vorliegenden Sage, wobei aber schon eine gewisse Zurückhaltung darin zu bemerken ist, daß nichts über den Gebrauch der Dudaim gesagt wird.

So wenig wir demnach in Jahve einen der Elohim erkennen können, so wenig scheint uns die von EERDMANS versuchte Lösung der Frage, wie sich die Abwechslung der Gottesnamen im MT erklärt, geglückt zu sein.

---

[1] Nach WELLHAUSEN (Reste arabischen Heidentums S. 67) ist auch der 1. S 9 1 genannte Name des Vaters Sauls קיש ein ursprünglicher Gottesname, arabisch قيس.
[2] ZAW 1911, 50.   [3] Textkritische Materialien 44.

Sie soll von der Gedankenlosigkeit der Abschreiber herrühren, die den Unterschied zwischen Elohim und Jahve nicht mehr kannten; kam Jahve in einem Vers vor, so schrieben sie in den nächsten Versen wieder Jahve; kam Elohim vor an einer Stelle, wo es sich nicht ändern ließ, z. B. 30 2, so gebrauchten sie Elohim. Man fragt sich vergeblich, warum Elohim an einer Stelle wie 30 2 sich nicht ändern ließ, und andrerseits, was im Wege stände, diese Theorie mit demselben Recht auf die LXX anzuwenden, womit wohl EERDMANS so wenig wie DAHSE sich einverstanden erklären würden. Denn damit wäre ja in der Tat der Willkür Tür und Tor geöffnet und alle Bemühungen um Herstellung des ursprünglichen Textes für den Gottesnamen vergeblich. Kann man hierin HOLZINGERS Ausführungen nicht zustimmen, der den griechischen Abschreibern alle Schuld geben möchte und dafür von DAHSE heftig angegriffen wird, so gilt das gleiche von dem von EERDMANS gebotenen Lösungsversuch.

Ganz anders steht die Sache, wo es sich um die Forderung EERDMANS und DAHSES handelt, dem LXX-Text größere Berücksichtigung zuteil werden zu lassen. Hier wird die bisherige Methode der Quellenscheidung noch manches nachzuholen haben. EERDMANS zieht die LXX für 30 24ᵇ und 27 heran, wo sie beide Male אלהים statt יהוה liest. Nach DAHSE[1] wird אלהים für 30 24 durch *A Σ* und PESCH. gestützt; auch ist der Name des Rachelsohnes vielleicht ursprünglich Josephel, wie die Worte der LXX προσϑετω ο ϑεος μοι υιον ετερον nahe legen. Die Korrektur in יהוה würde dann daraus zu erklären sein, daß man in der Silbe יר־ (von יוסף) später den Jahvenamen wiederfand. 30 27 stimmt PESCH. wieder mit LXX überein, אלהים erscheint DAHSE hier schon deshalb wahrscheinlicher, weil Laban doch nicht vom Segen Jahves gesprochen haben wird. Auch 29 32 ist אלהים unter Umständen dem jetzigen הוה vorzuziehen[1]. Wenn „Rubel" der ursprüngliche Name des ältesten Sohnes Jakobs ist, so spricht das unleugbar für das Recht der PESCH., die auch noch *alloho* liest, und die Quellenanalyse müßte diesen Teil des Verses folgerichtig für E beanspruchen.

Daß sie hiermit das Richtige trifft, ist auch sehr wohl möglich; denn sowohl DAHSE als EERDMANS täuschen sich über die Tragweite der mit Hilfe der LXX vorgenommenen Korrekturen. Sie machen die Quellenscheidung nicht unmöglich, sondern zeigen nur, daß ihre bisherigen Resultate keine endgültigen sind. Da man immer schon mit

---

[1] Textkritische Materialien 42, 44. Die inschriftliche Bezeugung von Josephel auf der Liste Thutmes III. ist nicht ganz sicher.

einer Verschmelzung von J und E in der Erzählung von der Geburt der Söhne Jakobs gerechnet hat, so wäre es nicht verwunderlich, wenn in 29 32 ein Stück aus E zum Vorschein käme. Denn der Vers zeigt eine doppelte Erklärung des Namens Ruben, einmal כי־ראה יהוה בעניי (für יהוה wäre jetzt אלהים einzusetzen), dann כי עתה יאהבני אישי (hier liegt die Vermutung nahe, daß für אהב ursprünglich ein Wort dastand, in dem auch das ר des Namens Ruben nicht fehlte, Vorschläge siehe bei GUNKEL, Gen 333), die sich wohl aus der Verbindung von zwei Quellen verstehen lassen. Spricht hier das unter den יהוה gebrauchenden Versen des Kontextes auffallende אלהים für E, so braucht das 30 24b u. 27 nicht der Fall zu sein, da, wie wir schon früher festgestellt haben, für J der vereinzelte Gebrauch von אלהים keineswegs ausgeschlossen ist. V. 27 wäre das אלהים im Munde Labans sogar sehr begreiflich. 30 23 u. 24 mag die Zuteilung der einzelnen Stücke an J oder E noch zweifelhaft sein; wenn aber auch das Wie der Zusammensetzung aus zwei Quellen nicht endgültig zu bestimmen sein sollte, das Daß kann schwerlich bestritten werden. DAHSE will zwar die Erzählung zweier Wortspiele bei Joseph, Issachar 30 16 18 und Ruben 29 32 ein und demselben Erzähler gern zutrauen, und EERDMANS findet darin keinen Beweis für zwei Quellen. Aber daß gerade fünf von den elf Namenserklärungen doppelt gegeben werden (auch bei Asser 30 13 und Issachar 30 16 18 wird der Name zweimal motiviert), macht eine Erklärung aus der Willkür des Erzählers zum mindesten unwahrscheinlich, auch ohne die anderen Quellenindizien, die damit keine Erledigung finden. Dahin gehört einmal die jetzt verstümmelte Erzählung von den Dudaim 30 14ff., dann ein Unterschied im Sprachgebrauch.

Die Einführung der Liebesäpfel ist im heute vorliegenden Text nicht recht verständlich. Man erwartet zu hören, daß ihr Gebrauch die von Rachel erwünschten Folgen hatte. Während davon jetzt nichts mehr zu lesen ist, erzählt Text aus E von der Erhörung Rachels und der Erfüllung ihres Wunsches durch Elohim. Eine Korrektur des Textes durch einen Bearbeiter liegt nicht vor; warum hätte ein solcher die für ihn anstößigen Dudaim nicht ganz ausmerzen sollen, zumal eine damit nicht zusammenhängende Erklärung des Namens Issachar ihm zur Verfügung stand? Hier ist doppelte Überlieferung noch deutlich zu spüren.

Aus den zahlreich festgestellten Unterschieden des Sprachgebrauchs zwischen J und E greift EERDMANS einen der bekanntesten heraus, um an ihm die Unhaltbarkeit solcher Unterschiede zu demonstrieren. Für Magd soll J nur שפחה, E nur אמה gebrauchen. Nun findet sich aber שפחה 30 4 7 18 in elohistischem Text. Man könnte zur Rechtfertigung der bisherigen Theorie entgegnen, daß solche Unterschiede sich mit Sicherheit nur in rein elohistischen oder jahvistischen Texten feststellen lassen, wie z. B. Gen 21 (E) in v. 10 12 13 oder Gen 16 (J) in v. 1 2 5 6 8, während in stark gemischten Texten manche Verschiebungen eingetreten sein müssen. In Gen 30 zeigt sich aber der glossatorische Charakter der genannten Verse ganz deutlich: 30 9a ist im Text ganz überflüssig und wird deshalb von manchen, z. B. GUNKEL, Pg zugewiesen. 30 7 hinkt שפחת רחל merklich nach, vgl. 30 5. 30 18 ist die das Wort שכרי erklärende Glosse אשר־נתתי שפחתי לאישי durch den Einschub von v. 14—16 veranlaßt, während der Ausruf Leas נתן אלהים שכרי aus dem ursprünglichen Zusammenhang des Elohisten wohl verständlich war. Das Sätzchen mit אשר sticht außerdem von den übrigen Namengebungen sehr ab. Dagegen lesen wir 30 3 (E) אמה, 30 9 ff. bei J fortwährend שפחה. EERDMANS' Einwände scheinen also diese Worte als Quellenindizien eher zu stützen als außer Kurs zu bringen und erweisen sich als nicht genügend, um den Beweis für die Einheitlichkeit von 29 31 bis 30 24 zu erbringen.

Kap. 30 25 ff. erzählt, wie Jakob zu seinem Herdenreichtum kam. Durch eine Hirtenlist, die in breiter Ausführlichkeit berichtet ist, verschafft sich Jakob den ihm von seinem Schwiegervater mißgönnten Lohn. Aber trotz aller Breite der Darstellung wird dem Leser der geschilderte Vorgang nicht recht deutlich. Der Text ist offenbar stark verdorben, und zwar, wie man bisher meinte, durch Zusammenarbeitung von Quellen, die verschiedene Berichte enthielten, deren Kombination aber kein klares Bild ergeben hat. Ohne auf die Einzelheiten der versuchten Aufteilung an die bekannten Quellenschriften einzugehen, da darin infolge der Schwierigkeit des Textes noch keine Übereinstimmung erzielt worden ist, suchen wir die Frage zu beantworten, ob der Text zur Annahme verschiedener zugrunde liegender Berichte Veranlassung gibt, oder ob er sich durch einige Korrekturen, wie sie EERDMANS vorschlägt, zu einem einheitlichen Bericht zurechtstutzen läßt.

Bei flüchtigem Überblicken des Textes scheint vor allem v. 40b mit dem Vorhergehenden unvereinbar und entweder eine irreführende Glosse oder ein an falscher Stelle eingefügtes Stück eines Parallelberichts zu sein. So wie der Vers dasteht, meint EERDMANS ihn überhaupt nicht verstehen zu können. Denn es sei eine unmögliche Vorstellung, „die Gesichter der Tiere gegen das Geringelte zu kehren", so lange es sich nicht um Spielzeug, sondern um eine lebende Herde handle. Er will deshalb mit einer kleinen Änderung כל־עקד statt אל־עקד lesen und erhält so das Sätzchen: ויתן פני הצאן כל־עקד וכל־חום בצאן לבן, zu deutsch: er stellte an die Spitze der Herde alles Geringelte und alles Schwarze in Labans Herde. Das stände dann in der Tat mit den folgenden Worten: „so legte er sich besondere Herden an, die tat er nicht zu den Schafen Labans" in gutem, leicht verständlichem Zusammenhang. Was er über die Übersetzung der Worte ושכרי והיה am Schluß von v. 32 und מחר ביום in v. 33 ausführt, ist ebenso bei KAUTZSCH[3] S. 50 zu lesen. In v. 32 werden ferner die Worte ושלוא נקד כל־שה als Dittographie gestrichen und zwischen v. 32 und 33 eine Bestimmung des Lohnes, die jetzt fehlt, postuliert.

Wenn aber EERDMANS meint, mit diesen Korrekturen, so einleuchtend sie an sich auch sein mögen, einen einheitlichen Bericht herstellen zu können, so irrt er. Den Hauptanstoß bildet die Hirtenlist mit den geschälten Stäben, die Jakob in die Tränkrinnen legt. Sie sollen auf die Imagination der Muttertiere so wirken, daß sie bunte Junge werfen. Da es aber, wie EERDMANS selbst bemerkt, nur einfarbige, nicht gesprenkelte und gefleckte Schafe gibt, so kann sich jene Hirtenlist nur auf Ziegen beziehen, d. h. es gab eine Version der Erzählung, die nur von großen Ziegenherden Jakobs berichtete, während die Schafe aus einer anderen Version eingetragen sind. Wenn diese letztere ebenfalls, wie zu vermuten ist, von Jakobs betrügerischer Mehrung seines Reichtums berichtete, so muß sie auch von einem anderen Kunstgriff, den Jakob anwandte, erzählt haben. Eine Spur davon findet sich in dem von EERDMANS verbesserten v. 40. Die Vorstellung, die der Vers, so wie er jetzt dasteht, gibt, ist nämlich nicht so unmöglich, wie EERDMANS meint: Jakob sondert die buntfarbigen und schwarzen Tiere aus und stellt sie der übrigen Herde an der Tränkrinne gegenüber; so kann er in der Tat „die Gesichter der Tiere gegen die gestreiften und alle schwarzen Stücke unter der Herde Labans kehren". V. 40 enthält ferner auch darin eine andere Vorstellung als das Vorhergehende, daß nach ihm Jakob noch die ganze Herde Labans weidet, während nach v. 32b 35 36 die bunten Tiere ausgesondert worden sind. Zu dieser außer in v. 40 noch in v. 39 und Teilen von v. 38 deutlich hervortretenden Version, nach welcher Jakob Schafe und Ziegen weidete, sind wohl auch die Worte וכל־שה־חום ונקד וטלוא בכשבים in v. 32 zu ziehen, die nicht zum Vorhergehenden passen. Diese Stücke ergeben zusammen den Bericht, daß Jakob alle schwarzen Schafe und bunten Ziegen, die jetzt und in Zukunft in der Herde vorhanden seien, als Lohn erhalten sollte, den er dann auf die in v. 40 beschriebene Art betrügerisch mehrte[1]. Wenn auch eine vollständige Rekonstruktion der beiden Versionen nicht mehr möglich ist, so ist ihre

---

[1] Vgl. SMEND, Erz. des Hexateuch, 74 ff., der besser als GUNKEL diese in der Erzählung liegenden Differenzen zur Herstellung verschiedener Berichte zu verwenden sich bemüht hat.

Existenz wohl kaum zu bezweifeln; jedenfalls ist nicht daran zu denken, mit Hilfe der kleinen Korrekturen von EERDMANS eine einzige widerspruchslose Darstellung zu gewinnen.

Mit den beiden in dem Abschnitt 30 25—43 sich findenden Vorstellungen über Jakobs Reichwerden stimmt die dritte in Kap. 31 ausgesprochene nicht überein. 30 31ff. erwirkt Jakob sich selbst, was er 31 8ff. dem wunderbaren Eingreifen Gottes verdankt. 31 7f. ändert Laban immer wieder den Lohn, während 30 31ff. davon nichts hat. Diese Widersprüche gibt auch EERDMANS zu, aber er glaubt sie trotzdem aus einer einheitlichen Komposition erklären zu können. Die Geschichte berichte eben nur Hauptmomente aus dem Aufenthalt Jakobs bei Laban und erzähle nicht in regelmäßiger Aufeinanderfolge. Deshalb lasse sich aus 31 8 noch nicht auf eine andere Quelle schließen. Und die Differenz von 31 10ff. erkläre sich aus der Absicht Jakobs, seine Frauen zur Flucht zu überreden. Er verschweige absichtlich seine zweifelhaften Praktiken, durch die er seinen Reichtum erwarb, und führe alles auf den Willen Gottes zurück, um den Frauen sein Recht gegenüber Laban einleuchtend zu machen. Diese Erklärung findet sich auch bei GUNKEL[1], der allerdings dazu genötigt ist, weil er in 30 31ff. auch E zu finden meint. Es ist aber sehr unwahrscheinlich, daß E, der nachweislich überall feiner empfindet als J, von Jakobs Betrug erzählt hat und ihn nachher noch seine Weiber ausgiebig belügen läßt. In 30 31ff. haben wir es vielmehr allem Anschein nach mit zwei Erzählern innerhalb der jahvistischen Schicht zu tun.

Man könnte darüber streiten, ob die Erzählung die Annahme be günstigt, daß Jakob seine Weiber belogen habe. Nach 31 14ff. zeigen diese so wenig Anhänglichkeit gegen ihren Vater, daß Jakob eine Lüge zum mindesten nicht nötig gehabt hätte[2]. Aber das kann gegen EERDMANS' Annahme nicht den Ausschlag geben. Vielmehr ist es demselben Erzähler nicht zuzutrauen, daß er uns jetzt erst von der durch Laban vorgenommenen Lohnänderung erzählt. Diese Komplikation in dem stillen Kampfe Jakobs gegen Laban hätte er gewiß schon bei der Erzählung von der Hirtenlist Jakobs verwandt, denn dann wäre ja die Geriebenheit des Patriarchen, auf deren Schilderung es 30 31ff. anlegt, noch in viel hellerem Licht erschienen. Auch ist nicht zu übersehen, daß in Kap. 31 von dem ganzen Wurf der Herde die Rede ist, während Kap. 30 nur einen Teil dem Jakob zukommen läßt.

Endlich ist der Abschnitt 31 1—16 selbst nicht einheitlich. V. 3 nimmt v. 13 vorweg, von dem er auch inhaltlich verschieden ist: nur v. 13 bringt

---

[1] Gen 341f.   [2] HOLZINGER, ZAW 1911, 51.

die Bezugnahme auf die Betheloffenbarung und ist deshalb mit gutem
Recht E zuzuweisen, während v. 3 an J fällt, der ebenfalls den göttlichen
Befehl zur Heimkehr berichtet hat.   Ferner ist die Schwierigkeit mit den
beiden Träumen in v. 10—13 nicht so leicht zu beseitigen, wie EERDMANS
meint.   Streicht man v. 12 als Glosse eines Lesers, so fehlt immer noch
zwischen v. 10 und 11 13 jeglicher Zusammenhang.   Gibt man zu, daß
hier zwei Träume vorliegen, dann muß man auch einräumen, daß sie
nicht zueinander stimmen   Und zwar bildet v. 10 12 ein ganz fremdes
Element, das weder nach rückwärts noch nach vorwärts anschließt.   Nachdem Jakob durch ein göttliches Wunder zu Herdenreichtum gelangt ist
v. 4—9, braucht er nicht noch eine Offenbarung darüber, was für Junge
die Herde werfen wird.   Und ebenso ist eine solche Offenbarung ganz
zwecklos, wenn Gott die Heimkehr befiehlt; denn das Fortziehen macht
eine Verabredung über die Farbe der Jungen ganz überflüssig.   Es hat
manches für sich, in v. 10 und 12 eine Fortsetzung einer der Versionen
des vorigen Kapitels zu sehen, für welche die Vermutung von EERDMANS
über die eigentümliche Art, wie Jakob seinen Weibern seinen Reichtum
erklärt, am Platze sein könnte.

Scheidet man die genannten Verse aus, so erhält man einen einheitlichen Bericht, der die Eigenart von E schön zur Anschauung bringt;
Jakobs Sieg über Laban infolge göttlichen Wunderwirkens, die Offenbarung durch den Engel im Traum, die Bezugnahme auf Bethel, und
um es nicht ganz zu übergehen, der fortwährende Gebrauch von אלהים
sprechen deutlich für die Herkunft aus dieser Quelle.   Ihr stehen zwei
Darstellungen der jahvistischen Schicht gegenüber, die darin überein-
stimmen, daß Jakob seinen Reichtum durch List gewinnt, sich aber dadurch unterscheiden, daß nach der einen Jakob nur Ziegen, nach der
anderen Ziegen und Schafe weidet und dementsprechend jedesmal eine
andere Hirtenlist anwendet.   Im Anfang von Kap. 31 setzen sich diese
Versionen nur in Bruchstücken fort, zu denen v. 1 (?) 3 10 12 zu rechnen
sind.   Die Feststellung dieser drei Versionen ist ein unbestreitbares Verdienst von SMEND.

So wenig wie der Anfang von Kap. 31 ist die Fortsetzung einheitlich.
In 31 17—43 wendet sich EERDMANS vor allem gegen die Quellenscheidung
GUNKELS.   Abgesehen von der Bemerkung, daß GUNKEL in der 3. Auflage
seines Kommentars gerade in diesem Stück Änderungen vorgenommen
hat, lohnt es sich nicht, auf die einzelnen beanstandeten Verse einzugehen; die Frage ist auch hier: Läßt sich der Text als einheitliche Komposition verstehen oder weisen Wiederholungen und Differenzen auf
Zusammenarbeitung?   V. 17 und 21 braucht allerdings nicht als zweimaliges

Aufbrechen verstanden zu werden. Aber daß das Einholen v. 23b und 25 doppelt berichtet ist, darauf weist schon die verschiedene Angabe des Orts, wo Jakob und Laban zusammentreffen: v. 23b ist es das Gebirge Gilead, v. 25 zeltet Jakob auf einem ungenannten Berge (vielleicht Mizpa nach v. 49), Laban auf dem Berge Gilead. Eine besondere Erwähnung des Zusammentreffens, wie sie EERDMANS in v. 25 findet, während v. 23 nur das „in die Nähe kommen" bedeute, wäre außerdem unmittelbar nach v. 23 zu erwarten. Wie in v. 19 ותגנב רחל את־התרפים אשר לאביה und v. 20 ויגנב יעקב את־לב לבן sich stoßen[1], so weist der Parallelismus in v. 26 ותגנב את־לבבי und v. 27 ותגנב אתי auf verschiedene Hände. V. 32 kann nicht die Fortsetzung von v. 31 sein, sondern antwortet über v. 31 weg auf v. 30. V. 36 bringt eine doppelte Einleitung für die Vorwürfe Jakobs. Angesichts dieser Differenzen kann man von einer Einheitlichkeit von 31 1–43 nicht reden, auch wenn man der von EERDMANS zitierten Bemerkung WELLHAUSENs vollauf zustimmt, daß das „Auftreiben" der Dublette „zu nichts frommt".

Das gilt auch für den Schluß von Kap. 31. Gewiß ist dieses Stück eines der schwierigsten für die Quellenanalyse, so daß man über das abschließende Resultat nur mit Vorbehalt sich wird äußern dürfen; und man wird es niemandem verargen, wenn er einer genauen Herausschälung von drei Quellen, wie sie neuerdings SMEND[2] versucht hat, einigermaßen skeptisch gegenüber steht. Aber für eine Komposition des Stücks liegen doch recht deutliche Spuren vor, die sich nicht durch Vornahme einiger Streichungen verwischen lassen.

EERDMANS streicht v. 47 48b und 49 und glaubt nun den Text in gute Ordnung gebracht zu haben. Über die Berechtigung der Streichung von v. 47 kann zwar kein Zweifel bestehen; aber die Namengebungen v. 48b 49, welche die vorhergehenden Anspielungen erklären und in solchen Erzählungen in der Regel gegeben werden, kann man kaum einem Redaktor zuschreiben; sie sind wahrscheinlich vom Schluß der Erzählung hierher verschoben worden. So würde 48b sehr gut hinter 53a passen[3]. Das spräche jedoch noch nicht unbedingt für Doppelbericht. Die Dubletten aber, die auf einen solchen hindeuten, sind nach EERDMANS nicht vorhanden! V. 46 und 54 sei nicht zweimal ein Opfermahl erwähnt, nur das erste diene zur Besiegelung des Bundes, das zweite sei ein Festmahl. Nun ist aber gerade in v. 54 vom Schlachten der Opfertiere die Rede, womit das Mahl deutlich als Opfermahl bezeichnet wird. Das אין איש עמנו in v. 50 geht deutlich auf die Folgezeit nach der Trennung, in der niemand als Gott

---

[1] ED. MEYER, Israeliten 235.		[2] Erz. des Hexateuch, 79 ff.		[3] cf. GUNKEL, Gen 351.

Jakobs Handeln wird überwachen können. Dafür daß in v. 46 nicht nur
Laban und Jakob, sondern auch die Stammgenossen am Mahl beteiligt
sind, spricht, daß auch diese als Subjekt des Satzes genannt werden. Liegt
also hier eine deutliche Dublette vor, so ist es auch unwahrscheinlich,
daß Mazzebe und Steinhaufen zusammengehören, was ja wohl möglich
wäre, wenn keine sonstigen Anzeichen für Kombination vorlägen. Daß
beide getrennt werden müssen, das scheint auch aus dem ירה in v. 51
hervorzugehen (gewöhnlich = werfen, nur Hiob 38 6 in der Bedeutung
„gründen"), das sich nur auf den Steinhaufen beziehen kann. Daß die
Zuweisung der zwei Vertragsbestimmungen v. 50 und 52 an verschiedene
Versionen nicht der reinen Willkür entspringt, beweist der doppelte An-
satz v. 46 und 51 ויאמר לבן (v. 46 ist für Jakob Laban einzusetzen, denn
dieser hat seine Stammesgenossen mitgebracht v. 23 und den Steinhaufen
aufgeworfen v. 48). Auch auf die Erwähnung zweier Orte, Mizpa v. 49
und Gilead v. 47 48, ist hier hinzuweisen.

Wenn man indes versucht, diese zweifellos vorhandenen Parallelen
voneinander zu scheiden und gesonderte Berichte herzustellen, so zeigen
sich erneute Schwierigkeiten. Nimmt man nämlich den Malstein von
v. 45 und die Worte in v. 49 zusammen, so wird diese Version dadurch
widerspruchsvoll, daß Jakob den Malstein errichtet, Laban aber ihn be-
nennt und die Vertragsbestimmung daran knüpft. Ferner paßt v. 45 auch
nicht zum Vorhergehenden, wonach Laban zum Vertragsschluß auffordert.
Zu dieser Notiz von der Errichtung des Malsteins durch Jakob ist auch
die Erwähnung der מצבה in v. 51 und 52 zu ziehen, die neben dem גל
auffällig ist und nicht von einem Redaktor hinzugefügt sein kann. Da
v. 45 Jakob der Handelnde ist, wird er in der dazugehörigen Version
von v. 51 52 auch der Redende gewesen sein. Hier versagen die bisherigen
Versuche, mit einer Aufteilung des Schlusses von Kap. 31 auf zwei
Quellen auszukommen, die meist willkürlichen Streichungen haben kein
befriedigendes Resultat. Man wird vielmehr den Schritt tun und zugeben
müssen, daß in diesen Versen drei Versionen zu unterscheiden sind.
Mag ihre genaue Ausscheidung, wie sie als erster SMEND[1] versucht hat,
auch immer nur eine hypothetische sein, so wird sie doch dem vorliegenden Text am meisten gerecht und bestätigt die aus 30 31 ff. gewonnene
Ansicht, daß in der Jakob-Laban-Geschichte drei Erzählungsfäden kombi-
niert wurden. EERDMANS' Urteil, die Quellenscheidung habe sich durch
das יהוה in v. 49 irreführen lassen, ist sowohl diesel wie der von HOLZINGER[2]
versuchten Analyse gegenüber nicht aufrechtzuerhalten.

---

[1] Erz. des Hexateuch 79 ff.   [2] Genesis 206 f.

Mag man EERDMANS auch gern zugestehn, daß die Quellenscheidung in den Kapiteln 29 — 31 keine endgültige ist, so ist sie doch so gut fundiert und EERDMANS' Neuerklärung so wenig befriedigend, daß man sie nicht als Ersatz der bisherigen wird ansehen können. Vielmehr ist eine Förderung der hier vorliegenden Probleme nur auf dem Weg der Unterscheidung dreier Quellen zu hoffen.

In dem Abschnitt 32 2—23 kommen für die Unterscheidung verschiedener Überlieferung in der Hauptsache nur sachliche Gründe in Betracht. Es ist bemerkenswert, daß EERDMANS 32 1—3 und 32 11 ff. später selbst an verschiedene Sammlungen weist; die Bestreitung einer doppelten Erklärung von Mahanaim 32 3 und 32 8 will also nicht viel besagen. Immerhin sieht man nicht recht ein, warum das לשני מחנות in v. 8 nicht ebensogut ein Wortspiel mit dem Namen Mahanaim vorstellen soll wie das מחנה von v. 3, besonders wenn man bedenkt, daß bei solchen Wortspielen nicht immer die Namensableitung ausdrücklich gegeben wird, cf. 21 17 28 17. Auch gegen die Zuweisung von 32 1—3 an den Elohisten kann EERDMANS nichts einwenden.

Aber eine Trennung von v. 4—14a und 14b—23 soll nicht angehen. Dabei geht EERDMANS allerdings nicht auf die Hauptanstöße ein. Daß die Nachricht vom Anrücken Esaus jetzt nur bei J vorliegt, während sie von E in v. 18 vorausgesetzt wird, ist noch immer anerkannt worden, nur sah man darin keinen Grund gegen die Quellenscheidung, da eine Lücke in einer Version sich aus dem Zusammenpassen der verschiedenen Stücke durch den Redaktor genügend erklärt. Die Vermutung, daß v. 11 nicht vom Jordan, sondern von einem Fluß spricht, dessen Namen nicht erwähnt ist, ist sehr einleuchtend, besonders wenn man v. 10—13 als sekundäre Bereicherung des Textes ansieht, da in einer solchen kaum auffallende Widersprüche gegen den Kontext zu erwarten sind. Gegen die Trennung von v. 4—14a und 14b—23 besagt diese Erklärung nichts.

Den Anstoß, daß Jakob sein Heer zweimal teilt (v. 8 ff. und 14b ff.), und daß man v. 14a so weit ist wie v. 22 will EERDMANS damit erklären, daß zwischen dem doppelten „und blieb dort über Nacht" v. 14a und 22 ein Tag vergangen sei. Es ist allerdings wahrscheinlich, daß man sich den Text schon früh so erklärt hat, aber eine Andeutung für diese Annahme ist nirgends zu lesen, weder v. 14, wo וילן — ויקח recht unvermittelt aufeinander folgt, (man würde ein וישכם בבקר oder ähnliches erwarten) noch v. 22, wo der Schluß והוא לן בלילה־ההוא במחנה mit dem Anfang von v. 23 ויקם בלילה ההוא sich unangenehm stößt. Die ersten Worte von v. 23, die auch zu v. 14a nicht glatt passen, zeigen deutlich, daß hier nach einem Einschub der vorher fallen gelassene Faden wieder

aufgenommen wurde. Wie aus v. 22 במחנה hervorgeht, weiß das Stück
32 14b—22 nichts von der Teilung in zwei Lager, die in v. 8 f. berichtet
ist. Dagegen setzt 33 1 ff. nicht das fünffache Geschenk, sondern die
Teilung in zwei Lager voraus, von denen das eine, bei dem die Weiber
und Kinder Jakobs nicht waren, zuerst auf Esau stieß und diesem dann
zum Geschenk gemacht wurde, cf. 33 8.

Für die Zuweisung von 32 4—14a an J spricht שפחה und מצא חן בעיני
in v. 6, die Aufzählung von v. 6 wie 30 43 (J) u. a.[1], besonders aber der
Zusammenhang mit 33 1 ff.

Gegenüber dem Vorhergehenden trägt der Schluß von Kap. 32
ein ganz eigenartiges Gepräge. Die Erzählung von Jakobs Kampf mit
der Gottheit paßt so schlecht hier herein, daß auch EERDMANS in ihr ein
Stück aus einem anderen Sagenkreis vermutet. Die ganz altertümliche
Vorstellung von der Gottheit macht die Herkunft aus J wahrscheinlich,
der auch sonst (cf. Gen 18) allerlei Anthropomorphismen enthält. Auch
die schlechte Verbindung mit dem elohistischen Stück v. 14b—22 spricht
für diese Annahme. V. 23 und 24 liegt ohne Zweifel Doppelbericht vor,
aber eine sichere Analyse ist nicht mehr möglich. V. 25a, der sich vom
Folgenden nicht trennen läßt, aber v. 23b ausschließt, fordert aus den
beiden vorhergehenden Versen den Bericht, daß Jakob seine Habe und
seine Familie über den Fluß gebracht hat. Nach der Ausscheidung dieses
Berichts bleiben noch genug Elemente übrig, um die ursprüngliche Verbindung der Stücke aus den anderen Quellen deutlich werden zu lassen.

Gegen die Zurechnung von 32 24 ff. zu J wendet EERDMANS den
Gebrauch von אלהים v. 29 und 31 ein. Wir haben schon mehrfach darauf
hingewiesen, daß der Gebrauch von אלהים für den Jahvisten nicht ausgeschlossen ist. Hier speziell ist אלהים daraus verständlich, daß es
appellativisch gebraucht ist und nicht den Gottesnamen mitteilen soll:
v. 30 fragt Jakob nach dem Namen der Gottheit; der göttliche Gegner
verrät seinen Namen jedoch nicht, sondern läßt Jakob nur ahnen, mit
wem er gekämpft hat, indem er ihm den Namen Israel gibt, dabei ist
die Scheu des jahvistischen Erzählers, Jakob mit Jahve ringen zu lassen,
sehr verständlich.

Auf den jahvistischen Ursprung des Stücks weist schließlich auch
der Umstand, daß bei J Jakob späterhin Israel heißt. Allerdings scheint
33 1 ff., das mit der Namensänderung keine Bekanntschaft zeigt und trotzdem zu J gerechnet wird, damit nicht zu stimmen. Eine Quellenscheidung
in 32 24 ff. vorzunehmen, wie z. B. GUNKEL und HOLZINGER, kann den An-

---

[1] cf. GUNKEL, Gen³ S. 356.

stoß nicht beseitigen und wird dem Text nicht gerecht, dessen Einheitlichkeit von EERDMANS wohl mit Recht behauptet wird. Am wahrschein-
lichsten ist die Annahme, daß ein Redaktor in Gen 33 1—17 mit Rücksicht
auf 35 10 das ursprüngliche Israel mit Jakob vertauscht hat. SMEND
versucht eine andere Lösung der Frage zu geben[1], indem er 32 24ff. zu
J_1 rechnet, dessen Jakobgeschichte hier geendet habe, während in 33 1ff.
Bericht aus J_2 die Fortsetzung bildet. So einleuchtend SMENDS Scheidung
von J_1 und J_2 in den meisten Fällen sein mag, hier leidet sie an einem
Widerspruch, dessen Ausgleichung man bei ihm vergeblich sucht. Denn
es ist doch gerade die jahvistische Schicht der Josephgeschichte, die sich
durch den Gebrauch des Namens Israel auszeichnet; wie aber J_2 zu
diesem Namen kommt, wenn die Erzählung von der Umnamung Jakobs
sich nur bei J_1 findet, ist unerklärlich. Oder sollte man sich hier mit
der Annahme größerer Auslassungen in J_2 helfen? Man wäre in diesem
Fall jedoch genötigt, eine starke Abhängigkeit des J_2 von J_1 nachzuweisen,
die ein vollständiges Nebeneinander beider Quellen nicht duldete. Wir
werden am Schluß unserer Ausführungen sehen, daß man bei dem Versuch, einen Überblick über die beiden jahvistischen Erzähler zu gewinnen,
allerdings in diese Richtung gewiesen wird.

Einen tadellosen Zusammenhang findet EERDMANS in Gen **33** 1—17.
Die Zuweisung des Abschnittes an die jahvistische Schicht, die man auf
Grund der 33 1 und 32 7 genannten 400 Mann Esaus vollzieht, soll an
dem Gebrauch von אלהים v. 5 10 und 11 scheitern. Nun war aber der
Gebrauch von אלהים in v. 10 wegen der Anspielung auf פניאל für den
Erzähler nicht zu umgehen; auch hat אלהים hier die allgemeine Bedeu-
tung „göttliches Wesen", anders als v. 5 und 11.

Bei den letzteren beiden Versen sind die Spuren einer Einfügung
nicht zu verkennen: v. 5b stimmt die Erwähnung nur der Kinder nicht
recht zu der Nennung von Frauen und Kindern in v. 5a. In v. 11 zeigt
sich deutlich die Parallele zu v. 10. Allerdings gibt der Gottesname אלהים
den Ausschlag dafür, daß man in dieser Überhäufung des Textes Spuren
des Elohisten erkennt; und insofern muß man EERDMANS gegenüber zugestehen, daß das Recht dieser Beurteilung sich nicht aus der einzelnen
Stelle, sondern nur aus ihrer Bewährung für das Ganze der Genesiskomposition ableiten läßt.

Die letzten Verse von Kap. **33** scheinen ebenfalls nicht einheitlich
zu sein. Das שלם in v. 18 knüpft an die eben bestandene Gefahr bei der
Begegnung mit Esau an; dazwischen bleibt für einen längeren Aufent-

---

[1] Erz. des Hexateuch S. 83 ff.

halt in Sukkoth, wie er durch die Errichtung eines Hauses und mehrerer Hütten v. 17 vorausgesetzt wird, kein Platz. Wegen der Bezugnahme in Jos. 24 32 und Gen 35 4 müssen die Verse 18—20 zu E gehören.

Diese Quelle will man auch in Kap. **34**, der Erzählung von der Entehrung Dinas, aussondern, und zwar als eine Art Paraphrase eines J-Berichts. Da die beiden Rezensionen bei der Verschmelzung stark überarbeitet wurden, so ist die Quellenanalyse nicht leicht, und ihre Bestreitung durch EERDMANS findet unschwer allerlei schwache Punkte.

Für den ersten Teil der Erzählung ist trotzdem eine Trennung beider Berichte in kaum anfechtbarer Weise möglich. EERDMANS bemüht sich, die Werbung Chamors und die seines Sohnes Sichem nebeneinander wahrscheinlich zu machen. Das ist aber nach dem vorliegenden Text unmöglich. Wenn Sichem seinen Vater um die Brautwerbung bittet (v. 11), so ist nicht zu erwarten, daß er selbst um Dina wirbt (v. 11). Tatsächlich zeigt auch v. 6 mit aller wünschenswerten Deutlichkeit, daß Chamor sich ohne seinen Sohn zu Jakob begibt, um wegen Dina Rücksprache zu nehmen. Dabei reißt v. 6 die Verse 5 und 7, die zweifellos zusammengehören, in unverständlicher Weise auseinander. Von der so festgestellten doppelten Brautwerbung aus schließt man mit Recht auf eine doppelte Antwort der Söhne Jakobs, die sich auch ohne Mühe in v. 14—18 herausfinden läßt.

Von hier an scheint uns allerdings die Ausscheidung des Doppelberichts unsicher zu werden. EERDMANS hat wohl recht, wenn er es für möglich hält, daß die Sage von der Ermordung aller Bewohner der Stadt durch Simeon und Levi allein berichtet habe, da sie ihren Helden gern Übermenschliches zutraue und zudem eine Stadt schon durch wenige Häuser, die durch eine Mauer geschützt sind, gebildet werden könne. Auch daß die Söhne Jakobs nachher plündern und Simeon und Levi als Hauptmissetäter von Jakob getadelt werden, ist durchaus denkbar. Schon v. 5 und 7, die man derjenigen Version zuweist, welche nachher nur Simeon und Levi den Überfall der Stadt zuschreibt, lassen vermuten, daß alle Söhne Jakobs an dem Racheakt beteiligt waren. V. 19, den man der Sichemversion zuschreibt, deutet durch die Worte „er war der Angesehenste in seiner ganzen Familie" darauf hin, daß die Beschneidung, die in der Sichemversion für die Heirat der Dina fehlt (cf. v. 19), in beiden Versionen nicht nur von Sichem, sondern von den Bewohnern der Stadt, die von Chamor und Sichem dazu überredet werden (v. 20 ff.), gefordert war. Auch v. 26 („sie holten Dina aus dem Hause Sichems") braucht, wie EERDMANS nachweist, nicht unbedingt mit v. 17 („wir nehmen unsere Tochter und ziehen fort") im Widerspruch zu stehen.

Andrerseits lassen sich auch in diesem Teil des Kapitels die Spuren verschiedener Berichte nicht verkennen. Dahin gehören u. a. der verschiedene Sprachgebrauch: v. 14 אחתנו, wofür v. 17 בתנו, v. 27 die Erwähnung der Söhne Jakobs allgemein, wo man „die übrigen Söhne Jakobs" erwarten dürfte, und besonders ויצאו am Schluß von v. 26, das sich mit der nun folgenden Plünderung stößt.

Bemerkenswert ist, daß die Unterscheidung des Doppelberichts in diesem Kapitel ganz unabhängig von den gar nicht vorkommenden Gottesnamen, die nach EERDMANS allein die Schuld an der irreführenden Quellenkritik tragen, sich auf rein sachliche Momente stützt.

Die eigentliche Schwierigkeit liegt an dieser Stelle nicht in der Quellenanalyse selbst, sondern in der Verteilung der beiden Versionen an die bekannten Quellenschriften. Zwar wird als Verfasser der Sichemversion fast allgemein der Jahvist angenommen, und besonders verdient SMENDS Urteil, daß J₁ dafür in Betracht komme, weil der in der Josephgeschichte vorliegende jahvistische Bericht (J₂) wegen 37 12ff. (die Söhne Jakobs weiden in der Gegend von Sichem und Dothan) ausgeschlossen sei, alle Beachtung. Besteht aber hier eine bisher ungelöste Schwierigkeit wegen des Gegensatzes zu Exod 4 25, wo die Beschneidung erstmalig eingeführt zu werden scheint, so ist die Bestimmung der zweiten Version für E oder P ganz zweifelhaft. Auf P führen viele sprachliche Merkmale, aber auch von E finden sich Spuren, und da man P eine so bedenkliche Geschichte nicht zutrauen mag, so entscheidet man sich meist für E (so GUNKEL, HOLZINGER, PROCKSCH, SMEND). Aber nach 48 22 hat E einen ganz anderen Bericht über die Eroberung Sichems gekannt (der uns vielleicht in später Bearbeitung Gen 34 vorliegt), und man versteht es, wenn KAUTZSCH[1] sich mit einem Fragezeichen für die Chamorversion begnügt, besonders da es nicht sicher ist, ob 35 1—7, der nächstfolgende elohistische Abschnitt, etwas von den Vorgängen in Sichem voraussetzt.

35 5 enthält zwar eine deutliche Rückverweisung auf Kap. 34; aber da v. 1—4 auf die Dinageschichte keinen Bezug nimmt, vielmehr die geschilderten Vorbereitungen zu dem Zug nach Bethel ein Verweilen bei Sichem voraussetzen, das nach der vorangehenden Bluttat unverständlich ist, so hat es viel für sich, in v. 5 mit KUENEN[2] und DILLMANN[3] den Zusatz eines Redaktors zu sehen, der das unbelästigte Verweilen Jakobs in so großer Nähe von Sichem mit besonderem göttlichem Eingreifen erklärte. EERDMANS möchte die Schutzlosigkeit Jakobs und seiner Söhne, wegen deren ein von Gott gewirkter Schrecken gesandt wird, aus dem

---

[1] Die heilige Schrift des A. T., 3. Aufl., S. 57.
[2] Historisch-kritische Einleitung 1887. § 16, Anm. 12 S. 312.   [3] Genesis S. 376.

Abtun der Götter und Amulette v. 4 erklären und damit v. 5 als zum Kontext gehörig, aber doch von Gen 34 unabhängig behaupten.

Diese Erklärung wäre nur dann annehmbar, wenn sich aus 35 1—7 beweisen ließe, daß Jakob als Polytheist gedacht ist.

Ein deutliches Hervortreten von Polytheismus will EERDMANS in v. 7 erkennen, wo האלהים mit dem Plural נגלו konstruiert wird. Mit האלהים v. 7 ist jedenfalls der אל בית-אל gemeint, dem Jakob einen Altar errichtet, womit er sein Versprechen von 28 20ff., Bethel zu einem Kultort zu machen, einlöst. Der auffallende Name des Ortes „El von Bethel" ist kaum mit EERDMANS durch Streichung des אל zu verbessern; die Übertragung eines Gottesnamens auf eine Stadt kommt auch sonst vor (vgl. Astaroth-Karnaim bei GUNKEL, Gen³ S. 281), und daß es einen Gott Bethel gab, wird durch die Nachrichten der Papyri von Elephantine, trotz des großen Zeitabstandes, recht wahrscheinlich[1]. Der El von Bethel, den EERDMANS mit dem אל אלהי ישראל Gen 33 20 identifiziert, ist aber das von altersher in Bethel verehrte Numen (vgl. unsere Ausführungen zu El Roi Gen 16 13) und kann keine Mehrzahl von Göttern bedeuten. Wenn also der אל בית-אל als אלהים bezeichnet wird, so kann האלהים, ob mit oder ohne Plural konstruiert, keine polytheistische Bedeutung haben.

Doch 35 1—7 zeigt ja auch sonst anscheinend ganz deutliche polytheistische Züge: Jakob fordert von den Mitgliedern seines Klans die Ablieferung der ausländischen Götter und vergräbt diese mit samt den wohl als Amulette getragenen Ohrringen unter der Terebinthe von Sichem. Es fragt sich nur, ob man daraus schließen darf, die Sage denke sich Jakob als Polytheisten. Je genauer man unseren Abschnitt und die damit zusammenhängenden Verse 33 18—20 liest, um so unwahrscheinlicher wird das. Da sich der Elohist unter dem אל אלהי ישראל 33 20, wie auch EERDMANS annimmt, denselben Gott wie den אל בית-אל denkt, so wundert man sich, — was EERDMANS auch richtig hervorhebt — daß Jakob nicht schon hier die fremden Götter beseitigt, wenn er wirklich an ihrem Kult beteiligt war. Daß er es nicht tut, scheint uns nicht die Folgerung nahe zu legen, daß 33 16—20 nicht mit 35 1—7 zusammenhängt, sondern eher darauf hinzuweisen, daß Jakob persönlich mit den ausländischen Göttern nichts zu tun hat. Erst auf eine besondere Gottesoffenbarung hin (35 1), die ihn doch augenscheinlich des fortdauernden Interesses versichern soll, das der ihm in Bethel erschienene Gott an ihm nimmt, fühlt sich Jakob zu der Beseitigung alles fremden Götterkults bei seiner Umgebung verpflichtet.

---

[1] cf. E. MEYER, Der Papyrusfund von Elephantine 1912 S. 60ff.

Diese Erklärung ist auch der einzig mögliche Weg, den Zusammenhang innerhalb E zu wahren, wenn 35 1—7 als einheitliche Erzählung zu fassen ist; denn den Abschnitt als „Geröll" zu bezeichnen[1] oder einer jüngeren Schicht in E zuzuweisen[2], von der wir sonst keine Spur in der Genesis haben, ist nichts als eine Verlegenheitsauskunft. Da man von der Chamorversion der Dinasage für E absehen muß, so bleibt keine Möglichkeit einer Verbindung von 35 1—7 mit 33 18—20, falls es richtig ist, daß Jakob in 35 1—7 als Polytheist erscheint; man müßte das eine oder das andere Stück aus E streichen, wodurch in dieser Quelle eine merkliche Lücke entsteht.

Daß ausländische Weiber fremden Götterkult in eine henotheistische oder monotheistische Umgebung mitbringen, der dann durch Vertreter der aus irgendwelchen Gründen erstarkten und neu angefachten monotheistischen Religion beseitigt wird, kommt ja in der israelitischen Geschichte nicht gar so selten vor; wir erinnern nur an Salomo oder Ahab; deswegen wird man doch noch nicht von einem Neuanfang des Monotheismus reden.

Der Vergleich der Vorbereitungen für den Zug nach Bethel 35 2ff. mit der Annahme des إِحْرَام beim Antreten einer Wallfahrt nach Mekka, den EERDMANS zieht, ist zwar zunächst sehr einleuchtend, paßt aber doch nicht gut, da der إِحْرَام nicht die Abschaffung fremder Gottheiten, sondern die Beobachtung aller Gebräuche beim Antritt einer Wallfahrt bezeichnet[3].

Schließlich sieht EERDMANS darin, daß der Gott, der Jakob zu Lus erschien, v. 3 nicht mit Namen genannt ist, ein Anzeichen dafür, daß nur einer aus der Götterwelt, und zwar jedenfalls nicht Jahve, als „der Gott, welcher dir erschienen ist" bezeichnet wird. Es ist merkwürdig, wie wenig diese Auffassung zu dem über 28 10ff. geäußerten Urteil stimmt, wo Jahve als einer unter den Göttern dem Jakob erschienen sein soll. Da doch wohl kein Zweifel sein kann, daß 35 1—7 auf jene Erzählung Bezug nimmt, so ist deutlich zu sehen, welche Rätsel die von EERDMANS versuchte polytheistische Deutung schafft. Nach HOLZINGER[4] geht aus dem Fehlen einer Namensangabe in v. 3 gerade das Gegenteil von EERDMANS Behauptung hervor: es kommt nämlich überhaupt nur ein Gott in Betracht, darum ist kein Name nötig, während zum Kult eines der vielen möglichen Götter der Name notwendig gehören würde.

---

[1] GUNKEL, Gen[3] S. 378.   [2] PROCKSCH, NHS. S. 38 f.
[3] cf. WELLHAUSEN, Reste arabischen Heidentums[2] 1897, S. 80. 122 ff.
[4] ZAW. 1911 S. 55.

So zeigt sich, daß auch dieser Abschnitt sich als Teil der Quellenschrift E wohl begreifen läßt, ohne daß damit der monotheistische Standpunkt dieser Quelle aufgegeben werden müßte.

β. Die Josephgeschichte Gen 37—50.

Hat EERDMANS bisher in der Patriarchengeschichte die Ausscheidung
von Doppelberichten durchweg beanstandet und nur ausnahmsweise die
Herkunft einzelner Stücke aus anderen Zusammenhängen zugegeben, so
ändert er seine Stellungnahme im letzten Abschnitt der Genesis, der
Josephgeschichte, nach dieser Richtung vollständig. Hier glaubt er eine
doppelte Rezension tatsächlich unterscheiden zu können, und so nimmt
er an der Hand der auch bisher schon als Quellenindiz benutzten Patriarchennamen Jakob und Israel etwas wie eine Quellenscheidung vor,
die sich jedoch von der sonst üblichen mehrfach unterscheidet. Das hat
seinen Grund vor allem darin, daß er die Gottesnamen bei der Bestimmung
der beiden Rezensionen grundsätzlich nicht verwendet und von einer
Scheidung zwischen E und P absieht. Auch hier müssen wir kapitel-
weise vorgehen.

Eine Sonderstellung soll in der Josephgeschichte Gen **39** einnehmen:
das Kapitel dem Jahvisten zuzuweisen geht wegen אלהים in v. 9 nicht
an; denn dieses kann nur den allgemeinen Sinn haben, daß Joseph sich
nicht gegen „die Götter" versündigen will. Der polytheistische Verfasser
kann also mit einer jahvistischen oder elohistischen Schule nichts zu tun
haben. Auch das Fehlen einer Bezugnahme auf die vorliegende Erzählung,
abgesehen von den später eingefügten Bemerkungen 40 3b 5b, führt zu
der Annahme, daß man es hier mit einer Erweiterung der Josephgeschichte
zu tun hat; sie wurde veranlaßt durch ein falsches Verständnis von 40 15
und 41 14, aus denen der Sammler schloß, Joseph sei selbst Gefangener
gewesen, während er an den betreffenden Stellen nur ein mit der Ver-
sorgung der Gefangenen beauftragter Sklave ist. Der Sammler wollte
deshalb erklären, wie Joseph ins Gefängnis kam, und bediente sich
dazu einer dem bekannten ägyptischen Märchen der zwei Brüder ent-
lehnten Erzählung, die sich allerdings dem vorhandenen Stoff nur schwer
anpassen ließ.

Bei dieser Hypothese fällt die Rolle auf, die EERDMANS dem Sammler
zugedacht hat. Dieser soll seine Erzählung an die Josephgeschichte dadurch anpassen, daß er den in jener genannten ägyptischen Privatmann
zum Herrn Josephs und Obersten der Leibwache macht. Man muß sagen,
daß das alles weniger als eine Anpassung war. Denn nun entsteht „die
Schwierigkeit, daß dieser Oberst zu gleicher Zeit Vogt des Gefängnisses

war, während die Erzählung einen anderen als Vogt kannte 39 21ff., und
daß er zwei Gefangene, welche der König selbst seiner Sorge anvertraute,
unter Beaufsichtigung eines untreuen Dieners stellte"[1]. Und nicht nur
das: Eerdmans bemerkt nicht, daß es auch nicht gerade der Anpassung
dient, wenn der Herr Josephs, dessen Weib nachher die Hauptrolle spielt,
als סריס Eunuch bezeichnet wird. Es gehört also schon ein starker
Glaube dazu, dem Sammler diese ungeschickte Einfügung der Episode
zuzutrauen, zumal es ihm freistand, mittels einer kleinen Verschiebung
eine gute Verbindung herzustellen: er brauchte nur statt des ägyptischen
Privatmanns den Vogt des Gefängnisses, bei dem Joseph nachher in
Gunst kam, zum Anführer der Leibwache zu machen, eventuell noch
37 36 entsprechend zu ändern, und die jetzt auffallenden Differenzen wären
beseitigt. Diese Erwägung allein macht es schon viel wahrscheinlicher,
daß zwei Berichte vorlagen, von denen der eine den Eunuchen Potiphar,
den Anführer der Leibwache, der andere unabhängig davon einen ungenannten Ägypter als Käufer Josephs nannte, und an deren Überlieferung
der Sammler beim Zusammenschieben der Berichte nichts zu ändern wagte.

Dafür spricht nun auch, daß in 40 15: ‏וגם־פה לא־עשיתי מאומה כי־‎
‏שמו אתי בבור‎ eine deutliche Anspielung auf Gen 39 vorliegt. Der Vers
kann in der Tat nur als Rückverweis auf Kap 39 verstanden werden,
nicht etwa als die Stelle, die zur Ausspinnung von Kap 39 erst den
Anlaß gab.

Schließlich erweist sich auch die Behauptung, daß der Autor von
Gen 39 den Namen Jahve und den allgemeinen Begriff „Götter" neben
einander verwende, als nicht stichhaltig. Eerdmans will die Erklärung
von אלהים 39 9 als im Gespräch mit Fremden, die von Jahve nichts
wissen, gebraucht, deshalb nicht gelten lassen, weil nach 39 3 sogar der
ägyptische Herr Josephs Jahve kenne. Das ist jedoch ein Irrtum, denn
Jahve wird hier wie v. 2 5 21 23 von dem Erzähler referendo gebraucht.
So fehlt dem Urteil: „Elohim kann hier nur den allgemeinen Sinn haben"
die Berechtigung, und man kann nicht zustimmen, wenn Eerdmans bemerkt, der Verfasser von Gen 39 gehöre keiner Schule in bezug auf die
Gottesnamen an; vielmehr nimmt man das Kapitel mit Recht für J in
Anspruch, besonders da auch allerlei sprachliche Kennzeichen für den
Jahvisten sprechen[2].

Eine kleine Besonderheit weist das Kapitel allerdings auf: es braucht
für Gefängnis das Wort ‏בית הסהר‎, während nach der jetzigen Verteilung
derselbe Autor ‏בור‎ dafür gebraucht (40 15 41 14). Diesen Unterschied

---

[1] Eerdmans, Komp. S. 67.   [2] cf. Gunkel, Gen[3] S. 421.

berücksichtigt neuerdings auch Smend[1], der 40 15 41 14 E zuschreiben möchte; der Elohist hätte dann von einem ähnlichen Zusammenstoß Josephs mit der Frau seines Herrn berichtet, wovon aber zugunsten des J-Berichts nur einige Spuren geblieben wären, z. B. 39 1b 4aβ 6ac 7aα in v. 10 להיות עמה, ev. v. 9b. Es ist aber fraglich, ob solche geringfügigen Differenzen, denen auch Eerdmans sonst keine Bedeutung beimißt, hier als Anzeichen verschiedener Hände gewertet werden dürfen, zumal E noch ein anderes Wort für Gefängnis gebraucht, nämlich משמר (40 3 4 7 41 10 42 17 19). Auch andere Versuche, in unserem Kapitel größere oder kleinere Stücke von E zu entdecken, wie sie schon von Dillmann, aber auch von Gunkel, Holzinger, Procksch unternommen worden sind, können nicht die Notwendigkeit einer Ausscheidung nachweisen, so gut auch für E ein ähnlicher Bericht passen würde; auch hier war wohl der Wunsch der Vater des Gedankens.

Ob die Kap. 39 erzählte Geschichte von dem ägyptischen Märchen von den zwei Brüdern abhängig ist, ist für die Quellenkritik kaum von Bedeutung. Das Motiv von der versuchten Verführung durch die Ehebrecherin ist in griechischen und orientalischen Erzählungen zahlreich zur Verwendung gekommen[2]. Da sein Vorkommen in der Josephgeschichte mit der Josephgestalt nicht untrennbar verknüpft erscheint, so liegt die Annahme nahe, daß es erst nachträglich aus fremdem Sagengut entnommen und auf Josephs Person bezogen worden ist. Dieser Gedanke von Eerdmans wird auch von anderen Gelehrten geteilt. Jedoch mit dem ägyptischen Märchen verglichen hat die biblische Verführungsgeschichte, abgesehen von dem einfachen Vorgang der versuchten Verführung und falschen Anklage, mehr Unähnliches als Ähnliches aufzuweisen, weshalb an eine direkte Abhängigkeit dieser Episode der Josephgeschichte von der ägyptischen Sage kaum zu denken ist.

Wenn Eerdmans Gen **38** zusammen mit Gen 39 auf die Rechnung des Ergänzers setzen will, so ist an den grundverschiedenen Charakter dieser beiden Stücke zu erinnern. Für Gen 38 wird man mit Eerdmans insofern einig gehen, als es in die Josephgeschichte überhaupt nicht hineinpaßt. Der ganze Vorstellungskreis weist auf alte Zeiten; man wird das Stück am besten mit Smend zu den Überlieferungen von J₁ rechnen.

Daß Gen **40** nicht ganz einheitlich ist, ging schon aus der bisherigen Erörterung hervor: V. 3b 5b betrachtet auch Eerdmans als mit Kap. 39 zusammenhängende Einschiebungen, über v. 15 kann nach dem bisher Gesagten in dieser Beziehung kein Zweifel sein.

---

[1] Erz. des Hexat. S. 102.   [2] cf. Gunkel, Gen³ S. 421f.

7*

Gen **41** und **42** sollen jedoch eine einheitliche, der Jakobrezension entnommene Erzählung bilden. Wegen der Annahme jahvistischer Bestandteile in Kap. 41 wendet sich EERDMANS besonders gegen GUNKELS Quellenscheidung: V. 29 30 a können nicht ausgeschieden werden, denn sie enthalten keinen neuen Gedanken, sondern sind die notwendige Fortsetzung von v. 28. Das ist im allgemeinen richtig, und GUNKEL zeigt sich in der dritten Auflage seines Genesiskommentars, allerdings ohne Bezugnahme auf EERDMANS, von demselben Gedanken geleitet, wenigstens in dem dort abgedruckten Genesistext, während die Vorbemerkung noch die frühere Ausscheidung von v. 29 zu vertreten scheint. Wenn man aber auch die Ausscheidung von v. 29 30 a aufgibt, so ist doch daran festzuhalten, daß v. 30 ונשכח כל־השבע בארץ den Worten ולא־יודע השבע בארץ in v. 31 parallel ist. V. 30 b scheint derselben Version anzugehören, die in v. 55 f. von der Hungersnot in Ägypten spricht; einen Widerspruch zu v. 55 f. enthält v. 54: ויהי רעב בכל־הארצות ובכל־ארץ מצרים היה לחם, womit man v. 31 in Verbindung bringen kann. Auf diese Differenz geht EERDMANS nicht ein. In v. 34 und 35 will er dadurch einen regelmäßig verlaufenden Text herstellen, daß er v. 34 כפרעה statt פרעה liest und v. 35 das zweite אכל streicht[1]. Mag man nun auch diese Emendation, wonach der v. 33 erwähnte Vertrauensmann gleich wie der Pharao selbst schalten soll, mit in Kauf nehmen, so „undiplomatisch"[2] ein solcher Vorschlag im Munde Josephs auch sein mag, so wird damit die störende Unstimmigkeit nicht beseitigt, daß nach v. 34 der Fünfte von der Ernte erhoben werden soll, während v. 35 die Sammlung des ganzen Ernteertrages vorschlägt.

Daß v. 38 und 39 keine Dublette sind, mag richtig sein. Ebenso kann man die Ausscheidung von v. 42a 44 45 48 beanstanden. GUNKEL selbst gibt zu, daß jede Quellenscheidung hier, wie in vielen anderen Fällen unsicher bleibt[3]. Deshalb schließen aber v. 42—46 doch nicht glatt zusammen: v. 41 setzt mit ויאמר פרעה אל־יוסף deutlich neu ein, und v. 44 kommt hier jedenfalls zu spät. Josephs Ausfahrt v. 46b ist wohl Fortsetzung von v. 43, wo Joseph auf den Wagen tritt; „dazwischen kann er unmöglich noch in der Geschwindigkeit ein Weib nehmen" (GUNKEL). Mit dem Hinweis darauf, daß v. 42a 44 48 die Ausführung des Entschlusses Pharaos von v. 37f. bringen und daß v. 50a v. 45 voraussetzt, lassen sich diese Schwierigkeiten nicht erledigen; vielmehr ist es wahrscheinlich, daß in die vorwiegend benutzte Jakob-Rezension Züge aus der Israel-rezension eingeflochten sind, oder, um mit EERDMANS zu reden: „der

---

[1] Schon von Leander ZAW 1897 S. 195 vorgeschlagen.
[2] HOLZINGER, ZAW 1911 S. 58.   [3] Gen³ S. 433.

Gelehrte, welcher diese zwei Rezensionen benutzte, hat sich bemüht, den Stoff so vollständig wie möglich zu geben und entnahm jeder Rezension, was in ihr ausführlicher als in der anderen mitgeteilt wurde."

In Kap. **42** findet Eerdmans einen so vortrefflichen Textzusammenhang, daß ihm die Bemerkung in Holzingers Genesiskommentar[1]: „Spuren der Benutzung zweier Quellen sind ganz deutlich" unverständlich bleibt. Aber man kann nicht sagen, daß sein Versuch, solche Spuren zu beseitigen, ein glücklicher ist; denn dazu ist er zu unvollständig. Er erwähnt nicht, daß „Israel" in v. 5 nach „Jakob" in v. 1 nur als Einsatz aus der Israelrezension verstanden werden kann; die בני-ישראל sind nicht Israeliten, sondern Söhne Israels. Ebensowenig geht er auf den wechselnden Gebrauch von שק (v. 25 35) und אמתחת (v. 27 und 28) ein, obgleich er in Kap. 39 einen ähnlichen Unterschied im Sprachgebrauch nicht übersah. Endlich wird das doppelt berichtete Erkennen der Brüder (v. 7 וירא יוסף את-אחיו ויכרם und v. 8 ויכר יוסף את-אחיו) nicht durch die Bemerkung erklärt: „Joseph gebärdet sich als Fremder, so daß seine Brüder ihn nicht erkennen". Und wenn er sagt: „Jakob sah, daß in Ägypten Korn war (v. 1), er teilt dies v. 2a seinen Söhnen mit", so erklärt er damit nicht den Neuansatz ויאמר in v. 2a, der eher dadurch, daß er in LXX fehlt, seine Beweiskraft verliert.

Die einzige Stelle, die Eerdmans als nicht der Jakobrezension zugehörig anerkennt, ist v. 27 und 28. Nach v. 35 finden die Brüder ihr Geld in den Säcken, als sie diese zu Hause ausleeren, während v. 27 einer von ihnen sein Geld schon auf der Reise beim ersten Nachtlager vorfindet. Man rechnet diese Stelle gewöhnlich zur Israelquelle, die 43 21 voraussetzt, daß sämtliche Brüder schon beim ersten Übernachten ihr Geld wiederfanden. Weil 42 27 nur von einem Bruder die Rede ist, hält Eerdmans die Herkunft dieses Verses aus derselben Quelle wie 43 21 für unmöglich und erklärt v. 27 und 28 für die Arbeit eines Redaktors, der den Widerspruch zwischen 43 21 und 42 35 aufheben wollte. Man könnte darüber streiten, ob der Redaktor seinen Zweck nicht besser durch eine leichte Änderung in 43 21 erreicht hätte. Auch scheint 42 27 insofern eine andere Vorstellung als in v. 35 vorzuliegen, als das Geld im Getreidesack obenauf liegt, während nach v. 35 der Geldbeutel erst beim Ausschütten der Säcke sich findet, offenbar weil er tiefer unten lag, eine Differenz, die jedenfalls nicht zum Ausgleich zwischen 42 35 und 43 21 dient. Besonders unwahrscheinlich wird das Eingreifen eines Redaktors in v. 27 und 28 dadurch, daß diese Verse, ebenso wie 43 21f.

---

[1] S. 239.

das Wort אמתחת verwenden, während 42 35 שׂק gebraucht wird. Daß auch in v. 27 שׂק einmal vorkommt, wird allerdings auf die Hand des Redaktors weisen, der diese Verse aus der Israelrezension hier eingesetzt hat. Wenn 42 27 nichts davon berichtet wird, daß alle Brüder ihr Geld vorfanden, so geht das wohl auf Streichung zurück, um die allzugroße Wiederholung in v. 35 zu vermeiden; der Schluß von v. 28 gehört hinter v. 35.

Indessen kommt auf die Herkunft von 42 27f. nicht allzuviel an; sicher ist, daß die Verse hier den Zusammenhang stören. Und daß dies nicht die einzige Stelle ist, wo Stücke fremder Herkunft in Kap. 42 zu spüren sind, dürfte oben gezeigt sein.

Über Gen. **43** und **44** geht EERDMANS mit der Bemerkung hinweg, daß sie im ganzen zu der Israelrezension gehören. Das stimmt zwar, doch sind in Kap. 43 Stücke des Parallelberichts zu erkennen. Daß in v. 14 eine andere Hand eingegriffen hat, haben wir schon bei der Ausführung über den Gottesnamen El-Schaddai bemerkt (S. 34 ff.). Ferner scheint die Erwähnung Simeons hier und v. 23b aus der Jakobrezension zu stammen. Daß die Gefangenschaft Simeons bei J nicht vorausgesetzt wird, geht schon aus 42 38 hervor, der nicht an das Ende der ersten, sondern an den Anfang der zweiten Reise, also in den Zusammenhang von 43 1ff. gehört (vgl. בדרך אשר תלכו–בה) und von der Gefangenschaft Simeons nichts weiß. Bei J scheinen also die Brüder dem Vater nicht gleich von der harten Bedingung Josephs erzählt zu haben, sondern erst als das mitgebrachte Getreide verzehrt war und sie eine zweite Reise nicht mehr aufschieben konnten.

Kap. 44 ist bis auf zwei Glossen in v. 1 und 2b, in denen das Motiv von dem in den Säcken versteckten Geld unpassend wiederholt ist, einheitlich.

In Gen. **45** setzt die Jakobrezension wieder ein. EERDMANS sieht, abgesehen von v. 28, auch hier ein geschlossenes Quellenstück vor sich. Für die einleitenden Verse mag das wohl zutreffen. In v. 1 braucht nicht die Absicht Josephs zugrunde zu liegen, die Ägypter von seinen Beziehungen zu den Fremdlingen nichts erfahren zu lassen; die Entfernung der Diener versteht sich wohl daraus, daß Joseph seine heftige Gemütsbewegung vor ihnen zu verbergen wünscht. — Bei der Frage der Ausscheidung von v. 4f. handelt es sich darum, zu welcher Rezension die Erzählung vom Verkauf Josephs an die Ismaeliter 37 26f. zu rechnen ist. EERDMANS möchte sie der Jakobrezension zuzählen und deshalb hier von Quellenscheidung absehen. Aber wenn er die Differenz in Kap. 37 anerkennt, daß Joseph einmal an die Ismaeliter verkauft (37 26f.), das andere Mal von den Midianitern gestohlen wird (37 28), so muß er auch zugeben,

daß bei der ersten Version Juda, bei der zweiten Ruben eine besondere
Rolle spielt. Nun kommt aber Juda nachher in Stücken der Israelversion
vor (43 3ff. 44 14ff.), Ruben dagegen in der Jakobversion (42 22 37). Daraus
dürfte hervorgehen, daß der Verkauf Josephs, den Juda vorschlägt, in die
Israelrezension gehört, der folgerecht die Verse 45 4b 5 zuzuweisen sind.

    Auch die Erwähnung von Gosen als künftigem Wohnsitz Jakobs
in v. 10a ist kaum Eigentum der Jakobrezension. Zwar braucht das 47 11
genannte „Land Ramses" sich nicht unbedingt mit Gosen zu stoßen, obgleich der neue Ausdruck eigentlich befremden müßte; denn 47 11 steht
am Schluß eines Einschubs. Aber wo Gosen sonst noch genannt wird,
geschieht das in Stücken des Parallelberichts, so 46 28f. 34; 47 1 4 6 27; 50 8.
Daß Jakob im Grenzland Gosen, mit Kanaan verglichen, in der Nähe
Josephs wohnt, ist sicher nicht die Meinung von v. 10b, denn der Text
setzt auch sonst einen Wohnsitz mehr im Innern Ägyptens voraus, so
v. 18, wo טוב ארץ מצרים und חלב הארץ nicht auf das Weideland im Wadi
Tumilât paßt. Und wenn wir auch von Josephs Wohnsitz nicht genauer
unterrichtet sind, so ist doch anzunehmen, daß der vertraute Ratgeber
des Pharao seinen dauernden Aufenthalt nicht an der Landesgrenze nimmt.

    Wie die genannten Verse, so spricht auch in v. 21 das von EERDMANS
nicht erwähnte בני ישראל gegen ein geschlossenes Quellenstück der Jakobversion, ob man nun v. 19ff. als Einsatz eines Redaktors oder auf andere
Weise erklären mag.

    Demgegenüber ist es nicht von Wichtigkeit, ob sich v. 13 und 14 für
die Jakobversion behaupten lassen oder nicht. EERDMANS weist die Ausscheidung dieser Verse auf Grund der ganz ähnlich wie 46 29 (J) berichteten
Begrüßung zurück, berücksichtigt aber nicht, daß v. 13 dasselbe berichtet
wie v. 9 und deshalb wohl als Dublette angesprochen werden darf.

    Auf Gen 46 und 47 geht EERDMANS nicht näher ein; sie sind auch
zum Teil schon bei der Behandlung von P erörtert worden. Aber die
ersten Verse von Kap. 46 sind für die Scheidung der beiden Relations-
varianten nach den Patriarchennamen und im Hinblick auf Kap. 48 von
Bedeutung. EERDMANS gibt am Schluß seiner Ausführungen über die
Josephgeschichte eine Übersicht über seine Quellenscheidung; darnach
rechnet er 46 1 2a zur Israelrezension, 46 2b—7 zur Jakobrezension. Er sagt
aber nicht, daß diese Scheidung den v. 2 auseinanderreißt und einen festen
Zusammenhang zerstört, wodurch sie, gerade nach seinen sonst aufgestellten
Bedingungen einer einwandfreien Quellenanalyse, sich als ausgeschlossen
erweist. Hier zeigt sich eben, daß man mit Patriarchennamen allein bei
einer Quellenscheidung in der Josephgeschichte nicht auskommt. Nach v. 1
bricht Israel von einem Ort nördlich von Bersaba (nach 37 12 13 nicht allzu-

weit von Sichem, vielleicht in der Nähe von Bethel) auf und gelangt bis
Bersaba. Wahrscheinlich war von einer Opferfeier an dieser Stätte berichtet, die Jakob dem Gott seines Vaters Isaak (vgl. 31 53 (J) פחד אביו
יצחק), der hier bis zu seinem Tode wohnte (24 62ff., 26 33, 28 10), dar-
brachte; doch ist die Zugehörigkeit von 1b nicht sicher. Denn von einem
Opfer in Bersaba wird auch der v. 2 einsetzende Bericht aus der Jakobversion erzählt haben, aber mit anderer Motivierung: Jakob ist un-
schlüssig, ob er nach Ägypten ziehen soll (v. 3) und wird erst durch
eine Gottesoffenbarung dazu bestimmt. Aus v. 5 wird auch klar, daß in
der Jakobversion der Wohnsitz Jakobs in Bersaba gedacht ist, von wo
aus die Wagen Josephs erst benutzt werden. V. 2 ff. enthalten demgemäß
eine andere Vorstellung als v. 1, die der Jakobrezension angehört, auch
abgesehen von den Patriarchennamen; da aber v. 2 nicht zerrissen werden
darf, so ist das ישראל in v. 2a offenbar bei der Zusammenarbeitung eingesetzt.

Dies Beispiel zeigt, daß die Namen Israel und Jakob, ebenso wie
die Gottesnamen, da und dort vertauscht wurden und nicht als ausschlaggebendes Quellenindiz verwendet werden dürfen[1].

Treten wir von hier aus an Gen 48 8—22 heran, so wird man
Eerdmans Behauptung, der Abschnitt müsse wegen des ישראל in v. 8 10
11 13 21 zu J gerechnet werden, nur dann recht geben, wenn der Zusammenhang wirklich keine Spuren von Quellenkombination zeigt. Aber
so wohl ausgeglichen das Stück auch sein mag, so läßt sich seine
Einheitlichkeit doch nicht festhalten. Die Bemerkung v. 10a, daß Jakob
nicht mehr sehen konnte, scheint sich mit v. 8a und 11 zu stoßen, wo er
Josephs Söhne erblickt. V. 13 schließt über v. 10—12 hinweg an v. 9b an,
während v. 17—20 die Fortsetzung von v. 13 14 bilden. So stehen v. 9b 10a
13 14 17—20 dem übrigen als verständlicher Zusammenhang gegenüber.
Eerdmans meint zwar, v. 10b und 13 seien keine Dublette; aber v. 12 „Joseph
nahm sie von seinen Knieen weg" und v. 13 „er führte sie zu ihm heran"
stoßen sich doch deutlich genug. Wenn ferner der Segen auf Joseph
v. 15 mit dem Segen auf die beiden Knaben v. 16 identifiziert wird, so
ist doch v. 15 ויברך את־יוסף aus ארצה לאפיו in v. 12 besser zu
verstehen als aus der in v. 13 14 geschilderten Situation. Eine andere
Quelle als E soll aber auf der anderen Seite wegen des אלהים in v. 9—11
15 20 21 für unseren Abschnitt ausgeschlossen sein. Indes zeigt die oben
angeführte Version, die man J zuweist, den Gottesnamen אלהים nur v. 20

---

[1] Das hat auch Dahse (Textkritische Materialien S. 122 ff.) neuerdings mit Recht
stark betont, wenn er auch in der Unterschätzung dieses Kriteriums zu weit geht.

in einem dem Volksmund entnommenen Spruch, weshalb man ihn nicht mit J unvereinbar erklären kann[1]. Die übrigen Verse passen gut zu E, abgesehen von dem ישראל in v. 8a 11 21, das aus Überarbeitung im Interesse der Einheitlichkeit des Abschnittes zu erklären ist; das ist nach 46 2 eine durchaus gerechtfertigte Annahme.

Gen 50 1—11 und 50 14—26 sollen eine geschlossene Erzählung bilden. Gegen die Zuweisung von v. 15—26 an E wendet EERDMANS ein, daß die Brüder Joseph nicht mehr um Verzeihung bitten können, nachdem Joseph ihnen in den E zugewiesenen Versen 45 5f. schon verziehen hat. Das ist jedoch kein Grund, v. 15—26 E abzusprechen; denn es ist leicht begreiflich, wenn die Brüder nach Jakobs Tod sich schutzlos fühlen und sich nochmals ausdrücklich der Versöhnung mit Joseph versichern wollen, indem sie ihn um Verzeihung bitten, was sie anscheinend bisher noch nicht getan haben. אלהים in v. 19 20 24 25 und die Anspielung von v. 20 auf 45 5b 7 weisen auf E als Verfasser. In v. 15—26 scheint außer der Glosse in V. 22b keine Unebenheit vorzuliegen, da das ויגשו von Pesch. und LXX statt ויצוו in v. 16 höchstwahrscheinlich eine „Verschlimmbesserung" ist.

In v. 1—11 spricht für J das ישראל in v. 2 und v. 5 6 die Anspielung auf Josephs Schwur 47 29ff. V. 14 paßt gut als Schlußvers des J-Berichts. Wenn auch v. 7 8 9 nebeneinander bestehen können, so scheint der Text doch nicht ganz glatt zu sein. Die doppelte Benennung des Orts der Totenklage v. 10 und 11, der parallele Ausdruck über die Veranstaltung der Leichenfeier v. 10, die 40 Tage des Einbalsamierens und die 70 Tage der Totenklage sind Anstöße, die EERDMANS zwar nicht erwähnt, aber damit nicht aus der Welt schafft.

Als Resultat seiner Analysierung der Josephgeschichte gibt EERDMANS den beiden Rezensionen folgende Gestalt: die Jakobrezension umfaßt 37 2 25—27 28b 34 35 40 41 42 45 1—27 46 2b—7 47 6—12 28 49 1a 29—33 50 12 13. Die Israelrezension enthält die Stücke 37 3—24 28a 29 30—33 36 43 44 45 28 46 1 2a 28—34 47 1—5 13—27 29—31 48 1 2b 8—22 50 1—11 14—26. Auf die Rechnung des Ergänzers entfallen 38, 39, 46 8—27 (wie bisher), 48 3—7 49 26—28. Daß diese Quellenscheidung keinen Fortschritt bedeutet, dürfte aus den vorhergehenden Untersuchungen hervorgehen.

Noch ist kurz ein Einwand zu erwähnen, den EERDMANS gegen die Zurechnung der Israelrezension zu J erhebt. Er meint, die Israelrezension könne auch E zugeschrieben werden, weil gerade diese Quelle die Umnamung Jakobs Gen 32 22—32 und 35 9f. erzähle. Das erweist sich aus

---

[1] Von SMEND mit Recht betont (Erz. des Hexateuch S. 110).

dem Vorhergehenden als unzutreffend. Gen 33 22—23 ist als einheitliche Erzählung dem Jahvisten zuzuweisen (wegen des Namens Israel, der auf eine ursprünglich elohistische Rezension zurückgehen soll, vgl. S. 91), und 35 9f. ist Text aus Pg, so daß der Name Israel in der Josephgeschichte für den Elohisten ausgeschlossen ist.

γ. Elohim bei E.

Bei unserer Besprechung der EERDMANSschen Ausführungen über die elohistische Schrift sind wir auf einige Einwürfe, die EERDMANS dieser Schrift als ganzer entgegenhält, noch nicht eingegangen. Es empfahl sich, diese allgemeineren Ausstellungen, mit denen EERDMANS seine Kritik eröffnet, erst nach Vornahme der Einzeluntersuchungen zu bringen, einmal weil sie durch letztere mehrfach schon widerlegt sind und damit eine besondere Berücksichtigung überflüssig machen — wir rechnen dahin die Frage nach dem Gebrauch von Jahve in elohistischen, von Elohim in jahvistischen Perikopen der Genesis und die schon mehrfach berührte nach der Herstellung geschlossener Zusammenhänge — dann weil die noch ausstehenden, wenn an dieser Stelle behandelt, das Vorangehende klarer zu beleuchten und das dort gewonnene Urteil auf seine Richtigkeit zu prüfen geeignet sind. Sie beziehen sich sämtlich auf den von E vertretenen religiösen Standpunkt.

EERDMANS meint, es sei unzutreffend, von einer fortgeschrittenen Gottesvorstellung des Elohisten zu sprechen, da auch diese Quelle Anthropomorphismen nicht ganz vermeide; dafür seien Gen 32 22ff. und Num. 22 9 12 20 Beispiele. Ferner spreche Elohim Gen 21 12 22 2 35 1 in direkter Rede wie beim Jahvisten.

Da wir Gen 32 22ff. dem Jahvisten zugewiesen haben (s. S. 91), so scheidet diese Stelle aus der Erörterung aus. Num 22 9 12 20 spricht Elohim zu Bileam im Traum, wie auch 22 2 eine Traumoffenbarung voraussetzt (vgl. die Einführung 22 1 mit 1. Sam 3 4 6 8). Es ist zwar an der Bileamerzählung merkwürdig, daß auch einem Nichtisraeliten eine Gottesoffenbarung zugetraut wird, aber eine anthropomorphe Gottesvorstellung, wie man sie bei J mehrmals antrifft, liegt nicht vor. Wenn Elohim Gen 21 12 und 35 1 in direkter Rede eingeführt wird, so ist doch bezeichnenderweise von der Beschreibung einer Gotteserscheinung ganz Abstand genommen. Auch hier spricht die farblose Art der Darstellung mehr für eine Traumoffenbarung als für eine reale Gotteserscheinung, wie J sie aufweist. Wie EERDMANS dagegen bei 15 12ff. von der Erwähnung eines Gesichts und eines Traums sprechen kann, ist unverständlich (vgl. oben z. St.). Wenn endlich auch der Jahvist den Engel Jahves kennt

(22 15, jedoch hier wahrscheinlich spätere Einfügung, 16 7 8 11), so beweist
das doch gewiß nichts für den religiösen Standpunkt des Elohisten. Es
wird gar nicht behauptet, daß J die Gestalt des Engels nicht kenne;
16 7 8 11 aber trägt diese Engelsgestalt viel altertümlichere Züge als bei
E. So wird durch eine genaue Vergleichung der beiden Quellen die
bisherige Beurteilung des religiösen Standpunktes des Elohisten bestätigt.

Ungleich tiefer greift eine andere Argumentierung ein, durch die
EERDMANS gleichzeitig die Existenz einer vorexilischen elohistischen Schrift
unwahrscheinlich machen und seiner in den Einzeluntersuchungen ausgeführten Polytheismushypothese einen geeigneten Unterbau geben will.

Er geht dabei von der Beobachtung aus, daß alle vorexilischen
Schriftsteller den Gott Israel als Jahve bezeichnen. Es sei also nicht
recht begreiflich, daß ein Schriftsteller diesen Namen geflissentlich vermeide, um statt dessen אלהים zur Bezeichnung desselben Gottes zu verwenden. Bestimmte ihn dazu die Theorie, daß Jahve den Urvätern nicht
bekannt gewesen sei, so hätte er nach Exod 3 13ff. den Gebrauch von
אלהים aufgeben müssen. Nun ist aber der ausschließliche Gebrauch von
אלהים auch deshalb wenig wahrscheinlich, weil das Wort lange einen polytheistischen Klang bewahrte (cf. Dtn 15 17 mit Exod 21 6), an dem der
Deuteronomist sich noch stieß. Die polytheistische Bedeutung von אלהים
in der älteren vorexilischen Zeit geht aus Am. 4 11 hervor, der die Zerstörung von Sodom und Gomorrha nicht Jahve, sondern den Göttern zuschreibt. Das scheint also auf alles andere als einen einheitlichen monotheistischen Vorstellungskreis des Elohisten zu weisen, und EERDMANS zieht
denn auch die weitgehenden Konsequenzen daraus, die wir bei der Betrachtung der elohistischen Sagen schon kennen lernten. Prüfen wir, ob die Voraussetzungen dafür wirklich so eindeutig gegeben sind, wie EERDMANS meint!

Daß אלהים polytheistische Bedeutung haben konnte, ist zweifellos;
aber ob Am. 4 11 als Beweisstelle glücklich gewählt ist, ist bei den verschiedenen Übersetzungsmöglichkeiten dieses Verses sehr fraglich (vgl.
unten zu Gen 19). In Exod 21 6 hat schon Luther polytheistische Bedeutung gefunden[1], wie seine Übersetzung „Götter" beweist. Für 21 6
ist aber die Bedeutung nicht einmal sicher, und die Lesart des Deute-
ronomisten kann dafür gar nichts beweisen; denn er hat den Satzteil
והגישו אדניו אל־האלהים wahrscheinlich nicht in seiner Vorlage gelesen,
da Exod 21 6aα והגישו אל־הדלת או אל־המזוזה u. 6aβ והגישר אדניו אל־האלהים
handschriftliche Varianten zu sein scheinen. Viel deutlicher geht die poly-

---

[1] Nach dem Vorbild der Vulgata. Hält man die polytheistische Bedeutung für
unabweisbar, so ist daraus mit Sicherheit nur auf eine außer- und vorisraelitische
Grundlage der Gesetzgebung zu schließen.

theistische Bedeutung von אלהים aus Exod 22 19 hervor. Aber daraus, daß אלהים hier andere Götter als Jahve bezeichnet, geht auch nicht hervor, daß das immer der Fall ist. Aus den Sinaiperikopen erhellt vielmehr, daß אלהים schon in alter Zeit zur Bezeichnung Jahves gebraucht wurde. Ebenso ist Jos 24 mit dem Gott Israels, der den anderen Göttern gegenübergestellt wird, kein anderer als Jahve gemeint.

EERDMANS gibt sich auch bezüglich des Charakters des Wortes einem Irrtum hin, wenn er meint, אלהים habe in der älteren Zeit nur eine Mehrheit von Göttern bedeutet[1]. Vielmehr weist der Plural אלהים, auf Jahve angewandt, auf das Bestreben hin, die sämtlichen göttlichen Mächte zu einer persönlichen Einheit zusammenzufassen, wie das babylonische ilāni ša ilāni, „die Götter der Götter", auf Sin angewandt wurde, um ihn als die über den Göttern stehende Gottheit zu bezeichnen. Darin kommt eine universalistische Anschauung über Jahve zum Ausdruck „der Name אלהים geht von den einzelnen Göttern aus, abstrahiert aber von diesen und postuliert eine höhere allgemeine Gottheit, die losgelöst ist von den konkreten einzelnen Naturerscheinungen, deren Personifizierungen die Götter sonst sind"[2]. Gerade weil der Plural im Hebräischen zusammenfassende und abstrahierende Bedeutung besitzt, so eignete sich der Name אלהים als Bezeichnung Jahves dazu, das aus einem bunten Gemisch von Stämmen und Volkselementen hervorgegangene Volk Israel zu einer religiösen Einheit zu erziehen. Nicht ein einzelner אל ist Jahve, sondern אלהים, die Gesamtheit der Götter, d. h. die Gottheit schlechthin, die andere Götter, für Israel wenigstens, ausschließt. Dieser Vorgang war möglich, weil man sich nur an einen bereits vorhandenen Sprachgebrauch anzuschließen hatte, und nötig, wollte man der Gefahr begegnen, daß Jahve mit den vielen Einzelgöttern, den אלים und בעלים zusammengeworfen wurde, einer Gefahr, die, wie der erbitterte Kampf der Propheten zeigt, eine Zeitlang den israelitischen Monotheismus in Frage stellte.

Wenn also die elohistische Schrift geflissentlich אלהים gebraucht, so haben wir darin weder Scheu vor dem Namen Jahve noch ursprünglichen Polytheismus zu erblicken, sondern eine ausgeprägte monotheistische Tendenz. Was Elia in seinem furchtbaren Kampf gegen den tyrischen Baal verfochten hatte: Nur einer kann Gott sein, Jahve oder Baal, und Jahve ist Gott!, das ist auch die Grundüberzeugung des Elohisten, die er durch den fast ausschließlichen Gebrauch des Namens

---

[1] Vgl. zum folgenden HEHN, Biblische und babylonische Gottesidee 1913. S. 178 ff.
[2] a. a. O. S. 181.

אלהים für Jahve in charakteristischer Weise hervortreten läßt[1]. Und wo er den Namen Jahve zum ersten Male bringt (Exod. 3 13ff.), da benutzt er ihn, um die geistige Art des einen universalen Gottes zum Ausdruck zu bringen.

Nun soll aber nach EERDMANS gerade diese Stelle gegen eine elohistische Schrift bedenklich machen, weil nachher nicht ausschließlich Jahve, sondern daneben auch noch Elohim gebraucht wird, und zwar gerade da, wo wir einen verhältnismäßig reinen unverflochtenen elohistischen Text vor uns haben. Das würde indes nur Schwierigkeiten machen, wenn man in Exod 3 14 einen grundsätzlichen Wandel der Gottesvorstellung finden wollte. Das ist aber nicht der Fall. Exod 3 13ff. offenbart der Gott, der vorher als אלהים bezeichnet wurde, seinen Eigennamen יהוה und wird durch die Etymologie dieses Namens als der Unveränderliche charakterisiert[2]. Nun läßt die unverkennbare Tendenz im Gebrauch des Namens אלהים es viel wahrscheinlicher erscheinen, daß אלהים als Gottesname auch nach Exod 3 13ff. beibehalten wurde, worauf ja auch der ausschließliche Gebrauch von אלהים in den nicht mit anderen Quellen zusammengesetzten E-Stücken hinweist. Man vermutet demnach mit Recht, der Elohist habe auch nach der Erzählung von der Offenbarung des Namens יהוה durchgängig אלהים gebraucht, und יהוה sei nur durch die Verschmelzung von E mit der jahvistischen und priesterlichen Quelle hereingekommen. Erst eine spätere Erweiterung der elohistischen Schrift ließ sich durch die Kundgebung des Namens Exod. 3 13ff. bewegen, nachher nur יהוה zu gebrauchen, und gerade daran kann diese jüngere Schicht in E noch erkannt werden[3].

Daraus erklärt sich auch befriedigend der Unterschied dieser Schrift von den יהוה gebrauchenden Prophetenschriften, bei denen אלהים in monotheistischem Sinn übrigens auch nicht ganz fehlt.

Was die Verankerung von E in der Zeit nach Elia betrifft, die PROCKSCH in diesem Zusammenhang vornimmt, so sind die Ansichten darüber geteilt[4]. Hier ist sie nicht von Bedeutung.

---

[1] Vgl. noch PROCKSCH, NHS. S. 198ff., VOLZ, Mose S. 30f., WESTPHAL, Jahves Wohnstätten S. 223, SMEND S. 34f.

[2] Die Schwierigkeit, daß bald die 1., bald die 3. P. impf. von הוה gebraucht wird, an der sich EERDMANS (Atl. Studien III. S. 12f.) stößt, ist durch PROCKSCH (NHS. S. 65 A. 3) befriedigend dahin erklärt worden, daß die erste Person im Munde Jahves, die dritte im Munde Moses angewandt werde.

[3] cf. STEUERNAGEL, ThStKr 1899. S. 339ff. und PROCKSCH, NH.S S. 197ff.

[4] cf. SELLIN, Einleitung S. 30.

Wir schließen damit die Erörterung der elohistischen und der aus J und E zusammengesetzten Stücke ab mit dem Ergebnis, daß die von EERDMANS gegen den Bestand einer elohistischen Schrift vorgebrachten Gründe nicht stichhaltig sind und daß sich seine Polytheismushypothese weder durch allgemeine Erwägungen noch durch Einzelprüfung der elohistischen Sagen wahrscheinlich machen läßt.

Soweit seine Untersuchungen eine Förderung der Hexateuchkritik bedeuten, werden wir am Schluß auf sie zurückkommen.

Ein vollständiges Bild von EERDMANS Polytheismushypothese gewinnen wir indes erst durch seine Kritik der jahvistischen Schicht, zu deren Nachprüfung wir nunmehr übergehen.

2. Die jahvistischen Abschnitte
α. in der Patriarchengeschichte Gen 12—50.

In Genesis 18 und 19 macht sich ein auffallender Wechsel zwischen Singular und Plural bemerkbar, ohne daß ein bestimmtes Prinzip dafür festzustellen wäre. Die früher beliebte Erklärung, daß von den drei Männern in Kap. 18 einer der Herr, die beiden andern die Diener seien, ist unmöglich, da in 18 5 alle drei die Einwilligung zum Bleiben geben, was eigentlich dem Herrn zukäme, und 18 9 alle drei das Tischgespräch beginnen, während v. 10 ff. nur einer es fortsetzt. KRÄTZSCHMAR[1] suchte eine singularische und eine pluralische Version zu unterscheiden; dieser Versuch scheitert jedoch an dem geschlossenen Zusammenhang. Dasselbe gilt von der Rekonstruktion einer Engel- und einer Jahveerzählung, die SMEND[2] unternimmt. Von einigen Unebenheiten der Erzählung ausgehend, bemüht er sich in ziemlich künstlicher Weise, durchgehende Parallelen aufzuzeigen und zur Herstellung zweier Berichte zu verwenden, was jedoch nur eine heillose Zerstückelung der schönen Komposition zur Folge hat. Eine Erklärung für die hie und da zutage tretenden Unausgeglichenheiten der Erzählung bietet vielmehr die Erkenntnis, daß die älteste Gestalt der Sage אלהים, nicht יהוה gebrauchte und auf außerisraelitischem, heidnischem Boden heimisch ist. Bei ihrer Aufnahme unter die Vätersagen hat sie sich eine jahvistische Überarbeitung gefallen lassen müssen; die drei Männer, ursprünglich Göttergestalten, wurden zu Jahve und zwei Engeln, bzw. drei Jahveboten (GUNKEL); der Plural wurde, wo es passend erschien, in den Singular geändert, die Änderung jedoch nicht überall durchgeführt. In dieser Beurteilung des Textes stimmen GUNKEL[3]

---

[1] ZAW. 1897, S. 81 ff.   [2] Erzählung des Hexateuch 59 ff.
[3] Gen [3] S. 199.

und PROCKSCH[1] mit EERDMANS vollkommen überein. Wenn EERDMANS für
18 ı u. 14 die LXX-Lesart אלהים bevorzugt, so hat das bei der polytheistischen Urgestalt des Stückes wenig zu bedeuten, man hätte darin
Unregelmäßigkeiten, ähnlich wie das nicht ausgeglichene Verhältnis Jahves
zu den מלאכים (19 17—22) zu erblicken. Immerhin ist für 18 14 EERDMANS'
Grund, daß Jahve von sich selbst schwerlich als Jahve reden wird, nicht
stichhaltig angesichts der von GUNKEL angeführten Stellen, wie 16 11 19 13
Ri 6 12 13 16, wo ebenfalls die unerkannte Gottheit von Jahve in der
dritten Person spricht. Auch für 18 ı ist אלהים nicht unbedingt als
bessere Lesung zu bezeichnen; denn Vers 1 a bildet die Überschrift, die
aufs Ganze geht und deshalb keine nähere Beziehung zu v. 2 zu haben
braucht; dann würde auch אלהים nicht sogleich auf die Mehrzahl der
Erschienenen hindeuten, da seine pluralische Bedeutung keineswegs
feststeht (s. o.).

Der Punkt jedoch, in dem sich EERDMANS grundlegend von der
bisherigen Auffassung unterscheidet, ist die Behauptung, daß die ursprüngliche Sage Jahve als einen unter den Göttern kannte. Das soll
19 24 beweisen; in der Tat ist der Text des Verses auffällig: ויהוה המטיר
על־סדם ועל־עמרה גפרית ואש מאת יהוה. Das am Schluß noch dastehende
מן־השמים ist anerkannt Glosse, die das מאת יהוה erklären soll. „Jahve
läßt regnen von Jahve her", ist nach EERDMANS ein unmöglicher Sinn,
man muß ein anderes Subjekt als ursprünglich vermuten, und zwar nach
Amos 4 11 אלהים „Götter". Betrachten wir die Amosstelle genauer! Sie
lautet: הפכתי בכם כמהפכת אלהים את־סדם ואת־עמרה. EERDMANS meint,
אלהים, von Amos nur hier gebraucht, bedeute nicht den Gott Israels,
sondern „die Götter" im allgemeinen. Man hat die Amosstelle auf verschiedene Weise verbessern wollen; Marti[2] will das אלהים streichen;
doch fehlt jeder Beweis für spätere Einfügung des Wortes, die auch an
sich mitten in einer Rede Jahves nicht wahrscheinlich ist. SIEVERS und
GUTHE, denen sich auch HOLZINGER[3] anschließt, halten מהפכת אלהים als
einen gegebenen Ausdruck wie etwa „Gottesschrecken" fest, streichen aber
das כ davor und das nachfolgende את־סדם ואת־עמרה hauptsächlich aus
metrischen Gründen. Die Berechtigung dieser Streichung ist aber doch
recht fraglich, da die Übersetzung dann auf Schwierigkeiten stößt, besonders aber, weil wir ganz gleichlautende Stellen in Jes 13 19 und
Jerem 50 40 vor uns haben[4]; wir haben es also mit einem ganz gebräuch-
lichen Ausdruck zu tun, der überall da benutzt wurde, wo man in einer

---

[1] Gen S. 129 f.   [2] Dodekapropheten 184.   [3] ZAW 1911, S. 61.
[4] GUTHE hat bei KAUTZSCH[3] diese Streichung aufgegeben.

Gerichtsdrohung an die große Katastrophe von Sodom und Gomorrha erinnern wollte. Damit ist aber die von EERDMANS gegebene Übersetzung keineswegs gerechtfertigt. Aus den angeführten Prophetenstellen läßt sich höchstens der Schluß ziehen, daß jenen Propheten eine elohistische Version der Sodomgeschichte bekannt war, neben der schon lange auch eine jahvistische existiert haben kann. Dafür, daß bei ihnen אלהים einen polytheistischen Sinn hatte, wird EERDMANS den Beweis nicht erbringen können. Oder findet sich etwa sonst noch Polytheismus bei den Propheten? Übrigens kann man nicht einmal jene Schlußfolgerung als zwingend bezeichnen. Ist jener Satz etwas wie eine sprichwörtliche Redensart, so ist die Möglichkeit gegeben, daß er sich gleichsam als versteinerter Rest der alten polytheistischen Ursage im Volksmund erhalten hat, nachdem die alte Form der Sage längst untergegangen war, und nun ohne weiteres in monotheistischem Sinn verstanden wurde. Oder meint EERDMANS, daß die Propheten für Jahve die Bezeichnung אלהים nicht kannten?[1]

Kehren wir nun zu Gen 19 24 zurück, so kommen wir zu dem Urteil, daß aus Am 4 11 sich das Subjekt „die Götter" statt des jetzigen יהוה nicht entnehmen läßt, daß also von Jahve als einem unter den Göttern nicht die Rede sein kann. Damit soll nicht bestritten werden, daß der Vers, wie die übrige Erzählung, jahvistisch überarbeitet ist und so seines polytheistischen Inhalts beraubt wurde. Daß die an sich merkwürdige Konstruktion „Jahve ließ regnen von Jahve her" doch einem Schriftsteller zuzutrauen ist, ergibt die von STRACK[2] herangezogene Parallele 1. R. 8 1 – – – – – – אז יקהל שלמה את-זקני ישראל אל-המלך שלמה; ähnlich auch Gen 16 16 – – – – – ואברם לאברם. Einen Grund für diese „versio emphatica" gibt vielleicht die von PROCKSCH[3] über 18 23b–33a geäußerte Ansicht. Danach hätte der Jahvist diese Szene frei entworfen, um mit ihrer Hilfe das uralte Motiv vom Besuch dreier göttlicher Wesen mit Abrahams Gastmahl in Hebron und dasjenige von der Rettung gastfreundlicher Frommer durch zwei Himmelsbewohner mit Lots Aufenthalt in Sodom zu verbinden. Diese auseinanderstrebenden Elemente seiner Erzählung werden durch den Abschnitt 18 22—33 in genialer Weise dadurch vereinigt, daß Jahve, aus dem Zusammenhang mit den anderen Himmlischen befreit, in den Himmel zurückkehrt und dann von hier aus das Verderben über die Städte sendet, während seine Begleiter nach Sodom gehen

---

[1] Mit meiner Ansicht stimmt, wie ich während des Drucks sehe, Baumgärtel (Elohim außerhalb des Pentateuch 1914, S. 56 ff.) überein.

[2] Gen S. 63.   [3] Gen S. 129 f.

und Lot retten. Gerade weil das Verhältnis Jahves zu den מלאכים in 19 17—22 nicht ganz ausgeglichen ist, hatte der Erzähler ein Interesse daran, mittels des מאת יהוה in v. 24 zu betonen, daß die Katastrophe des Feuer- und Schwefelregens von dem im Himmel weilenden Jahve ausging, also auf direktes Eingreifen Jahves, nicht etwa die Tätigkeit der Engelwesen zurückzuführen sei. Vielleicht darf man darin noch eine Spur seines Ringens mit der polytheistischen Vorlage erkennen.

Jahve als einer unter den Göttern soll auch in der Urgestalt von Kap. 24 zu entdecken sein. Der Knecht Abrahams betet zu „Jahve, dem Gott seines Herrn Abraham"; er steht also nicht in persönlichem Verhältnis zu Jahve, sondern dieser ist ihm „der Schutzgott Abrahams, der ihn auf der Reise begleitet", einer unter den Elohim. Daraus folgt, daß die Sage ursprünglich polytheistisch war.

Es ist bei dieser Ausführung ganz richtig, daß der Sklave nicht in persönlicher Beziehung zum Gott seines Herrn steht; aber andrerseits ist von irgend einem heidnischen Kult des Sklaven oder einem fremden Gott, den er für sich verehrt, kein Wort gesagt; die Erzählung spricht nur die antike Anschauung aus, daß der Sklave die Religion seines Herrn hat, ohne weiter zu reflektieren, ob es auch andere Götter gibt und ob diese Wirklichkeit haben, oder welche Stelle Jahve unter ihnen einnimmt. Daß man in alter Zeit an die Existenz andrer Götter außer Jahve glaubte, ist nicht zu bestreiten, wenn man auch festhalten muß, daß man diesen Göttern nicht neben oder mit Jahve zusammen Verehrung erwies[1]. Aber daß unsere Erzählung Jahve als einen unter den Göttern voraussetze, kann man aus v. 12 27 40 42 48 nicht folgern. Abgesehen davon, daß man denselben Schluß auch aus 27 20 ziehen könnte[2], was doch niemand einfallen wird, so spricht auch v. 3 und 7 die Bezeichnung Jahves als des Gottes Himmels und der Erde gegen Polytheismus.

Nun möchte aber EERDMANS gerade aus dieser Stelle noch eine Bekräftigung seiner Annahme herauslesen. Die Bezeichnung kommt, wie er richtig bemerkt, sonst in der Genesis und in der ganzen vorexilischen Literatur nicht vor, wenn sich auch vereinzelt ähnliche Ausdrücke finden (cf. Dtn 4 39 Jos 2 11: יהוה הוא האלהים בשמים ממעל ועל־הארץ מתחת). So wie sie jetzt dasteht, kann sie nur monotheistisch gedeutet werden. Mit diesem Gottesbegriff soll sich aber das Gebet v. 12 nicht vereinigen lassen. Dieses Urteil kann nur als völlig subjektiv bezeichnet werden; denn da v. 12 der Sklave spricht, dem eine bestimmte Gottesanschauung

---

[1] Natürlich versteht sich das nur von den uns in der Genesis enthaltenen Nachrichten.
[2] cf. HOLZINGER, ZAW 1911. S. 62.

nicht zugeschrieben wird, so liegt eine tatsächliche Differenz hier nicht
vor. Auch ist dogmatische und liturgische Korrektheit, wie HOLZINGER
mit Recht betont, von dem Erzähler nicht zu verlangen. So entbehrt
EERDMANS' Vermutung, daß das יהוה in v. 3 später hinzugesetzt sei und
Abraham seinen Knecht ursprünglich bei den Göttern des Himmels und bei
den Göttern der Erde, d. h. bei sämtlichen Göttern schwören lasse, der
nötigen Grundlage[1]. Wenn überhaupt eine ursprünglich heidnische Schwur-
form hier herauszufinden ist, so ist es der Schwur beim Zeugungsglied. Wie
wenig EERDMANS Hypothese zum Verständnis der Erzählung beiträgt, geht
aus der merkwürdigen Unstimmigkeit hervor, daß nach ihm der Knecht bei
allen Göttern schwört, nachher aber gerade den ihm fremden Jahve anruft.

Die an sich gewiß auffällige Gottesbezeichnung von v. 3 und 7 ist
nach DAHSE[2] textkritisch gesichert und kann der älteren Zeit Israels nicht
abgesprochen werden, da gerade in Religionen, die in älterer Zeit auf
Israel eingewirkt haben, ähnliche Titel für die Gottheit sich finden, so
bei den Babyloniern „König Himmels und der Erde", bei den nordsemiti-
schen Völkern der „Himmelsbaal"[3]. Da mit Kap. 24 die Erzählung an
einem bedeutsamen Punkt angekommen ist, so ist die Verwendung einer
sonst seltenen Gottesbezeichnung hier wohl verständlich.

Das Kapitel wird außer von GUNKEL auch von PROCKSCH und SMEND
in zwei Rezensionen zerlegt; während aber GUNKEL beide Varianten für
J in Anspruch nimmt, werden sie von den beiden anderen Forschern J
und E zugewiesen. Über die Quellenscheidung im einzelnen wird sich
wohl kaum völlige Einigkeit erzielen lassen. Während sich die aufge-
fundenen Dubletten, wie EERDMANS Ausführungen zeigen, bei einiger
exegetischer Kunst zum großen Teil auch aus einer einheitlichen Erzählung verstehen lassen, macht besonders das Vorkommen von inneren
Wiedersprüchen wahrscheinlich, daß der Erzählung zwei Berichte zugrunde
liegen. So ist v. 21ᵇ, wo der Knecht noch nicht weiß, ob Jahve ihn er-
hört hat, nach dem Vorausgegangenen unverständlich, da das Zeichen,
das er begehrte, ja wörtlich eingetroffen ist. Ferner ist das außergewöhn-
lich reiche Geschenk[4] (v. 22) als bloße Dankesgabe für den geleisteten Dienst,
und bevor der Knecht seiner Sache sicher ist (erst v. 26ff.), nicht zu verstehen. V. 40 ist die Zusammenarbeitung besonders deutlich, denn der
Vers stört den engen Zusammenhang zwischen v. 39 und 41 in auffallender
Weise. So wird man dem Versuch der Quellenanalyse, so mangelhaft

---

[1] Was die Wiederholung von אלהים in v. 3 beweisen soll, ist nicht einzusehen.
[2] Textkritische Materialien S. 10.   [3] cf. GUNKEL, Gen³ S. 251 f.
[4] nach BENZINGER, Archäologie 2. A. S. 201, ca 472 Mark.

er auch bleiben mag, eine berechtigte Grundlage trotz EERDMANS nicht absprechen können. Doch ist diese Frage für die Beurteilung der jahvistischen Stücke von untergeordneter Bedeutung.

Ebenso läßt sich über Gen 25 19—34 kurz hinweggehen. Da EERDMANS die Quellenscheidung in Kap. 27 nicht anerkennt (s. o.), so hält er die Zuweisung von 25 29—34 an E wegen der Bezugnahme in 27 36 für unrichtig. Man muß ihm jedenfalls darin zustimmen, daß, wie wir schon zu Kap. 27 bemerkten, keine absolute Sicherheit bei der Quellenscheidung zu erreichen ist; auch PROCKSCH[1] gibt zu, sie sei in 25 21ff. zum Teil mehr ein Vorschlag.

Die Ausführungen von EERDMANS über 26 1—34 fördern ebenfalls nichts Wichtiges zutage. Er erkennt den jahvistischen Charakter des Stückes an und kann keine Spuren von Polytheismus darin nachweisen. Im großen ganzen scheidet er aus, was auch sonst, z. B. bei KAUTZSCH ausgeschieden wird. Neu ist, daß v. 28 f. der Bearbeitung zugewiesen wird, obwohl die Verse im Zusammenhang schwer zu entbehren sind. Nicht erwähnt hat EERDMANS, daß v. 24 25a nicht in den Zusammenhang passen und deshalb von GUNKEL[2] als Einsatz betrachtet werden. Einleuchtender ist SMENDS Vermutung[3], daß wir hier, wie in v. 2b und einigen Worten von v. 1 und 3 Stücke von J₂ vor uns haben, während der Grundstock des Kapitels, der auch nach EERDMANS Annahme mit Gen 12 10ff. nichts zu tun hat, auf J₁ zurückzuführen ist.

Von größerer Bedeutung ist die Erörterung des letzten jahvistischen Bestandteils der Patriarchengeschichte, der Kapitel 12 und 13. Hier handelt es sich vor allem um die Frage der Ursprünglichkeit der Gottesnamen im MT. Dieser liest 12 17, 13 10 13 14 יהוה; dagegen hat die LXX an diesen Stellen ο θεος. Die Ursprünglichkeit der LXX-Lesart und damit die Berechtigung der Annahme, daß im MT ursprüngliches אלהים in יהוה geändert worden ist, scheint aus dem Zeugnis des noch feststellbaren vorhexaplarischen LXX-Textes hervorzugehen und wird durch das Beispiel von 14 22 gestützt, wo das von MT geschriebene יהוה mit Evidenz als sekundär nachgewiesen werden kann. Der oft gegen die Ursprünglichkeit der LXX-Lesarten vorgebrachte Grund, daß man aus Scheu vor dem Gottesnamen יהוה in אלהים geändert habe, wird hier außerdem hinfällig, weil LXX 14 22 kein θεος liest. Es ist merkwürdig, daß auf diesen Tatbestand auch in den neuesten Werken[4] nicht eingegangen wird. GUNKEL gibt zwar zu 13 10 13 die LXX-Lesart an und

---

[1] Gen S. 158.   [2] Gen³ S. 303.   [3] Erz. des Hexat. S. 53 f.

[4] Vgl. PROCKSCH, Gen und SMEND, Erz. des Hexat. zur Stelle.

bemerkt dazu, daß sie, weil in Zusätzen zum Text stehend, nichts für die Quellenanalyse zu bedeuten habe; aber das כגן יהוה in 13 10 halten andere (wie KAUTZSCH) für alten Text, und für 13 13 fehlt selbst bei GUNKEL jeder Hinweis auf Texterweiterung. Man scheint sich mit HOLZINGERS Verteidigung des MT (in ZAW 1911 S. 63) begnügen zu wollen; aber so, wie die Sache liegt, kann man sich nicht dadurch helfen, daß man die LXX-Lesart einfach auf die Rechnung der Weiterarbeit am Text oder der Abschreiber setzt[1]. Hier muß mit HOLZINGERS Bemerkung: „Selbstverständlich ist offen zu halten, daß in MT יהוה gelegentlich eingetragen ist" einmal Ernst gemacht werden.

Damit ist indessen nicht gesagt, daß Gen 12 und 13 für J unverständlich würden; nur 12 17 dürfte in dieser Hinsicht Schwierigkeiten bereiten. Für 13 14 gibt EERDMANS selbst die Möglichkeit einer Fahrlässigkeit des Abschreibers infolge des unmittelbar vorhergehenden אלהים in v. 13 zu. Außerdem wird v. 14—17 meist als Einschub betrachtet[2]. Das אלהים in v. 13 könnte sich bei J aus der Absicht erklären, die Bewohner Sodoms nicht zu Jahvedienern zu machen; vielleicht ist es auch ein Rest der ursprünglich polytheistischen Vorlage von Kap. 18 19. Auch dem אלהים in v. 10 ist kein großes Gewicht beizulegen. Der Vers fällt durch eine Überhäufung mit adverbialen Bestimmungen auf, von denen wahrscheinlich mehrere auf spätere Hand zurückgehen. EERDMANS möchte hier wieder ursprünglichen Polytheismus durchschimmern sehen: כגן כארץ מצרים (LXX אלהים) יהוה seien nicht als unabhängig voneinander zu betrachten, sondern gehörten zusammen und bedeuteten, mit pluralisch gefaßtem אלהים, daß Ägypten der alten Sage ein Garten der Götter war. Aber so wie die Ausdrücke jetzt dastehen, geben sie einen doppelten Vergleich; nach EERDMANS Übersetzung müßte es heißen: כגן אלהים ארץ מצרים[3]. Zudem bezieht sich כארץ מצרים gar nicht auf das unmittelbar vorhergehende Wort, sondern ist im Blick auf die Bezeichnung „durchaus wohlbewässertes Land" hinzugefügt. Ist כארץ מצרים das zum Vergleich herangezogene Gebiet der Wirklichkeit, das jeder vom Hörensagen als Eldorado kannte, so ist כגן יהוה oder אלהים das Gebiet der Phantasie, der Paradiesgarten Gen 2 8f. Daß Ägypten der alten Sage ein „Garten der Götter" war, ist durch nichts zu belegen. Man wundert sich, daß EERDMANS zum Beweis, daß der Garten Jahves nicht der Paradiesgarten sein könne, Stellen, wie Jes 51 3 Ezech 21 13 31 8 9 anführt, wo überall

---

[1] Vgl. bes. DAHSE, Textkrit. Mat. S. 39 ff.

[2] So WELLHAUSEN, Komp. S. 25, HOLZINGER, GUNKEL, KAUTZSCH.

[3] cf. HOLZINGER, ZAW 1911. S. 63.

גן יהוה, bzw. גן אלהים im Parallelismus zu עדן gebraucht werden, Ezech 31 8 sogar selbständig in dieser Bedeutung. So können wir den Versuch, in Kap. 13 Polytheismusspuren zu finden, nicht als glücklich bezeichnen.

β. In der Urgeschichte, Gen 1—11.

Schwierigere Probleme als die Behandlung der rein jahvistischen Stücke der Patriarchengeschichte bringen EERDMANS Ausführungen über die jahvistischen Bestandteile der Urgeschichte zur Sprache; denn einmal spielt hier das außerisraelitische Sagengut in viel stärkerem Maß herein, dann bereitet die Beschaffenheit des Textes besonders in bezug auf die Gottesnamen große Schwierigkeiten.

Daß die älteste Form der Turmbausage Gen 11 1—9 polytheistisch war, ist jetzt eine ziemlich allgemeine Annahme[1]. Sie gründet sich aber nicht nur auf den Plural in v. 7, sondern auch auf den noch leise an-klingenden heidnischen Gedanken vom Neid der Gottheit und der Titanen-kraft des Menschengeschlechts. In der jahvistischen Bearbeitung, in der uns, wie EERDMANS zugibt, das Stück jetzt vorliegt, kann aber von Poly-theismus keine Rede mehr sein, und es ist entschieden zu viel behauptet, wenn er sagt: „V. 7 zeigt uns, daß Jahve hier ein Gott ist, der einer größeren Götterwelt angehört." Das ist ja gerade das Eigentümliche der jahvistischen Überarbeitung, daß sie von einem heidnischen Gott Berichtetes auf Jahve überträgt. So wie der Vers jetzt dasteht, kann er gar nichts anderes heißen, als daß Jahve sich zu seinem himmlischen Hofstaat wendet, und wir haben Stellen genug, welche zeigen, daß diese Vorstellung den Israeliten geläufig war, z. B. 1. K 22 19 Jes 6 8 Hiob 1 6. Von Jahve als Glied eines göttlichen Pantheons ist hier so wenig wie in der Patri-archengeschichte die Rede. Ob man mit GUNKEL eine Stadt- und eine Turmrezension unterscheidet oder Gen 11 1—9 als einheitliche Erzählung versteht, ist für die Hauptfrage ohne Belang.

In Gen 9 18—27 soll Polytheismus noch in dem alten Spruch v. 26 f. zu erkennen sein. Die Sage kennt Jahve als den Gott Israels, weiß aber auch, daß Jafet durch andere Götter geschützt wird. Die jahvistische Theorie scheitert an dem אלהים in v. 27, das nur pluralisch verstanden werden kann.

Sehen wir von allen Versuchen, den Gebrauch von אלהים bei J zu rechtfertigen, indem man dahinter eine besondere Absicht des Jah-visten wittert, ab; gegenüber 26 28 sind sie alle wenig einleuchtend. Daß

---

[1] Zuerst von STADE, ZAW 1895, S. 157 ff. vertreten, ferner von GUNKEL, HOLZINGER, PROCKSCH.

in v. 27 אלהים vorkommt, erklärt sich einfach aus dem Alter der über-
lieferten Sprüche, die J nicht erst gemacht hat, sondern die von ihm
als altes Volksgut aufgenommen worden sind. EERDMANS gibt sich in
bezug auf das Verhältnis von Spruch und vorangehender Sage einfach
einer Täuschung hin, wenn er meint, daß die Sprüche nur das später
an die Sage lose angehängte Element wären. Das Umgekehrte ist der
Fall: die Sage zielt auf eine Erklärung der Sprüche hin, deren hohes
Alter sowohl durch ihre poetische Form wie durch ihren Inhalt bezeugt
wird. Mag man letzteren nun mit GUNKEL auf Zustände der israelitischen
Vorgeschichte, oder mit WELLHAUSEN, BUDDE, SMEND, ED. MEYER u. a. auf
die erste Königszeit deuten, jedenfalls macht er es unmöglich, die Sprüche
als spätes Anhängsel der Sage zu betrachten. Daß man aus dem Gebrauch der Gottesnamen in sprichwörtlichen Redensarten oder poetischen
Stücken nicht für oder gegen eine Quellenschrift entscheiden kann, haben
wir schon einmal bemerkt (cf. Gen 48 20).

Die Übersetzung von אלהים in v. 27 mit „Götter" ist, nachdem der
vorhergehende Vers das Wort in appellativischem Sinn gebraucht hat,
nicht ohne weiteres einleuchtend, sondern wäre erst einmal zu beweisen.
Die von HOLZINGER gerügte Übersetzung von יפת in v. 27 mit „verführen"
findet sich auch bei PROCKSCH[1], ohne damit einen besseren Sinn zu bekommen. Die Streichung von v. 26 b ist unnötig, weil למו auch singularisch
gebraucht werden kann[2], und unangebracht, weil sie den Parallelismus
mit v. 27 zerstört. Höchst sonderbar ist die Erklärung von EERDMANS zu
der auffallenden Differenz zwischen v. 10, wo Sem, Cham und Jafet, und
v. 24 25, wo Sem, Jafet und Kanaan als Noahs Söhne genannt werden:
„Die Sage, in welcher ursprünglich von Cham die Rede war, wird benützt,
um einen Spruch über Kanaan, den Sohn Chams zu erläutern." Man
fragt sich vergeblich, warum der Schriftsteller, der die beiden Elemente
Spruch und Sage miteinander verbinden wollte, das nicht geschickter, mit
Hilfe kleiner Änderungen in Sage oder Spruch, getan hat, besonders
wenn man gegenüber dieser stümperhaften Arbeit an so kunstvolle Kompositionen wie die Sodomgeschichte denkt. Denn daß Sage und Spruch
jetzt zusammenpassen, wird EERDMANS doch nicht behaupten wollen. Dieses
schiefe Urteil erklärt sich nur aus der Betrachtung der Segen- und
Fluchsprüche als loser Anhängsel an die ursprüngliche Sage und aus
dem Bestreben, die Sagen möglichst als einheitliche Kompositionen zu
verstehen. Sonst hätte sich der Gelehrte wohl nicht der Wahrnehmung
verschließen können, daß in v. 18f. und 20ff. verschiedene Überlieferungen

[1] Gen S. 70.   [2] cf. GESENIUS § 109f. A. 2.

über die Söhne Noahs vorliegen: Während der Übeltäter nach v. 24 der jüngste Sohn Noahs ist, ist Cham nach v. 18 der zweite Sohn; außerdem wird Kanaan in v. 25 ein Bruder Sems und Jafets genannt. Die ungeschickte Ausgleichungsarbeit hat sich der Redaktor geleistet, der die beiden Traditionen zusammenarbeitete, indem er v. 18 וחם הוא אבי כנען und v. 22 אבי הם einsetzte und sich, wohl mit Absicht, eines stärkeren Eingreifens enthielt. SMEND[1] hat neuerdings wahrscheinlich gemacht, daß wir in 9 20ff. ein Stück der älteren Schicht der jahvistischen Überlieferung, J_1 zu sehen haben. Diese Schicht scheint auch im ausschließlichen Gebrauch von יהוה weniger genau gewesen zu sein (cf. Gen 26 28f., das ihr angehört).

Wir kommen damit zu dem Ergebnis, daß auch 9 18ff. keinen Beweis für ursprünglichen Polytheismus in jahvistischen Stücken bietet und nur als ein Stück zusammengesetzter Natur verstanden werden kann.

In der Paradieseserzählung Gen **2 und 3** soll der Gottesname יהוה אלהים der jahvistischen Theorie widersprechen. In der Tat ist dieser nur hier vorkommende Doppelname für eine jahvistische Erzählung eine auffallende Erscheinung und hat verschiedene Erklärung gefunden. Mit DILLMANN sind viele (z. B. KÖNIG und HOLZINGER) der Ansicht, die ursprüngliche Sage habe יהוה gebraucht, und der Redaktor der Genesis habe die Erweiterung durch אלהים vorgenommen, um durch den Doppelnamen die Überleitung von 1 1 — 2 4 a zu 4 1-24 herzustellen. Mit Recht wendet EERDMANS dagegen ein, daß der Redaktor dieses Verfahren anderwärts nicht beobachtet habe, obschon er jedesmal dazu Gelegenheit gehabt hätte, wenn ein rein elohistisches auf ein rein jahvistisches Stück folgte, z. B. Gen 25 1ff. oder 27 28ff. Dagegen können wir nicht mit EERDMANS gehen, wenn er auf Grund von 3 22 האדם היה כאחד ממנו wieder mit der beliebten Schlußfolgerung hervortritt, daß die Sage ursprünglich Jahve als einen unter den Elohim kannte. Man vergleiche, was wir zu Stellen wie 24 3; 11 7; 9 27 und zu den P-Stücken der Urgeschichte ausgeführt haben.

Ebenso ist es schlecht angebracht, wenn EERDMANS gegen die bisherige Erklärung des Gebrauchs von אלהים in Gen 3 1b—5 (der heilige Name Gottes wird im Gespräch mit dem Tier vermieden) mit Gen 4 1 argumentiert, da die Deutung dieses Verses strittig ist, und die von EERDMANS gewählte Übersetzung „ich bekam einen Mann von Jahve" schlechterdings nichts für den Gebrauch des Namens יהוה Anstößiges enthält[2].

---

[1] Erz. des Hexat. S. 17 ff.

[2] DAHSE (Textkrit. Mat. S. 36) beschwert sich darüber, daß HOLZINGER diese Übersetzung als EERDMANS eigene Ansicht anführe, während dieser doch ausdrücklich

Eher dürfte das für Umbreits, von Budde wieder aufgenommene[1] Erklärung zutreffen: „Ich habe Jahve zum Mann bekommen." Doch ist für die Weglassung des יהוה in Gen 3 1b–5 wohl eher das Taktgefühl des Redaktors, der J₁ und J₂ vereinigte, oder des späteren Bearbeiters verantwortlich zu machen, nicht der Erzähler, der ja wahrscheinlich von vornherein אלהים schrieb.

Seit Budde hat eine andere Erklärung des Namens יהוה אלהים mehr und mehr Fuß gefaßt[2], nämlich die, daß dieser Name von der Zusammenarbeitung zweier Rezensionen der Paradiesgeschichte herrühre, von denen die eine ursprünglich יהוה, die andere אלהים gebraucht habe. Da beide Rezensionen nach der Paradiesgeschichte in Kap. 4 bereits auseinanderliefen und von 4 26 an übereinstimmend יהוה gebrauchten, so kommt der merkwürdige Doppelname nachher nicht mehr vor. Hiergegen wendet Eerdmans ein, daß der Redaktor die ihm vorliegende emendierte Rezension schwerlich wieder verdorben hätte, wenn er wußte, daß der Name יהוה damals noch nicht bekannt war (cf. 4 25f.). Diesen Einwand kann man kaum ernst nehmen; denn wie wir an der ganzen Genesis beobachten können, haben die Redaktoren bei der Vereinigung verschiedener Quellenschriften sich wenig um die darin ausgesprochenen Theorien gekümmert; sonst hätten sie, um beispielsweise E oder P gerecht zu werden, jedes יהוה tilgen müssen, oder nach 32 24ff. überall Jakob in Israel ändern.

Mehr Berücksichtigung fordert der Hinweis von Eerdmans auf die hier besonders interessanten Abweichungen der LXX in der Losung der Gottesnamen. 2 9 19 21 hat LXX אלהים gelesen; Eerdmans folgert daraus, daß im MT an diesen Stellen, ähnlich wie 14 22 יהוה später eingesetzt worden ist, daß also die Gottesnamen variable Elemente des Textes sind.

Es wird in der Tat kaum angängig sein, die Schuld an diesen Abweichungen ganz auf Rechnung der LXX oder ihrer Abschreiber zu setzen, was bei Holzinger[3] auch deshalb sonderbar berührt, weil er in seinem Genesiskommentar S. 24 für das Zustandekommen des Doppelnamens einen Ausgleich späterer Diaskeuase, also die Arbeit später Hände bei den Gottesnamen des MT annimmt. Aber angenommen, daß LXX wirklich die ursprüngliche Lesart bewahrt hätte, so fragt sich doch, ob

---

der Lesart der LXX den Vorzug gebe (cf. Kompos. S. 79). Aber wenn Eerdmans diese Übersetzung nicht für die richtige hielt, durfte er sie auch nicht als Argument für seine Beweisführung benutzen, wie er dies Kompos. S. 78 tut.

[1] ZAW 1911, S. 147 ff.
[2] cf. Gunkel, Procksch, Smend.
[3] ZAW 1911, S. 64.

EERDMANS die abweichenden Lesarten befriedigend erklärt. Er meint, eine Erklärung gebe die Annahme, daß die Sage ursprünglich יהוה und אלהים (in pluralischem Sinn) nebeneinander gebraucht habe. Aber damit ist nur für den MT, und für diesen recht unvollkommen, eine Lösung versucht. Da man nämlich später אלהים nur singularisch verstand, so gibt es keinen rechten Grund für die durchgehende Änderung in יהוה אלהים; denn es liegen genug gemischte Abschnitte in der Genesis vor, wo יהוה und אלהים nebeneinander vorkommen, ohne daß irgend ein Überarbeiter das Bedürfnis spürte, daraus den Doppelnamen herzustellen. Dagegen ist es wohl möglich, daß der Redaktor, welcher J₁ und J₂ mitmiteinander vereinigte, diese sorgsame Auffüllung einer Quelle aus der anderen vornahm, ein Verfahren, das bei anderen Redaktionen nicht beobachtet wurde.

Für die LXX stimmt jene Erklärung erst recht nicht. Denn sie hätte dann 2 19 u. 21, wo sicher nur von einem Gott die Rede ist, אלהים, nach EERDMANS eine Mehrzahl von Göttern, gelesen. Das trifft auch für gewisse Stellen in Kap. 3, die EERDMANS nicht anführt, zu, z. B. für 3 11.

Eine andere Lösung schlägt DAHSE vor, der neuerdings mit Nachdruck die Bedeutung der LXX-Lesarten geltend gemacht hat[1]. Er stimmt EERDMANS in seinem Urteil über die Gottesnamen im allgemeinen zu und führt noch weitere Stellen an, wo die LXX ursprünglich ϑεος hatte, nämlich 2 4b 5 7 8. Für diese verschiedenen Lesarten meint er eine Erklärung damit zu geben, daß auf die LXX die Sedereinteilung, auf den MT die Parascheneinteilung eingewirkt habe. Aber wenn es ihm auch gelungen ist, die Ursprünglichkeit der LXX-Lesart für verschiedene Stellen, wie z. B. die oben erwähnten am Eingang von Gen 2 nachzuweisen, so hat er sich doch umsonst bemüht, prinzipiell darzutun, daß zwischen den Sedarim, resp. Paraschen, und den in ihnen verwendeten Gottesnamen ein regelmäßig zu beobachtender Zusammenhang bestehe. Denn er berücksichtigt weder die trotz aller bestehenden Verschiedenheiten doch sehr weitgehende Übereinstimmung zwischen LXX und MT im Wechsel der Gottesnamen, noch gelingt es ihm, bei den wenigen zum Beleg herausgegriffenen Leseabschnitten eine restlos befriedigende Erklärung zu geben[2]. Speziell für Gen 2 und 3 scheint die Erklärung der Gottesnamen aus dem Vorliegen zweier Quellen immer noch die am besten fundierte. Die vom MT abweichenden und aller Wahrscheinlich-

---

[1] Textkritische Materialien S. 33 ff.

[2] Im einzelnen vgl. SELLINs Rezension in URZ. 1913, S. 119 ff., neustens KÖNIG, Die moderne Pentateuchkritik, S. 71 ff.

keit nach ursprünglichen[1] Gottesnamen der LXX in 2 4 5 7 8 9 geben zweifellos einen neuen und interessanten Einblick in die Textgeschichte unseres Abschnitts; sie wären beim Versuch einer genauen Scheidung von J_1 und J_2 in Betracht zu ziehen und könnten hier in mancher Hinsicht zu anderen als den bisher gefundenen Resultaten führen. Daß jedoch die Paradieserzählung als ganze der jahvistischen Erzählungsschicht der Genesis angehört, kann nicht wohl bezweifelt werden.

Wenn in Gen 2 durch spätere redaktionelle Arbeit das ursprünglich noch an einigen Stellen alleinstehende אלהים zu יהוה אלהים ergänzt wurde, so ist ein ähnlicher redaktioneller Eingriff auch in Gen 4 zu vermuten. Von der LXX ist hier an den Stellen 4 1 4 16 die Lesart ο ϑεος außerordentlich stark bezeugt, so daß für den hebräischen Text an diesen Stellen ein ursprüngliches אלהים wahrscheinlicher wird. Im MT ist dies in יהוה abgeändert worden, um dem Abschnitt ein mehr einheitliches Gepräge zu geben. Doch vermag dieser an sich neue und gewiß beachtenswerte Tatbestand gegen die jahvistische Herkunft des Stücks keineswegs mißtrauisch zu machen, da אלהים hier, wie auch Eerdmans zugibt, in appellativischem Sinn gebraucht ist und ein solcher Gebrauch für den Jahvisten grundsätzlich offen zu halten ist.

Anders steht es mit den ϰυριος ο ϑεος-Stellen 4 6 15 26[2] 5 29 6 3 5 8 12 22 7 1 5 16b 8 15 21 9 12, die eine besondere Behandlung fordern. Eerdmans bemerkt dazu, diese Lesart finde sich meist in Abschnitten, welche יהוה und אלהים gebrauchen, und scheine an den betreffenden Stellen aus dem Gebrauch beider Gottesnamen entstanden zu sein. Das ist aber keine Erklärung der LXX-Lesart. Denn wir haben, wie schon einmal erwähnt, in Gen 12—50 noch genug Stücke, in denen Jahve und Elohim nebeneinander vorkommen, ohne daß daraus der Doppelname entstanden ist. Vielmehr geht der Gebrauch des Doppelnamens in Gen 4 und den folgenden Kapiteln auf den in Gen 2 und 3 zurück und dort ist er durch die hebräische Vorlage veranlaßt, deren Eigentümlichkeit wir schon zu erwähnen hatten.

Was aber ist der Grund dafür, daß LXX den Doppelnamen auch nach Gen 3 noch öfters gebraucht? Hier hat Dahse versucht, ein einheitliches Erklärungsprinzip aufzustellen: In der LXX komme in den ersten zehn Kapiteln der Genesis der Gottesname ϰυριος nur an vier Stellen vor (4 3 13 8 20 10 9a), sonst nur ο ϑεος und ϰυριος ο ϑεος. Hier

---

[1] In ihrer Bezeugung treffen die Angaben des Origenes und des Augustin zusammen.

[2] So nach Sweie; nach der ed. Sixtina noch 4 9 13.

und natürlich entsprechend in der hebräischen Vorlage der LXX habe also eine Verdrängung des Namens יהוה resp. κυριος stattgefunden, und zwar durch Hinzusetzung von אלהים resp. ο θεος. Der Gottesnamenbefund in der LXX entstammt also nach DAHSE dem Streben nach Vereinheitlichung, der Doppelname speziell steht überall für יהוה. Hält man dem entgegen, daß, wie der Vergleich mit den hebräischen Textzeugen zeigt, der Doppelname auch für אלהים eingetreten ist, so sucht DAHSE nachzuweisen, daß dieses אלהים nicht ursprünglicher hebräischer Text gewesen sei, da hinsichtlich der 2. Parasche Gen 6 9—11 32 im MT deutlich eine elohistische Redaktion zu beobachten sei.

Aber dieser Nachweis steht auf schwachen Füßen. Denn von einer elohistischen Redaktion ist in der 2. Parasche wenig zu spüren, vielmehr finden wir 7 1 5 16 8 20 21 10 9 11 5 6 8 9 יהוה.[1] Und in 6 12 13 22 mittels des κυριος ο θεος der LXX ein ursprüngliches יהוה statt des jetzigen אלהים zu postulieren, heißt das zu Beweisende als Beweisfaktor verwenden.

Wir können also in der Urgeschichte so wenig wie in der Patriarchengeschichte den Lösungsversuch mittels der Paraschen- resp. Sedereinteilung als gelungen anerkennen. Auch DAHSE gesteht das für die erste Parasche teilweise zu: „Mir ist es nicht geglückt, diesen Wechsel (der Gottesnamen der LXX in Gen 2 4—4) in irgendein System zu bringen."[2]

Ein anderer Versuch, das Vorkommen von κυριος ο θεος in der LXX in Gen 4 ff. zu erklären, ist von KÖNIG gemacht worden.[3] Seiner Meinung nach hat der Doppelname in der LXX dazu gedient, beim Wechsel von Abschnitten mit אלהים mit solchen, die יהוה gebrauchen, als Übergang zu dienen. An den Stellen 4 26 5 29 6 8 7 1 8 15 21 ist diese Erklärung auch ganz plausibel. An den übrigen Stellen allerdings läßt sich für den Gebrauch des Doppelnamens kein einleuchtender Grund geltend machen. So kommen wir zu dem Ergebnis, daß es vorläufig nicht gelungen ist, ein einheitliches Prinzip für den Gebrauch des Doppelnamens in Gen 4 ff. bei der LXX aufzufinden. Die Wahrscheinlichkeit ist groß, daß der Gebrauch von κυριος ο θεος in Gen 2 und 3, wo er

---

[1] Für 7 1 meint DAHSE auf Sam K 601 und 686, Syr. und Arabs 1 und 2 mit אלהים verweisen zu können, für 10 9 macht er die sprichwörtliche Redensart verantwortlich, 8 20, das er mit 4 3 13 zusammennimmt, meint er durch kultische Rücksichten der Autoren erklären zu können. Selbst dann bleibt aber der Widerspruch der übrigen Stellen gegen seine These allzu stark.

[2] Textkrit. Mat. S. 98.

[3] Glaubwürdigkeitsspuren des AT 1903, wiederholt in „Die moderne Pentateuchkritik und ihre neuste Bekämpfung" 1914.

durch die Quellenkomposition begründet ist, in der LXX nachgewirkt hat, und daher der Doppelname in den folgenden Kapiteln z. T. als Übergang, meist aber willkürlich gebraucht worden ist.[1] Darauf scheint auch das Verschwinden dieses Doppelnamens in der Patriarchengeschichte hinzuweisen[2].

Der Schluß, den EERDMANS speziell in bezug auf Kap. 4 aus dem Gebrauch von κυριος ο θεος zieht, nämlich daß er ein Anzeichen für ursprünglichen Gebrauch beider Gottesnamen in Gen 4 sei, kann angesichts des an vielen Stellen, wie wir sahen, ganz unmotivierten Auftretens von κυριος ο θεος in der LXX keine Gültigkeit beanspruchen. Daß in Gen 4 auch אלהים gebraucht wurde, ist aus anderen Gründen wahrscheinlich.

Eine große Schwierigkeit für die jahvistische Theorie bietet Gen 4 nach EERDMANS in den beiden Versen 25 und 26. V. 25 wird אלהים gebraucht im Munde der Eva; man erklärt das damit, daß nach v. 26 der Jahvekult erst mit Enosch begonnen habe, der Verfasser dieser Verse also vorher nur אלהים habe gebrauchen können. EERDMANS meint, das widerspreche der Paradiesgeschichte desselben Schriftstellers. Man kann dagegen kaum einwenden, daß יהוה in Gen 2 f. nur referendo vom Erzähler gebraucht sei; denn das Natürliche ist doch wohl, daß der Autor von 4 26 den Gottesnamen יהוה vorher überhaupt nicht gebraucht. Nur

---

[1] Dieses Urteil über den Doppelnamen darf aber in keiner Weise das über die sonstige Gottesnamenüberlieferung der LXX beeinflussen. Der Doppelname ist ja auch im MT ein künstliches Produkt und hat eine Verbreitung über sein ursprüngliches Gebiet hinaus erfahren. Wenn er nach Gen 3 nicht mehr vorkommt, so beruht das wohl darauf, daß man den Pleonasmus dieser künstlichen Zusammenstellung im Hebräischen stärker empfand als im Griechischen, vgl. im Deutschen „Gott Jahve" und „Gott der Herr". So konnte der Grieche, der die eigentliche Veranlassung für das Vorkommen des Doppelnamens im MT natürlich nicht kannte, viel leichter in Versuchung kommen, ihn auch später hier und da zu verwenden, sei's als Überleitung, sei's aus sonstigen stilistischen Gründen.

[2] Scheinbare Ausnahmen bilden die folgenden Stellen der Patriarchengeschichte: 14 22 19 29 24 3 6 12 27 40 42 48 b 27 20 28 20 29 31 30 30 (nach HATCH, Septuaginten-Concordanz). Es müssen jedoch alle die Stellen außer Betracht bleiben, wo der Doppelname nur schwach bezeugt ist: 14 22 nur Sixt; 19 29 R; 24 40 אSD om. ο θεος; 30 30 in der Hauptsache nur Sixt. Ebenso scheiden aus 24 3 6 12 27 42 48 b 27 20, wo, in Übereinstimmung mit MT, אלהים, resp. ο θεος mit näherer Bestimmung verbunden, also der Doppelname nur scheinbar vorhanden ist. In 28 20 entspringt das κυριος der LXX offenbar dem aus יִהְיֶה אלהים in יהוה אלהים verlesenen MT. So bleibt der Doppelname nur an einer Stelle der Patriarchengeschichte bestehen, nämlich 29 31, und auch hier fehlt θεος in einer Anzahl von Handschriften und Übersetzungen (cf. DAHSE z. St.).

die Annahme, daß die Paradiesgeschichte aus zwei Quellen zusammengesetzt sei, beantwortet diese Frage völlig befriedigend. Wenn EERDMANS demgegenüber es rätselhaft findet, daß Jahvistenschüler das Prinzip ihrer Schule, den Jahvekult mit Enosch anfangen zu lassen, so wenig beachten, daß sie den Jahvenamen schon vor 4 26 gebrauchen, so trifft das nur diejenigen Kritiker, welche die jahvistische Schicht der Genesis als das Produkt einer Schule betrachten, und zieht in der Tat einen wunden Punkt dieser Theorie ans Licht. Das ist aber nicht der Fall, wenn man J_1 und J_2 als selbständige Schriftstellerpersönlichkeiten ansieht, die das ihnen überlieferte Material frei gestalten und zu einheitlichen Kompositionen verarbeiten, wie wir sie schon in der Patriarchengeschichte bisweilen hervortreten sahen.

In Gen 4 scheint nun allerdings die Sache nicht ganz so einfach zu liegen, daß mit der Annahme zweier Quellen schon alle Schwierigkeiten gelöst wären. Und zwar ist es das Stück 4 2—16, das eine Sonderstellung einnimmt. Es verträgt sich nicht gut mit dem Kontext; denn der vom Ackerboden vertriebene und unstet umherirrende Kain ist ein anderer als der Städtebauer Kain v. 17; der Kain, der sich vor Ermordung fürchtet (v. 14) und siebenfach gerächt werden soll, kann nicht der v. 1 genannte Sohn des ersten Menschen sein. Der Jabal von v. 20, der die Viehzucht erfunden hat, schließt den Hirten Abel aus. Zu der Erzählung von dem Brudermörder, der zum Nomaden verflucht wird und einsam in der Einöde verderben soll, paßt nicht der Kainitenstammbaum, der das Nomadenleben als den natürlichen Beruf der Menschen betrachtet und Kain zum Stammvater macht. Rechnet man also 4 1 17—24 zu J_1, was auch zu den von J_1 herrührenden Bestandteilen der Paradiesgeschichte stimmt, so kann 4 2—16 nicht dieser Quelle angehören. Es bliebe also nur J_2; aber auch hier will das Stück nur schwer hereinpassen. Und zwar ist dafür ausschlaggebend, daß 4 2—16 יהוה gebraucht, was vor 4 26 für J_2 ausgeschlossen ist. WELLHAUSEN[1], BUDDE[2] u. a. betrachten deshalb den Abschnitt als sekundäre Arbeit zur Verbindung von Kainiten 4 17—24 und Sethiten 4 25f.; aber gegen die Berechtigung dieser Annahme scheint die „furchtbare Urgewalt" der Sage zu sprechen. SMEND möchte die Frage so beantworten, daß er das Stück an das Ende der Urgeschichte, kurz vor die Erzählung von Abraham stellt und dadurch für J_2 möglich macht. Aber diese Hypothese ist leider nur zu deutlich eine Verlegenheitsauskunft; denn SMEND macht weder ersichtlich, was für eine Stellung der Abschnitt dann in der Komposition von J_2 ein-

---

[1] Komposition[3] S. 8.   [2] Urgeschichte S. 183 ff.

nimmt und wo die Anknüpfungspunkte dafür liegen, noch wird es klar, wie das Stück später zu der Verschiebung in ganz anderen Zusammenhang kam.

Hat nun EERDMANS, der so energisch auf die Probleme der Quellenanalyse in Gen 4 hinweist, eine bessere Lösung als die bisherigen Versuche gebracht? Er hält die enge Verbindung, in der v. 25f. mit dem Vorhergehenden steht, für ursprünglich, bestreitet also, daß die Worte אחר התת חבל, die man bisher immer als Einsatz des Redaktors betrachtete, als Glosse ausgeschieden werden dürfen. V. 26 aber, die jahvistische Hauptstelle, soll Bemerkung eines Gelehrten sein, der durch den Namen אנוש „Mensch" veranlaßt, „die Jahveverehrung bei demjenigen anfangen ließ, der offenbar denselben Namen trug wie der Mensch seiner Zeit und ihm darum als der erste gewöhnliche Mensch vorkam".

Man wird dem holländischen Gelehrten nicht unrecht tun, wenn man diese Beurteilung von v. 26 als das Zerhauen des Knotens bezeichnet, den er nicht lösen konnte. Ob die LXX mit ihrer „sinnlosen" Übersetzung ουτος ηλπισεν den hebräischen Text bereits mißverstanden hat, so daß das unpersönliche אז הוחל des MT das Ursprüngliche ist, oder nicht, kann weder für noch gegen den glossatorischen Charakter des Verses sprechen; denn nur von dem eigentümlichen Charakter des Stiles auf die sekundäre Entstehung zu schließen, ist voreilig und entspricht auch nicht der sonst so gewissenhaften Art des Gelehrten, der beispielsweise bei Pg keine Stileigentümlichkeit als Quellenindiz gelten lassen will. Und die von EERDMANS gegebene Erläuterung zu dem Verfahren des gelehrten Ergänzers ist alles andere als einleuchtend. Die glossatorische Ergänzung fällt in verhältnismäßig späte Zeit; ein Gelehrter, der dem nationalstolzen exklusiven Judentum angehört, wird aber schwerlich die Jahveverehrung dem „ersten gewöhnlichen Menschen" zuschreiben, noch dazu, ohne seine Theorie durch genaue Korrekturen des vorhergehenden Textes zu stützen[1].

Ist so die an die äußere Form von v. 26 anknüpfende Kritik keine glückliche zu nennen, so erscheint sie vollends unbegründet, wenn man den Vers neben andere Notizen stellt, die über solche Anfänge handeln; Stellen wie 4 20–22 9 20 11 3 4 u. a. sind ihm inhaltlich nahe verwandt und zeigen, daß ähnliche Reflexionen den Quellen keineswegs fremd sind.

Bleibt aber die jahvistische Hauptstelle zu Recht bestehen, so muß die bisher versuchte Quellenscheidung als wohl begründet gelten; sie ist

---

[1] Etwas anderes ist es, wenn man nach dem Sinne der Sage fragt; hier teilen sowohl PROCKSCH (Genesis S. 18) wie VOLZ (Th. L. Z. 1908, 667 ff.) den Gedanken EERDMANS'.

ein, wenn auch nicht restlos gelungener, so doch angesichts der bestehenden Schwierigkeiten berechtigter Versuch, ein klares Verständnis von
Gen 4 anzubahnen. Von hier aus will auch die Streichung der Glossen
in v. 25 beurteilt sein. Freilich wenn man so wie EERDMANS über die in
Gen 4 vorhandenen Spannungen und Widersprüche einfach hinweggeht,
ist es nicht schwer, trotz der minutiösen Untersuchungen BUDDES[1] die
Ausscheidung von הבל התת אחר in v. 25 zu beanstanden, da diese Worte,
wie auch das עוד am Anfang des Verses, ihren Zweck, die Verbindung
mit dem Vorhergehenden herzustellen, zweifellos gut erfüllen. Aber
BUDDES Ausführungen, an und für sich zu umgehen, erhalten ihr Schwer-
gewicht erst durch die die verschiedenen Bestandteile des 4. Kapitels
durchziehenden und sich kreuzenden Hauptgedanken und Motive, wie
wir sie oben schon dargestellt haben.

Etwas Bestechendes hat auf den ersten Blick ein Vorschlag STEUER-
NAGELS[2], 4 25 f. vor 4 1 zu stellen, 3 20 zu streichen und in 4 1 das והאדם
in ואנוש zu ändern; 4 19–24 soll späterer Zusatz sein, und an 4 18 soll
5 29 mit der Überleitung ולמך ילד בן direkt angeschlossen werden. Es
ist keine Frage, daß mit Hilfe dieser Änderungen Gen 4 plötzlich ein
verblüffend einfaches Aussehen erhält: Man bekäme einen Stammbaum,
der von Adam über Seth, Enos, Kain usw. direkt auf Noah zuführte
und genau mit dem des Pg in Gen 5 übereinstimmte. Aber einer ge-
naueren Prüfung muß dieser Lösungsversuch ungenügend erscheinen.
Zunächst erhebt sich die Frage, wie es möglich ist, daß ein Redaktor
statt der so hergestellten schönen Ordnung das jetzige Durcheinander
zustande brachte. Da eine Antwort darauf nicht zu finden ist, so muß
STEUERNAGELS Rekonstruktion als höchst willkürlich bezeichnet werden.
Völlig abzulehnen ist sie aber deshalb, weil sie trotz der rücksichtslosen
Behandlung des Textes die Schwierigkeiten nicht restlos beseitigt. 4 1
haben wir laut LXX אלהים statt יהוה zu lesen, was nach dem voran-
gestellten v. 26 unannehmbar ist; ebenso 4 4 und 16. Ferner ist es doch
dem jahvistischen Erzähler kaum zuzutrauen, daß er den verfluchten
Brudermörder Kain zum Stammvater der Menschheit macht. Und wenn
wir nun keinen jahvistischen Kainiten- und Sethitenstammbaum mehr
haben, sondern einen zehngliedrigen Stammbaum von Adam bis Noah,
so leistet diese Hypothese mehr als sie soll.

Gen 5 29, bisher als Bruchteil von J betrachtet, wird von EERDMANS
als Glosse gewertet, die mit dem Jahvisten in keinem Zusammenhange

---

[1] Urgeschichte, S. 154 ff.
[2] Allgemeine Einleitung in den Hexateuch, S. 269, A. 1.

stehe. Erfreulich ist, daß EERDMANS die Durchbrechung des festen Schemas
von Gen 5 durch v. 29 zugibt. Da uns die in J vorhandenen Stammbäume nur noch trümmerhaft vorliegen (4 1 17—24 25 26), so ist es die Feststellung einer bekannten Tatsache, wenn EERDMANS bemerkt, der Vers
schließe weder bei den vorhergehenden, noch bei den folgenden J-Stücken
an. Diese Tatsache ist auch nicht allzu unbegreiflich, da die jahvistischen Stammbäume zugunsten der von Pg gebotenen verstümmelt sind
und beide jahvistischen Quellen hier Lücken aufweisen. Auf die Benutzung der Kainitentafel im priesterlichen Sethitenstammbaum geht
EERDMANS nicht ein; sonst wäre es ihm doch wohl glaublich, daß eine
von einem jahvistischen Stammbaum gebotene Notiz, wie sie jene Stamm-
tafeln ähnlich mehrfach aufweisen, in Gen 5 eingearbeitet ist. Darauf
weist zu allem Überfluß das mitten im elohistischen Kontext auffallende
יהוה hin. Auch läßt sich der in dem Vers enthaltene Hinweis auf das
Kommende nur auf ein im jahvistischen Text berichtetes Ereignis beziehen, sei es nun die Erfindung des Weinbaues (BUDDE, BÖHMER, GUNKEL,
HOLZINGER) oder des Ackerbaues (SMEND) 9 20, oder das Opfer Noahs 8 21,
durch das die Erde von dem seit Adam auf ihr lastenden Fluch erlöst
wird (PROCKSCH). Im ersten Fall wäre der Vers zu J_1, im andern zu J_2
zu rechnen. Ziemlich deutlich ist auch die Anknüpfung der Verheißung an
3 17—29 (עצבון — ארר האדמה). So ganz zusammenhanglos steht also der
Vers doch nicht da, wenn auch die direkten Verbindungslinien jetzt fehlen.

Ganz klar ist die Zugehörigkeit zu J bei **6 1—4** und der jahvistischen Version der Sintflutgeschichte. Auch EERDMANS ist geneigt
anzunehmen, daß in dieser Version Jahve der Urheber der Sintflut war,
obwohl LXX nur יהוה אלהים oder אלהים liest. Die LXX-Lesart kann
hier deshalb nicht in Betracht kommen, weil sie, wie wir oben sahen,
den Doppelnamen teils als Überleitung, teils ganz willkürlich gebraucht.
Über die Quellenscheidung, die EERDMANS in Gen 6—9 vornimmt, ist
schon bei der Behandlung der elohistischen, bzw. priesterlichen Sintflut-
variante eingehend gesprochen worden. Es erübrigt sich also hier nochmals auf die kleineren Differenzen zwischen EERDMANS' und der bisherigen
Quellenanalyse einzugehen.

Nur die Bestimmung des Alters der jahvistischen Version bei EERD-
MANS bedarf noch der Erwähnung. Daraus, daß die jahvistischen Stücke
in den elohistischen Grundstock eingearbeitet sind, wobei man so wenig
Rücksicht auf die jahvistische Erzählung nahm, daß ihre zersprengten
Teile sich nicht mehr zu einem geschlossenen Zusammenhang rekonstruieren lassen, schließt EERDMANS, daß die Sintfluterzählung des Jahvisten
jünger sei als die des elohistischen Schriftstellers. Weil er nun den

elohistischen Sintflutbericht auf Grund seiner Zeitrechnung als vorexilisch betrachtet, so setzt er die Einarbeitung der jahvistischen Erzählung in die nachexilische Zeit und ihre Abfassung in das 7. Jahrhdt., näher in nachdeuteronomische Zeit (Komp. S. 93). Diese Schlußfolgerung verliert ihren Wert schon dadurch, daß sich das Alter des elohistischen Berichts nicht aus seiner Zeitrechnung beweisen läßt (s. o.). Daß EERDMANS aus den jahvistischen Stücken keinen Zusammenhang mehr herstellen kann, rührt größtenteils von seiner mangelhaften Quellenscheidung her. Überhaupt aber ist der ganze Schluß anfechtbar, weil seine Voraussetzung, daß immer diejenige Variante, die bei einer Quellenkomposition zugrunde gelegt sei, auch die ältere sein müsse, nicht zu beweisen ist. Eine Quellenanalyse, die nicht von unbewiesenen Voraussetzungen ausgeht, sondern dem gegebenen Tatbestand folgt, belehrt uns vielmehr, daß auch der umgekehrte Fall eintreten kann, und gerade die Urgeschichte der Genesis ist ein Beispiel dafür. Hier, wo Pg ausführlichere Berichte bietet als in der Patriarchengeschichte, ist er auch stark bevorzugt, wie schon ein Vergleich von Gen 4 und 5 lehrt. Hingegen tritt er in der Patriarchengeschichte, wo er meist nur spärliche Notizen hatte, naturgemäß stark zurück, wenn auch seine Chronologie das feste Gefüge für den Aufbau des Werks abgab.

Daß die vorexilischen Propheten die Sintflutsage nicht erwähnen, während die exilische Zeit eine jahvistische Rezension der Sage kannte (cf. Ps 29 10, Jes 54 9f.), ist gewiß auffallend. Aber EERDMANS wird seinen eigenen Grundsätzen untreu, wenn er aus diesem argumentum ex silentio das Vorhandensein der jahvistischen Sage für jene Zeit leugnen will; denn was von der Sintflutsage gilt, gilt auch von der ganzen jahvistischen Schicht der Genesis mit ihren doch teilweise uralten Stücken, daß sie nämlich die vorexilische Literatur viel weniger beeinflußt hat als die elohistische Überlieferung[1]. Außerdem aber legen die jahvistischen Stücke in Gen 6—9 selbst deutlich Zeugnis für ihr hohes Alter ab. Solche Züge sind z. B. das Aussenden der Vögel, die Umstimmung Jahves durch den lieblichen Opfergeruch, ganz zu schweigen von dem uralten Stoff, der in Gen 6 1—4 enthalten ist. Auf sicher vorprophetische Zeit weist die Einsetzung des Brandopfers 8 20ff. Die Berücksichtigung dieser Momente macht es unmöglich, mit der Datierung so weit herunterzugehen, wie EERDMANS es will; vielmehr reiht sich die Sintflutsage den anderen jahvistischen Stücken, mit denen sie auf gleicher Stufe steht, spezieller J₂, mühelos ein.

---

[1] PROCKSCH, NHS. S. 247ff.

Die an der Hand von EERDMANS kritischer Arbeit vorgenommene Untersuchung der jahvistischen Stücke der Genesis, die wir hiermit abschließen, berechtigt zu dem Urteil, daß es EERDMANS nicht gelungen ist, die Annahme einer zusammenhängenden jahvistischne Schicht der Genesis ad absurdum zu führen. Sie zwingt uns aber auf der anderen Seite anzuerkennen, daß die in dieser Quelle enthaltenen Probleme in neuem Lichte gezeigt, sowie daß zu ihrer Lösung mehrfach gute Ansätze gemacht und erfolgversprechende Wege angedeutet worden sind, die als wertvoller Beitrag zur Lösung der Hexateuchfrage noch einer zusammenfassenden Würdigung bedürfen.

d) Zusammenfassende Beurteilung.

1. Die Polytheismushypothese von EERDMANS.

Während wir uns diese für später vorbehalten, ist es an dieser Stelle, wo wir das Ganze überblicken, am Platze, die polytheistische Vorstellungswelt, die EERDMANS in den Genesissagen ausgeprägt findet und die wir bisher nur in einzelnen Zügen kennen lernten, im Zusammenhang ins Auge zu fassen.

Die Elohim, von EERDMANS als die „Götter" oder „die göttliche Welt" gefaßt, zeigen wenig zusammenhängende und oft blasse, farblose Züge: 27 28 verleihen sie der Erde Fruchtbarkeit, sind also wohl eine Art Vegetationsgötter (Ägypten wird wegen seiner Fruchtbarkeit ein Garten der Götter genannt, 13 10); Gen 18 und 19 erscheinen sie dagegen als Richter über die ganze Erde. Sie offenbaren sich den Menschen im Traum 28 11 ff., wandeln aber auch in sichtbarer Gestalt, Gen 18 und 19. Der Mensch muß sie fürchten (39 9), ihnen in blindem Gehorsam ergeben sein und darf auch vor dem größten Opfer nicht zurückschrecken (Gen 22). Dieses nur in den allerallgemeinsten Beziehungen zutage tretende Verhältnis der Elohim zu der Menschheit macht nur einmal einem bestimmteren Eingreifen Platz: Gen 20 zeigen sich die Elohim als Hüter der Heiligkeit der Ehe, wofür man noch 39 9 heranziehen könnte. Neben diesem Einzelzug ließe sich vielleicht noch auf die Belohnung der Gastfreundschaft und die Bestrafung geschlechtlichen Frevels (Gen. 18 und 19) hinweisen, worin sich die Anfänge einer sittlichen Auffassung der Elohim zeigen.

Es ist also trotz EERDMANS' Anstrengungen ein recht unvollständiges Bild, das uns die Genesissagen von der angeblich in ihnen ausgeprägten polytheistischen Gedankenwelt bieten. Indessen kann man diesen Mangel, ebenso wie das Bedenken, daß ein Volk eine namen- und gestaltlose

Götterwelt solle verehrt haben, wo doch alle sonstigen polytheistischen Religionen von einzelnen, deutlich unterscheidbaren Göttergestalten wimmeln, damit entschuldigen, daß uns nur wenige Reste des ältesten Sagenguts erhalten seien.

Aber das sollte man doch erwarten, daß die Gestalt Jahves, soweit sie in den angeblich polytheistischen Sagen vorkommt, in einigermaßen festen Umrissen sich von der Götterwelt abhebe und jedenfalls nicht in direktem Widerspruch zu ihnen stehe. Es berührt daher sonderbar, wenn man konstatieren muß, daß Jahves Wirkungskreis in den verschiedenen polytheistischen Sagen verschieden aufgefaßt wird. Deutlich ist er mehrmals als der Schutzgott der Patriarchen bezeichnet, Gen 24 des Abraham, 28 11 ff. des Jakob, 39 des Joseph. Dagegen wird er 9 26 als Volksgott, 11 7 ff. als Gott der Menschheit gefaßt. Er nimmt also nicht immer die gleiche Stellung innerhalb der Götterwelt ein. An anderen Stellen zeigt er die Züge einer Naturgottheit, so, wenn er 21 1 2 als Gott der menschlichen Fortpflanzung, 27 27 als Spender der Fruchtbarkeit des Feldes und 19 24 als die dunkle Wetterwolke erscheint.

Läßt sich dieser Jahve demnach schwer als eine bestimmte, in sich geschlossene Gestalt des israelitischen Pantheons verstehen, so ist sein Verhältnis zu den anderen Göttern vollends problematisch und stellt vielfach wieder die Merkmale in Frage, die wir zu seiner Charakterisierung glaubten verwenden zu dürfen. Nach Gen 30 2 versagen und schenken die Elohim dem Menschen die Nachkommenschaft, durchbrechen also an dieser Stelle Jahves Wirkungskreis. Ebenso wachen nach Gen 39 9 die Elohim über die Heiligkeit der Ehe, während es naheläge, dieses Gebiet Jahve zuzuweisen. Gen 27 28 nennt die Elohim als die Götter der Bodenfruchtbarkeit, nach dem vorhergehenden Verse erwartet man diesen Segen von Jahve. Völlig unverständlich ist Jahves Stellung zu den Elohim in Gen 22 1—14, wie wir schon weiter oben S. 72 f. ausgeführt haben. Auch Gen 35 1—7 leidet das Verständnis der Erzählung durch die polytheistische Deutung. Nach EERDMANS soll hier mit dem Gott, der Jakob erschienen ist, nicht Jahve gemeint sein. Nun ist diese Erzählung aber zweifellos die Fortsetzung von 28 11 ff., wo Jahve als der Gott von Bethel genannt ist. Nach Gen 39 ist Jahve der besondere Schutzgott Josephs, der ihm seine Vertrauensstellung im Hause des Ägypters verschafft; Joseph scheint also aus der Rolle zu fallen, wenn er sich gerade vor einer Versündigung gegen „die Götter" scheut. Ebenso besteht eine Spannung in Gen 24, wenn Abrahams Knecht bei allen Göttern Himmels und der Erde schwört, nachher aber an den ihm eigentlich fremden Jahve sein Gebet richtet und ihm für das Gelingen seines Unternehmens dankt.

9*

Eerdmans' Polytheismushypothese leidet also so stark an inneren Widersprüchen, daß ihr Wert, selbst wenn sie sich mit der Einzelexegese der Sagen vertragen würde, ein recht zweifelhafter wäre. Um so weniger kann man es bedauern, daß die vorangehenden Einzeluntersuchungen sie als unhaltbar nachgewiesen haben.

2. Die Genesiskomposition von Eerdmans.

Es ist zur Vervollständigung des Bildes von Eerdmans' Neubearbeitung der Genesis notwendig, noch kurz auf die Zusammenfassung ihrer kritischen Ergebnisse in seinem Entwurf zu einer Genesiskomposition einzugehen. Wenn wir dabei von dem Ergebnis unserer Einzeluntersuchungen absehen und nur die Frage zu beantworten suchen, ob die von Eerdmans in seiner Kritik gewonnenen Resultate ein befriedigendes Neuverständnis der Genesis ermöglichen, so wird das zu einer wertvollen Ergänzung unseres Gesamturteils führen.

Sehen wir uns zunächst das Material etwas näher an, mit dessen Hilfe Eerdmans an seine Neukonstruktion geht!

Nach Zertrümmerung des jahvistischen, elohistischen und priesterlichen Geschichtswerks bleibt ein bunter Haufe einzelner Sagen, in die Eerdmans zunächst dadurch einige Ordnung zu bringen sucht, daß er sie je nach ihrem religiösen Standpunkt in verschiedene Gruppen teilt. So erhält er vier Kategorien:

1. Sagen ungetrübt polytheistischen Charakters, die nichts von Jahve wissen und den Schutzgott der Patriarchen אֵל שַׁדָּי nennen. Sie sind nur in wenigen Resten vorhanden. Hierher gehören: der Grundstock von Gen 1, die elohistische Sintflutversion 6 9—9 17, Abraham in Gerar Gen 20, die Sendung Jakobs nach Paddan Aram 28 1—9, Jakobs Rückkehr nach Bethel 35 1—7, die Israelrezension der Josephgeschichte 37 3—24 28a 29 30—33 36 43 44 45 28 46 1 2a 28—34 47 1—5 13—27 29—31 48 1 2b 8—22 50 1—11 14—26.

2. Sagen, die Jahve als einen unter den Göttern kennen: die Kainsage Gen 4; Noah der Weinbauer 9 18—27; Isaaks Opferung Gen 22; die Erschleichung des Erstgeburtssegens Gen 27; die Himmelsleiter in Bethel 28 11—22; Jakob bei Laban Gen 20—31; Joseph bei Potiphar Gen 39.

3. Sagen, die polytheistische Mythen auf Jahve, den einigen Gott übertragen: die Paradiesgeschichte Gen 2 3; die jahvistische Sintflutversion Gen 6 1—8 7 1—5 8 20—22; die Turmbaugeschichte 11 1—9; die Geburt des Ismael Gen 16; die Sodomgeschichte Gen 18 19; die Werbung um Rebekka Gen 24; Isaaks Söhne 25 19—34; Isaak in Gerar Gen 26.

4. Nachträge aus später Zeit: Abraham der Glaubensheld 15 1—6; Einsetzung der Beschneidung Gen 17; zweite Gotteserscheinung bei Bethel 35 9—15; die Adoption von Ephraim und Manasse 48 3—6.

Über die Berechtigung dieser Einteilung brauchen wir hier nicht zu streiten, darauf geben die vorhergegangenen Einzeluntersuchungen genügend Antwort. Nur auf ihre Brauchbarkeit für EERDMANS' Zwecke wollen wir sie prüfen.

Dabei fällt vor allem ihre Unvollständigkeit und Unzulänglichkeit auf. Es fehlen nicht nur die nur monotheistisch zu deutenden Genesissagen wie 15 7 ff. 35 15 ff. 38 und vor allem die Jakobrezension der Josephgeschichte, sondern auch von EERDMANS als polytheistisch angesehene Stücke wie Gen 12 13 21 32 25 ff. Andrerseits sind die Grenzen zwischen den einzelnen Gruppen nicht scharf zu ziehen; besonders die erste und dritte Kategorie lassen sich in Wirklichkeit kaum voneinander trennen. Damit ist auch gegeben, daß diese Einteilung für eine Komposition der Genesis durchaus unbrauchbar ist. EERDMANS läßt sie deshalb auch wieder fallen und sucht sich andere Grundlagen für seine Neukonstruktion.

Als Ausgangspunkt wählt er ein positives Ergebnis seiner Kritik, in dem er sich mit der neueren Urkundenhypothese nahe berührt, nämlich die Scheidung der Josephgeschichte in eine Jakob- und eine Israelrezension. Es handelt sich nun zunächst darum festzustellen, welche der beiden Rezensionen den Grundstock bildete, in den die andere eingearbeitet wurde. EERDMANS entscheidet sich für die Jakobrezension[1] mit folgender Argumentierung: Gen 47 28, die Angabe des Lebensalters Jakobs, gehöre zu 49 1 29—33 und werde gewöhnlich zu P gebracht und als in die ältere Sage eingesetzt betrachtet; das sei aber nicht richtig, da sonst 47 28 und 49 1 29 ff. nebeneinander stehen müßten, analog 9 28 f. 11 33 23 1 f. 25 7 35 28 f., wo der Redaktor immer die Angabe des Lebensalters mit dem Bericht des Todes zusammenstelle. 47 28 49 1 29 ff. müssen deshalb von anderer Hand stammen als jene chronologischen Notizen, und zwar gehören sie, wie יעקב 47 28 beweist, zur Jakobrezension. Diese ist durch das Stück der Israelrezension, Gen 48, auseinandergerissen. Ebenso sei es mit 50 12 13, die einmal auf 49 33 gefolgt sein müßten, aber wiederum durch Einschub eines Israelabschnittes von ihrem Zusammenhang getrennt seien. Das beweise, daß der Grundstock der Josephgeschichte von der

---

[1] Interessant ist die Parallele mit DILLMANNS Behauptung (Über die Komposition des Hexateuch, 1886, S. 628), E zeige in der Josephgeschichte ein durchaus ursprüngliches, wohlzusammenhängendes Ganzes, während das J Gehörige sich durchaus als Neubildung, Erweiterung und Steigerung der Grundgedanken erweise.

Jakobrezension gebildet werde, in die Einschaltungen aus einer anderen Rezension aufgenommen seien.

Der wunde Punkt an dieser Beweisführung ist, daß sie den einen Vers 47 28 zum Ausgangspunkt einer neuen Hypothese macht. Denn es ist sehr fraglich, ob die einmalige Aufnahme des Lebensalters an einer anderen Stelle als gewöhnlich ein genügender Grund ist, diese Stelle einer anderen Hand als die übrigen chronologischen Angaben zuzuschreiben. HOLZINGER wendet mit Recht dagegen ein, daß die zum Vergleich herangezogenen Stellen den geforderten Dienst nicht leisten, da an keiner von ihnen eine Abschieds- und Sterbeszene vorkomme, wodurch die andere Stellung der Altersangabe 47 28 erklärt werde.

EERDMANS sucht nun weiter festzustellen, ob die als Grundstock angesprochene Jakobrezension sich nur auf die Josephgeschichte beschränkt (womit sie natürlich an Wert verlieren würde), oder ob sie Merkmale aufweist, die es wahrscheinlich machen, daß sie einen Teil eines größeren Werkes bildet. EERDMANS findet ein solches Merkmal in dem Vers 37 2 אלה תולדות יעקב. Er betrachtet diese Worte als die Überschrift der Jakobrezension: „Dies ist die Geschichte Jakobs". Nun kann aber diese Geschichte Jakobs nicht allein gestanden haben, denn sie setzt eine ganze Anzahl von Personen schon als bekannt voraus. Es müssen ihr also andere Mitteilungen über Jakob vorausgegangen sein, und es ist a priori wahrscheinlich, daß auch diese jene schematische Einrahmung des Stoffs mit Hilfe der Toledoth-Überschrift hatten. Man braucht also nur nach rückwärts zu gehen und man findet in den Toledoth Isaaks 25 19 die erwartete Ergänzung zu den Toledoth Jakobs. Dabei werden wir auf eine Eigenart der Toledoth-Überschrift aufmerksam gemacht: Toledoth kann nicht den engeren Sinn „Stammbaum" haben; denn den Stammbaum Jakobs finden wir schon in den Toledoth Isaaks. Das Wort muß vielmehr ganz allgemein „Geschichte" bedeuten und wird dann immer mit der Person in Verbindung gebracht, die als Haupt der Familie gilt. „Alles, was in seiner Familie geschieht, gehört zu seinen Toledoth." So kommt es, daß in der Geschichte Jakobs das Leben Josephs erzählt wird, das Leben Jakobs aber in der Geschichte Isaaks. Die Toledoth Isaaks setzen ihrerseits frühere Mitteilungen voraus; und daß diese vorhanden waren, zeigt eine Vergleichung der Abschnitte 6 9 9 18—29 25 7—11 25 19 35 23—29 37 1 49 29—33 50 12 13, die deutlich untereinander verwandt sind und den Autor der Toledoth als Sammler zeigen. Verbindet man mit dieser Sammlung auch Gen 5 1 ff., das, wie schon einmal erwähnt, sich wie der Anfang einer selbständigen Schrift ausnimmt, und Gen 11 10 ff., das denselben Typus wie 5 1 ff. zeigt und mit der von den Toledoth

Isaaks und Jakobs unabtrennbaren Geschichte Terachs in enger Verbindung steht, so erhält man ein größeres Sammelwerk, eine Art Weltgeschichte, nach Gen 5 1 das Adamsbuch genannt, das den Grundstock unserer heutigen Genesis bildete.

Die genauere Bestimmung der Teile dieses Grundstocks wird an der Hand der Jakobrezension vorgenommen, indem man darauf achtet, welche Sagen von ihr vorausgesetzt werden, und mit welchen Stücken jene wieder zusammenhängen. So erhält Eerdmans folgende Sammlung: 5 1—32 die Liste der Urväter; 6 9—22 7 6—9 17—22 24 8 1—19 9 8—29 die Toledoth Noahs; 11 10—26 die Toledoth Sems; 11 27—32 die Toledoth Terahs; 12 13 1—13 18 15 7—12 17—21 21 1—21(?) 23 25 7—11 die Toledoth Abrahams; 25 19—34 27 28 11—22 32 4—23 33 1—17 35 1—8 16—20 23—29 die Toledoth Isaaks; 36 1—14 die Toledoth Esaus; 37 2 25—27 28b 34 35 40 41 42 45 1—27 46 2b—7 47 6—12 28 49 1a 29—33 50 12 13 die Toledoth Jakobs.

Der religiöse Standpunkt des Sammlers war kein monotheistischer (Ahnenverehrung); Jahve, der Gott Israels, ist einer unter den Göttern und gilt als Schutzgott der Patriarchen.

Bei der Beurteilung dieser Konstruktion sehen wir wieder von den Ergebnissen unserer Prüfung der kritischen Grundlegung dazu ab und fragen nur, ob sie ein folgerichtiges und den an eine kritische Position zu stellenden Ansprüchen genügendes Produkt von Eerdmans' vorhergehenden Ausführungen ist.

Was die als Gerüst des neuen Aufbaues benutzten Toledoth anlangt, so können wir auf unsere Ausführungen darüber im ersten Teil unserer Arbeit verweisen. Die Verwendung dieser Elemente kann jedenfalls nicht als folgerichtig bezeichnet werden, da die Mängel, die ihnen als Teilen von Pg anhaften, auch bei dem Gebrauch, den Eerdmans von ihnen macht, nicht völlig beseitigt sind. Trotz der Ausscheidung von 2 4a 10 1 25 12 bleibt die verschiedene Bedeutung der Formel an Stellen wie 6 9 25 19 37 2 auf der einen, 5 1 11 10 11 27 36 19 auf der anderen Seite bestehen; denn daß תולדות nur „Geschichte" bedeute, ist nichts als ein Machtspruch (vgl. auch Stellen wie Gen 10 32, Exod 28 10).

Eerdmans vergißt ferner seinen der Quellenscheidung gegenüber aufgestellten Grundsatz der Herstellung lückenloser Zusammenhänge, wenn er in seiner Sammlung eine Abrahamsgeschichte bietet, die von den Söhnen Abrahams erst nach seinem Tode erzählt, eine Isaaksgeschichte, in der von dem Aufenthalt Jakobs bei Laban nichts enthalten ist als die spärlichen Worte 32 5 6. Wenn man auch einer bunten Sagensammlung in dieser Hinsicht manches nachsehen kann[1], so wird EERDMANS doch von der oft geschmähten Erklärung aus der Einarbeitung anderer Sagen Gebrauch machen müssen, um die Lückenhaftigkeit seines Adamsbuches zu rechtfertigen.

Auch in der Auswahl der Stücke, die er zu seinem Grundstock zählt, ist EERDMANS' Vorgehen nicht einheitlich. Er bezeichnet die ganze Sammlung als nicht monotheistisch, muß also dementsprechend das Bestreben haben, die Aufnahme monotheistischer resp. henotheistischer Stücke möglichst zu vermeiden. Es muß daher auffallen, wenn er zur Rekonstruktion des Adamsbuches von der Jakobrezension der Josephgeschichte ausgeht, in der keine Spur von Polytheismus zu entdecken ist, sondern ein hochstehender sittlicher Monotheismus die Erzählung beherrscht. Dieses Stück mit den andern zu einer Sammlung zusammenzustellen, würde sich dann besser machen, wenn man annähme, auch jene „polytheistischen" Sagen seien vom Sammler bereits monotheistisch verstanden worden; jetzt aber nimmt es sich recht merkwürdig aus.

Daß die Abrahamgeschichte in der von EERDMANS gegebenen Zusammenstellung nicht befriedigt, entschuldigt er damit, daß hier der Zusammenhang des Adamsbuches durch die Aufnahme von Sagen verschiedener Herkunft und die damit zusammenhängende Überarbeitung zerstört worden sei. Nun sollte man aber doch meinen, daß bei der ergänzenden Bearbeitung nicht gleich ganze Stücke des Sagenbuchs unter den Tisch gefallen, sondern ihrem Kern nach unter der Überarbeitung noch zu erkennen wären. Auch EERDMANS scheint einmal dieser Meinung zu sein, nämlich bei der Aufnahme von 15 7—21, das in seiner jetzigen Form Überarbeitung zeige. Bei andern Stücken hingegen, wie Gen 18, 24 und dem fast unentbehrlichen Kap. 16, hält er die Zugehörigkeit zu der Toledothsammlung deshalb für ausgeschlossen, weil die jahvistische Überarbeitung sich dann auch auf andere Teile der Sammlung erstreckt haben müßte. Eines schließt aber das andere aus; so zeigt sich auch hier ein zwiespältiges Vorgehen. Auf eine „Unausgeglichenheit böser Art" macht noch HOLZINGER[2] aufmerksam: die chronologischen Stücke 5 1—32 und 11 10—26 werden als alte Tradition, dagegen die chronologischen Notizen bei den Patriarchen als nachträgliche Gelehrtenarbeit ausgegeben.

Aus all dem kann man erkennen, wie sehr es EERDMANS an einem brauchbaren Prinzip fehlt, nach dem die Zugehörigkeit zur Jakobrezen-

---

[1] Vgl. aber EERDMANS' Polemik gegen GUNKEL, der doch auch mehr Sammlungen als Quellenschriften annimmt.

[2] ZAW 1911, S. 68.

sion entschieden werden könnte. „Sachliche Gesichtspunkte" allein genügen nicht zu einer Scheidung; ohne die Herbeiziehung von Sprache,
Stil, religiöser und sittlicher Eigenart zur Beurteilung müssen die Ergebnisse immer widerspruchsvoll und unzulänglich bleiben; damit steht in
gewissem Zusammenhang, daß der willkürlichen Entscheidung zuviel
Raum bleibt.

Am Schluß seiner Ausführungen wendet sich EERDMANS noch gegen
zwei Einwendungen, die gegen die von ihm herausgearbeitete Sagensammlung erhoben werden könnten. Die eine betrifft das Alter, die
andere die religiöse Vorstellungswelt des Adamsbuches.

EERDMANS datiert die Sammlung auf die ältere Königszeit und bezeichnet als terminus ad quem das Jahr 700 v. Chr. Das könnte vielleicht wegen des in der Sammlung enthaltenen chronologischen Systems
bedenklich erscheinen. Aber man muß ihm wohl recht geben, wenn er
die Ansicht vertritt, daß nicht alles Systematische notwendig auch jung
sein müsse, und daß die Gelehrten am israelitischen Königshof ebensogut
über historisches Wissen verfügt haben können wie die nachexilischen
Soferim, wie ja auch eine ältere hebräische Literatur aus Zitaten wie
Jos 10 13, 2 Sam 1 18 und Num 21 14 wahrscheinlich ist. Auch die Verwandtschaft mancher Sagen mit babylonischem Material kann bei der
Verbreitung babylonischer Kultur in Vorderasien schon in alter Zeit
nicht unbegreiflich sein. Es sind das Punkte, die heute auch von andrer
Seite wieder stark betont werden.

Viel schwerer wiegt die Frage, ob eine ausgedehnte polytheistische
Literatur in der vorexilischen Zeit denkbar ist. Es handelt sich dabei
nicht darum, den Zeitpunkt einer sicher polytheistischen Sagensammlung
weiter vor oder zurück zu verlegen; denn wir haben es mit einer Sammlung zu tun, die auf Grund ihrer ganzen Anlage und des in ihr enthaltenen Stoffes nicht früher als auf die ältere Königszeit datiert werden
kann. Das Vorkommen von Polytheismus ist in dieser Sammlung überhaupt nur denkbar, wenn man wahrscheinlich machen kann, daß in
der älteren Königszeit eine starke polytheistische Oberströmung vorhanden war.

EERDMANS meint, wenn der Jude der nachexilischen Zeit trotz des
Bekenntnisses zu dem einen Gott zu gleicher Zeit an eine Unmasse von
Geistern glaubte, auf welche sich die Mehrheit seiner religiösen Hand-
lungen immer wieder bezog, so spreche nichts dagegen, daß die vorexilische Literatur viele polytheistische Sagen enthalte. Es ist schon
eigentümlich, daß der Gelehrte hier plötzlich sehr bescheiden wird und
von „Spuren dieser Weltanschauung" in der vorexilischen Tradition

redet, während er vorher von der polytheistischen Vorstellungswelt als
etwas ganz offen zutage Liegendem sprach.   In der Tat liegt hier für
EERDMANS' Hypothese eine Schwierigkeit, die ihre ganze Berechtigung
fraglich macht.   Mag das Volk sich den Monotheismus des Deuteronoms
auch nur in stark gemischter Form angeeignet haben, hier handelt es
sich doch um die führenden Kreise des Volkes, in denen allein eine
Literatur entsteht.   Und daß hier, wo doch wohl auch nach EERDMANS'
Annahme die Gedanken des Deuteronomiums, und zwar nicht nur wenige
Jahre vor seinem Erscheinen, ihre geistige Heimat hatten, ein polytheistischer Gedankenkreis geherrscht habe und sich auch in der sehr
bald den gottesdienstlichen Bedürfnissen angepaßten Literatur ausgeprägt
habe, das ist ebenso unwahrscheinlich wie unbeweisbar.   Und selbst für
das israelitische Volk ist ein starker polytheistischer Einschlag nicht so
ohne weiteres gegeben; hat doch EERDMANS nicht einmal versucht, in den
Prophetenschriften eines Mannes aus dem Volke wie Amos polytheistische
Vorstellungen nachzuweisen, da man die oft zitierte Stelle Am 4 11 nicht
als Beweis betrachten kann.

Hier liegt also ein wunder Punkt der Theorie vom Adamsbuch,
der nicht mit den wenigen Zeilen, in denen EERDMANS auf ihn eingeht
(vgl. Komp. S. 94), erledigt sein dürfte.

Der unbefriedigende Eindruck, den die nähere Betrachtung des
Adamsbuches hervorruft, vermindert sich nicht, wenn man sieht, wie
EERDMANS mit dem nicht unbeträchtlichen Rest der Genesis verfährt.
Konnten wir bisher wenigstens das Streben nach Herstellung eines großen
und relativ einheitlichen Zusammenhangs beobachten, so wird auch das
jetzt aufgegeben, und wir sehen uns einer großen Zahl von Erzählungs-
gruppen, einzelnen Sagen und Sagenfragmenten gegenübergestellt, die
mit Hilfe einer schrankenlosen Ergänzungshypothese an den Grundstock
angereiht werden.   Es wird hier also der große Schritt, den die Pentateuchkritik von der Fragmenten- und Ergänzungshypothese zur Urkundenhypothese getan hat, wieder zurückgemacht und die Erkenntnis, daß die
meisten Sagen nicht allein stehen können, sondern auf andere hinweisen
und in anderen ihre Fortsetzung finden, aufgegeben.   In der Israelrezension wird zwar noch ein weiter rückwärts reichender Zusammenhang aufgedeckt; aber für die Erzählungsreihe 26 34 35 27 46 28 1—9 29—31
32 1—3 24—32 35 21 22 37 3—24 28a 29 30—33 36 43 44 45 28 46 1 2a 28—34 47 1—5
13—27 29—31 48 1 2b 8—22 50 1—11 14—26 fehlt, abgesehen von den zahlreichen
Lücken, völlig ein Anfang.

Um die Ergänzungsarbeit nicht ganz regellos erscheinen zu lassen,
bringt EERDMANS eine gewisse Übersichtlichkeit hinein, indem er das An-

wachsen der einzelnen Stücke an den Grundstock auf verschiedene Perioden verteilt. Der vordeuteronomischen Bereicherung weist er Gen 2 3 4 1—26a 10 14 (?) 20 (?) 21 22—34 22 1—20 33 18—34 31 38 39 und die Israelrezension der Josephgeschichte zu. Als nachdeuteronomische Einfügung sieht er an: die jahvistische Rezension der Sintflutgeschichte 6—9, 11 1—9 16 18 19 26 als überarbeitete polytheistische Sagen. Nachexilisch soll sein Gen 1—2 3 9 1—7 15 1—6 17 und die Korrektur von Abram und Sarai im folgenden; 20 (?) 35 9—15 48 3—6. Welcher Zeit 22 20—24 24 25 1—6 12—18 36 15—43 angehören, wagt EERDMANS nicht zu entscheiden; doch seien die letzten 3 Abschnitte wahrscheinlich vorexilisch.

Auch hier können die Grenzen zwischen den einzelnen Gruppen naturgemäß nur fließende sein. Die dem ersten Zeitraum zugewiesenen Stücke zeigen ihre polytheistische Gedankenwelt nicht deutlicher als manche Stücke der zweiten und dritten Periode; daher auch die schwankende Stellung von Gen 20. In Gen 4 wegen des Gebrauchs von Jahve und Elohim nebeneinander auf Polytheismus zu schließen, steht nicht völlig im Einklang mit der vorherigen Besprechung des Stücks. Es wäre wohl eher zu den jahvistisch überarbeiteten zu zählen, ebenso wie Gen 2 und 3. Im übrigen verweisen wir auch hier auf die Einzelausführungen zu den betr. Kapiteln[1].

Die neue Genesiskomposition zeigt deutlich den eigentlich schwachen Punkt von EERDMANS' Arbeit: Er liegt da, wo auf die kritische Widerlegung die eigene positive Lösung des Problems folgen sollte. So glänzend der Angriff oft durchgeführt ist und soviel Berechtigtes er auch enthält — der damit beabsichtigte Erfolg, der in einem völlig neuen Verständnis des literarischen Aufbaues der Genesis bestehen soll, ist nicht erreicht.

Hier ist der Ort, auf den Zusammenhang hinzuweisen, der zwischen der Polytheismushypothese und der neuen Genesiskomposition besteht. Letztere beruht, wie wir oben sahen, auf der Voraussetzung, daß die festen Zusammenhänge der bisher angenommenen Genesisquellen durchbrochen sind. An der Vernichtung dieser Zusammenhänge hat nun die Polytheismushypothese starken Anteil, da die ganz verschiedene religiöse Gedankenwelt, die sie in den einzelnen Sagen feststellen zu können

---

[1] Hier ist noch nachzutragen, daß die Vermutung von EERDMANS, der Ursprungsort der Israelrezension sei das Ostjordanland, mit der schon einmal widerlegten Auffassung zusammenhängt, als sei der Gotteskampf Jakobs nicht nur am Jabbok, sondern auch in Bethel lokalisiert gewesen. Was die Bevorzugung Rubens betrifft (35 22), so hat Ruben auch in der Jakobrezension eine Rolle gespielt, was EERDMANS allerdings durch seine mangelhafte Quellenscheidung in Kap. 37 verdeckt hat.

glaubt, diese voneinander trennt und weit auseinanderliegenden Epochen der israelischen Geschichte zuweist. Diese elementa disiecta in einheitliche Urkunden zusammenzufassen, ist natürlich ausgeschlossen, und EERDMANS ist auf die Annahme von Sammlungen angewiesen, denen als solchen kein historischer Wert innewohnt, zumal sie nicht einmal nach historischen Prinzipien (nicht einmal das ihm zur Verfügung stehende religionsgeschichtliche benutzt EERDMANS) zusammengestellt sind. Da nun die Genesissagen in ihrer Vereinzelung kaum datiert werden können, so muß EERDMANS sein Ziel, eine bessere historische Wertung der Genesissagen zu erreichen, von vornherein verfehlen.

Erweist sich demnach die Polytheismushypothese nicht als geeignet, zur Lösung der in der Genesis für die Forschung enthaltenen Fragen beizutragen, führt sie vielmehr auf Irrwege, so dürfte die genaue Nachprüfung ihrer einzelnen Stützpunkte und die Beurteilung ihres Gesamtbildes, wie wir sie im vorhergehenden gegeben haben, für die Gesamteinschätzung der Genesis wie für ihre literarische Betrachtung in der Urkundenhypothese von Wert sein.

e) Resultate.

Haben auch EERDMANS' Hauptthesen keine direkte Förderung der Hexateuchfrage gebracht, so hat seine Arbeit doch auf anderen Gebieten, nämlich dem der Literar- und der Textkritik, mancherlei Anregungen gegeben und neue Ansätze geschaffen, die von anderen Forschern eine selbständige und fruchtbringende Ausgestaltung erfahren haben. Versuchen wir darum, über die Ergebnisse der neueren Genesiskritik, die einen Fortschritt auf dem Wege zur Lösung der Hexateuchprobleme bedeuten, einen Überblick zu gewinnen.

1. Auf dem Gebiet der Textkritik.

Auf textkritischem Gebiet verspricht ein nach mehreren früheren Versuchen anderer von EERDMANS erneut zur Geltung gebrachtes kritisches Hilfsmittel für die wissenschaftliche Arbeit an der Genesis von Bedeutung zu werden: das ist die Heranziehung der griechischen Genesis zur Herstellung des ursprünglichen hebräischen Textes. Auch auf seiten der Vertreter der Urkundenhypothese hat man zwar diese Arbeit nie ganz außer acht gelassen, aber von Einfluß auf die Quellenscheidung der Genesis ist sie nicht geworden, weil man viel zu sehr in dem Vorurteil befangen war, daß die LXX gegenüber dem MT die schlechtere Überlieferung habe, und besonders die Gottesnamen, die der MT, wenigstens im Pentateuch, mit ängstlicher Vorsicht unverändert bewahrt habe, in der LXX durch Übersetzer und Abschreiber bald aus Nachlässigkeit, bald mit bestimmter Tendenz geändert worden seien[1]. Erst allmählich begann in den letzten Jahrzehnten durch eine Reihe von Einzeluntersuchungen, die die Herstellung des ursprünglichen Textes einzelner biblischer Bücher mit Hilfe der LXX-Handschriften zum Ziel hatten (z. B. der Bücher Samuelis und Könige, Esra, Hiob, Psalmen, Esther, Daniel, Jesaja, Ezechiel u. a.), eine gerechtere Einschätzung der LXX sich Bahn zu brechen, die sich jedoch noch nicht auf den Pentateuch erstreckte. Hier glaubte man immer noch, dem MT unbedingt den Vorzug erteilen zu müssen[2]. Nachdem in Wiederaufnahme von KLOSTERMANNS Stellungnahme neben englischen Arbeiten[3] schon in zwei Aufsätzen von DAHSE (A. R. W. 1903, S. 305 ff.) und LEPSIUS (Reich Christi 1903) die Ursprünglichkeit der Gottesnamen im massoretischen Pentateuch angefochten worden war, hat nun EERDMANS wieder mit Nachdruck auf die Bedeutung der LXX-Lesarten hingewiesen. Dieser seiner erneuten Betonung der Textkritik kommt deshalb vor anderen besondere Wichtigkeit zu, weil er sie in Verbindung mit den anderen Elementen der historisch-kritischen Text-behandlung in den Dienst einer Umgestaltung der Quellenscheidung gestellt hat und ihr durch diese Heraushebung aus der Vereinzelung eine größere Stoßkraft verleiht.

Trotz unserer auf Grund der voraufgehenden Einzeluntersuchungen gewonnenen Ablehnung von EERDMANS' Gesamtresultat zeigt sich hier doch eine erfreuliche Anzahl brauchbarer Einzelergebnisse, die für die Quellentheorie nicht unfruchtbar sind. So haben wir in Gen 2, wo der Doppelname יהוה אלהים der Urkundenhypothese von jeher Schwierig-keiten gemacht hat, an verschiedenen Stellen mit größter Wahrschein-lichkeit אלהים zu lesen, nämlich 2 9 und, nach den neusten Feststellungen[4], auch 2 4 5 7 8. Gen 4 1 4 16 ist der von der LXX gebotene Gottesname אלהים dem יהוה des MT vorzuziehen. 12 17 13 10 13 14 ist die ursprüng-liche Lesart ebenfalls אלהים statt יהוה. Diese Stellen kommen besonders für die Scheidung zweier Erzählungsfäden innerhalb der jahvistischen Schicht in Betracht[5]. Auch Gen 18 1 14 könnte אלהים an Stelle des jetzigen

[1] Cf. VETTER, Theol. Quartalschrift, Bd. 85 bei DAHSE, Textkrit. Mat. S. 22.

[2] Vgl. KÖNIG, Glaubwürdigkeitsspuren, 1903. Die gleiche Stellung auch bei BALL in seiner textkritischen Ausgabe der Genesis, wenn er auch die LXX-Lesarten in den Noten in weitgehendem Maß berücksichtigt.

[3] REDPATH, Americ. Journal of Theology 1904 und Criticism and Genesis 1905.

[4] Ich nehme hier DAHSE, der EERDMANS folgt, schon voraus (Textkrit. Mat. S. 35).

[5] 16 11b liest mit DAHSE auch PROCKSCH (Gen z. St) אל statt יהוה; aber die Bezeugung dieser Lesart ist schwach und die Notwendigkeit der Änderung nicht zwingend.

יהוה einzusetzen sein. Es deutet dann auf spätere diaskeuastische Behandlung des Textes und ist vielleicht als wertvoller Rest der ursprünglichen Elohimerzählung zu betrachten[1]. Gen 29 32 ist das von LXX und
Pesch. gebotene אלהים wohl das ursprüngliche und würde hier zu einer
Revision der Quellenscheidung zwischen J und E veranlassen. Ebenso
ist Gen 30 24b 27 die Lesart אלהים als die richtigere zu betrachten, was
auch hier eine Korrektur der Quellenscheidung nach sich zieht.

Aus diesen Ergebnissen, die für die Quellenanalyse im einzelnen
von Bedeutung sind, folgt weiter eine Erkenntnis, gegen die man sich
lange und heftig gesträubt hat, weil sie der bisherigen Beurteilung des
Wertes der LXX-Lesarten den Boden zu entziehen scheint: die Zeiten
israelitischer Literaturgeschichte, in denen die heiligen Texte der gelehrten Bearbeitung unterlagen, kannten so wenig jene abergläubische
Scheu der spätjüdischen Periode vor dem Tetragramm יהוה, daß sie es
vielmehr, meist im Interesse der Vereinheitlichung des Textes, an verschiedenen Stellen erst einsetzten. Denn alle jene aus der LXX ge-
schöpften Korrekturen des MT geben statt massoretischem יהוה oder
יהוה אלהים das einfache אלהים[2].

Daß EERDMANS mit der Berücksichtigung der LXX-Lesarten keine
unfruchtbare Arbeit getan hat, zeigt die weitere Ausgestaltung, die man
in den letzten Jahren diesem Zweig der alttestamentlichen Wissenschaft
gegeben hat. Neben HAROLD M. WIENERS Untersuchungen in der Biblio-
theca Sacra[3] ist es vor allem die umfangreiche und außerordentlich
gründliche Arbeit von DAHSE, Textkritische Materialien zur Hexateuchfrage 1912, die wir schon mehrmals herangezogen haben. Wenn DAHSE
sich auch über die Tragweite seiner Resultate täuscht, und wir bezweifeln
müssen, daß Probleme, wie das von Pg in der Genesis, allein mit Hilfe
der Textkritik gelöst werden können, so ist doch von dieser Seite der
alttestamentlichen Forschung noch manche Bereicherung der Pentateuchkritik zu erwarten.

Von der textkritischen Verwertung der LXX aus fallen einige
bedeutsame Streiflichter auf das bisher meist übliche Verfahren bei der

---

[1] DAHSE sieht allerdings, trotz sehr schwacher Bezeugung der Lesart κύριος,
diese als die ursprüngliche an, a. a. O. S. 102.

[2] Mit den angeführten Beispielen ist natürlich nicht das von der LXX-Forschung
dargebotene Material erschöpft; ich habe absichtlich nur die Stellen angeführt, bei
denen mir der Vorzug der LXX-Lesart am meisten gesichert und von Bedeutung zu
sein schien. Erwägenswert ist das אלהים der LXX statt massoretischem יהוה z. B.
auch an den Stellen 2 19 21 6 6 7 15 6 16 5 31 49b.

[3] Jan. 1909; 1912 erschienen die Pentateuchal Studies.

Quellenanalyse. So sehr die weitgehende Übereinstimmung der LXX mit dem MT in dem Wechsel der Gottesnamen zu einer Quellenscheidung berechtigt, die im großen ganzen mit dem wechselnden Eintreten von יהוה und אלהים zusammenfällt, so bedenklich ist es doch, dieses Prinzip dahin zu überspannen, daß der Gottesname nun den bequemen und nimmer fehlenden Wegweiser durch das Labyrinth auch des verworrensten Textgefüges böte. Wie unrichtig und irreführend dieser besonders von GUNKEL angewandte Grundsatz ist, zeigt als bestes Beispiel die Quellenanalyse in Gen 15. Gegenüber der von GUNKEL hier durchgeführten Rekonstruktion zweier Rezensionen, die sich hauptsächlich an das יהוה in v. 1 2 4 6 7 18 anschließt, läßt sich mit Recht die völlig abweichende Lesart der LXX anführen, die in v. 6 7 18 אלהים liest und damit die Ursprünglichkeit der vom MT gebotenen Gottesnamen illusorisch macht. In solchen Stücken, wo die Vereinigung der Quellen zu einem Bericht ihre Zerstückelung in kleine Teile zur Folge gehabt hat, ist eine unversehrte Erhaltung der Gottesnamen schon von vornherein unwahrscheinlich, und die einzige Methode, die hier Aussicht auf Erfolg hat, ist die Beachtung der sachlichen Zusammenhänge. Wir haben gesehen, wie SMEND hier in vorbildlicher Weise die Quellenscheidung nach den genannten Gesichtspunkten vollzieht und damit zweifellos einen Fortschritt in der kritischen Methode anbahnt. Auch Gen 27 27 28 muß trotz der verschiedenen Gottesnamen als einheitlich betrachtet werden. Glänzend ist die Scheidung nach sachlichen Gesichtspunkten von SMEND in Gen 30 25 ff. vollzogen worden, wo die meisten Kommentatoren unsicher umhertasten, weil kein Gottesname als helfende Wegmarke vorhanden ist. Wir sehen also auch hier glückliche Fortbildung von bereits bei EERDMANS gebotenen Ansätzen.

2. Auf dem Gebiet der Literarkritik.

Wie die textkritischen, so sind auch die literarkritischen Untersuchungen von EERDMANS für die Hexateuchforschung wertvoll. So oft EERDMANS auch übersehen mag, daß Dubletten und Widersprüche die Einheitlichkeit der Erzählung stören, so richtig ist in vielen Fällen sein Mißtrauen gegen eine mit dem Schein absoluter Unfehlbarkeit vorgehende Analyse, die bis auf Versteile und einzelne Worte zu scheiden vermag. Die Kommentatoren werden sich bescheiden müssen, an Stellen wie Gen 27 oder am Schluß von Gen 34 die Kombination aus zwei Quellen festzustellen, deren einzelne Bruchteile nicht mehr zu bestimmen sind, oder die Frage nach der Herkunft mancher Stücke offen zu lassen, wie z. B. bei der Chamorversion der Dinageschichte Gen 34, oder endlich die

Einheitlichkeit mancher Abschnitte anzuerkennen, die nur übergroßer Scharfsinn in zwei Versionen zerlegen konnte, was EERDMANS z. B. für Gen 21 22—32 und 32 24—33 mit Evidenz nachgewiesen hat.

Ebenso wie mit dieser mehr negativen Korrektur der Quellenanalyse ist EERDMANS mit seinen Einwänden gegen die Einheitlichkeit der jahvistischen Schicht der Genesis völlig im Recht.

Schon lange hat man bemerkt, daß Gen 4 26 einen anderen jahvistischen Erzähler voraussetzt als das übrige vierte Kapitel, und ging nun von hier aus daran, verschiedene Schichten in der jahvistischen Urgeschichte zu unterscheiden (vgl. S. 124 ff.). Die Ausdehnung dieser Forschung auf die Patriarchengeschichte führte zu dem Ergebnis, daß man nicht mehr von einem jahvistischen Erzähler, sondern von einer jahvistischen Schule sprach, eine These, die bei GUNKEL zu besonderer Ausbildung gelangte. EERDMANS macht bei seiner Besprechung der jahvistischen Hauptstelle Gen 4 26 darauf aufmerksam, wie wenig diese Stelle durch die Annahme einer jahvistischen Schule erklärt wird. Und man muß ihm zustimmen, wenn er es sonderbar findet, „daß die Schüler der jahvistischen Schule das Prinzip ihrer Schule, welche den Jahvekult mit Enos anfangen läßt, so schlecht kennen, daß sie den Namen schon vor 4 26 gebrauchen". In der Tat spricht diese Bemerkung über die Entstehung des Jahvekults ebensosehr gegen die übliche Hypothese von einer jahvistischen Erzählerschule wie gegen die immer noch vertretene Annahme eines einzigen jahvistischen Verfassers. Gegen letztere läßt sich auch Gen 15 7 f. ins Feld führen. Hier wird die Verheißung des Besitzes Kanaans als etwas ganz Neues eingeführt, während sie sich in jahvistischem Text schon 12 7 und 13 14—16 findet. Auch für Gen 26 drängt sich die Beobachtung auf, daß der Grundstock dieser Sage Gen 12 selbständig gegenübersteht. Endlich findet die Frage nach der Herkunft von Gen 21 33 bei der Annahme eines jahvistischen Erzählers keine befriedigende Lösung.

Die angeführten Schwierigkeiten, die sowohl die Abfassung der jahvistischen Quelle durch einen Autor wie die Betrachtung dieser Quelle als Werk einer Schule in Frage stellen, sind durch SMENDS Untersuchungen so weit vermehrt worden, daß er es wagen konnte, an die Scheidung der jahvistischen Schicht in zwei selbständige Quellen heranzutreten. Wir sind in den vorangehenden Ausführungen auf seine Arbeit, soweit sie uns eine Förderung zu enthalten schien, bereits eingegangen und haben hier nur noch die Aufgabe, uns die Fruchtbarkeit der von EERDMANS gegebenen Anregungen dadurch deutlich zu machen, daß wir einen zusammenfassenden Überblick über SMENDS vielversprechenden

Lösungsversuch geben und festzustellen suchen, wo er brauchbare Resultate bietet, und wo eine Korrektur und Weiterbildung seiner Arbeit wünschenswert wäre.

In der Urgeschichte Gen 1—11 hat SMEND bereits in BUDDE einen Vorgänger. Besonders in der Ausscheidung von J_1, der Urgestalt der jahvistischen Überlieferung, berühren sich beide sehr stark. Dagegen geht ihre Ansicht über die übrigen jahvistischen Schichten und den literarischen Prozeß, durch den sie zu der jahvistischen Urkunde vereinigt wurden, stark auseinander. BUDDE will außer J_1 noch zwei Erzähler unterscheiden, von denen der eine, J_2, die erste Quelle planmäßig umarbeitete und erweiterte, während der andere, J_3, eine Zusammenarbeitung von J_1 und J_2 vornahm, wobei er J_2 fast ganz unversehrt ließ und nur wenig Neues hinzufügte. Daß auch J_2 jetzt nur noch in Bruchstücken erhalten ist, hat seinen Grund in der Zusammenarbeitung von J mit dem Priesterkodex, der selbst nichts anderes als eine Umarbeitung von J_2 in priesterlichem Sinne darstellt.

Gegenüber dieser These ist das Bild, das die jahvistische Schicht bei SMEND darbietet, bedeutend einfacher. Er gewinnt durch seine Zerlegung zwei ziemlich vollständig erhaltene Erzählungswerke, die zwar in ihren genealogischen Aufzählungen empfindliche Lücken aufweisen, aber doch den ursprünglichen Zusammenhang erkennen lassen und durch ein ähnliches Verfahren wie die anderen Quellenschriften miteinander kompiliert sind. Es ergeben sich folgende Tabellen: J_1 umfaßt Gen 2 4b—9abα 3 18 19b 21 22 24 4 1 17—24 5 29 6 1 2 4 11 1—9 9 20—27. Zu J_2 werden gezählt: Gen 2 9bβ—25 3 1—17 19a 20 23 4 25 26 17b 6 — 9 17 (mit Pg kompiliert) 9 18a 19 10 8 10—12 15 18b 19 21 25 30 4 2 16. (Wegen des Inhalts vgl. die Anmerkung[1].) Die Paradiesgeschichte von J_1 ist, weil wahrscheinlich größtenteils der von J_2 parallel, nur noch in Bruchstücken nachzuweisen. Es fehlt außerdem eine genealogische Überleitung von Lemech auf Noah und von Sem auf Abraham. Bei J_2 fehlen größere Partien der Stammbäume, die von

---

[1] Die Urgeschichte des J_1 zeigt folgendes Bild: die ersten Menschen werden zu einem nomadischen Leben in der Wüste verurteilt; durch Vermischung von Engelsöhnen und Menschentöchtern entstehen die Riesen; am babylonischen Turmbau durch die Sprachverwirrung gehindert, zerstreut sich die Menschheit über die ganze Erde. Der Ackerbau wird durch Noah begründet, der damit den alten Gottesfluch mildert; in prophetischem Spruch sagt er das Schicksal der von ihm abstammenden Völker der Israeliten, Hettiter und Kanaaniter voraus. — Bei J_2 werden die Menschen nach dem Sündenfall zum Ackerbau verurteilt, aber wegen ihrer stets wachsenden Verderbtheit mit Ausnahme des frommen Noah durch die Sintflut hinweggerafft. Durch seine drei Söhne wird Noah der Stammvater der gesamten Menschheit, deren Verteilung eine Völkertafel ersichtlich macht.

Adam auf Noah und von Sem auf Abraham führen, in der Völkertafel die Nachkommen Jafets, die durch ein Stück aus Pg ersetzt sind.

Für die erste Erzählungsreihe ist charakteristisch, daß sie von vornherein יהוה gebraucht, die Sintflutgeschichte nicht kennt und alle Menschen von Kain abstammen und bis auf Noah Nomaden sein läßt. Hingegen sind die Menschen bei J_2 ursprünglich Ackerbauer und das Nomadentum wird als Fluch empfunden. Der geschichtliche Gesichtskreis, der uns in der Völkertafel entgegentritt, ist gegenüber J_1 stark erweitert. Vor 4 26 gebraucht diese Schrift אלהים.

Es ist keine Frage, daß dieser Lösungsversuch der jahvistischen Probleme der Urgeschichte gegenüber allen bisherigen Quellenanalysen den Vorzug der Einfachheit und Geschlossenheit voraus hat. Daß er kein endgültig abschließender ist, sondern noch mancher Ergänzung und Verbesserung bedarf, zeigen die Fragen und Schwierigkeiten, die bei ihm noch nicht berücksichtigt sind. So ist z. B., was Gen 2 betrifft, die Trennung des Kapitels in zwei Hälften nicht ganz einwandfrei. Mit einiger Sicherheit weist nur 2 8 u. 15 auf doppelte Überlieferung, während die 4 Ströme v. 10—14 mit dem Wassersprudel v. 6 nicht unvereinbar sind und die Ausscheidung des Erkenntnisbaumes in v. 9 durch den Zusammenhang mit 3 22 unstatthaft wird. Zieht man ferner die Lesart der LXX hinsichtlich der Gottesnamen in Betracht, so wird man mit Rücksicht auf 4 26 eher dahin neigen, Gen 2 zum größten Teil J_2 zuzuweisen. Ferner erhebt sich die Frage, ob die Unterscheidung zwischen einer Verfluchung zum Nomadenleben und einer solchen zum Ackerbau nicht gekünstelt ist; denn daß das Essen des Krauts auf dem Felde ein Kennzeichen des Beduinenlebens sei, wird doch niemand behaupten; auch hätte derselbe Erzähler den Städtebau schwerlich aus dem Nomadenleben hervorgehen lassen. Vielmehr scheinen die beiden Varianten sich hier inhaltlich in der Hauptsache zu decken. Was J_2 angeht, so fällt aus der im ganzen geschlossenen Verbindung, in der die einzelnen Stücke stehen, Gen 4 2—16 völlig heraus. Dieser Abschnitt nimmt in der Tat in der jahvistischen Schicht eine Sonderstellung ein, die allen Erklärungsversuchen bisher Trotz geboten hat (s. S. 125 ff.). Wenn man ihn zu J_2 stellt, so wäre er vielleicht am ehesten nach der Geburt Seths einzufügen und etwa als Stück der jetzt verstümmelten Sethitentafel zu betrachten, die, wie 4 17b und 26 beweisen, mehr als die bloßen Namen der Urväter zu bieten wußte. Möglicherweise könnte dann auch 4 1 in seiner Urform, die nach LXX אלהים gebrauchte, hierher gezogen werden. Die jetzigen Umstellungen würden sich leicht aus der Arbeit des Kompilators verstehen, der J_1 mit J_2 verband.

Trotz der ihr noch anhaftenden Mängel muß anerkannt werden, daß SMENDS Hypothese eine Lösung in der angegebenen Richtung für die Urgeschichte als durchaus möglich nachgewiesen hat. Das gilt auch für die Patriarchengeschichte Gen 12—50, obgleich die hier zu überwindenden Schwierigkeiten bei weitem größere sind. Dadurch, daß die beiden Jahvisten in diesem Teil der Genesis dieselben Stoffe in ziemlich übereinstimmender Weise behandelten, konnten sie von der Redaktion viel inniger miteinander verschmolzen werden, so daß ihrer Rekonstruktion bestimmte Grenzen gezogen sind. Wir geben in der folgenden Tabelle diejenigen Kapitel, die nach SMEND aus J_1 und J_2 zusammengesetzt sind, deren Analysierung bis ins einzelne aber schwerlich gelingen kann, mit * versehen wieder, ebenso Stücke, die redaktionelle Eingriffe und elohistische Einschübe enthalten. Außerdem sind manche Stücke nur mit allem Vorbehalt hier eingereiht, weil SMEND selbst ihre Zugehörigkeit nicht eindeutig bestimmt hat und seine Tabelle (Erz. des Hexateuch S. 65 f.) unvollständig und ungenau ist.

J_1: 12 1 2 4a 6—8 13 2—5* 7—11a 12b—18* 18* 19* 21 1a 2a 7* 22 20—24(?) 25 1—4 18 5 6 11 26 1 2a 3a 6—33* 25 21—26 29—34 29 1—30* 31—35* 30 9—16 17—24* 29 30 31 32 ff.* 31 1 3 17—43* 44a 46 48 51* 52* 32 23—33 33 17 34* 35 21 22a 36 31—39 38 49*.

J_2: 12 3 10—20 13 1 15 2 7—12 17 18 16* 18* 19* 21 1a 2a 7* 24* 26 2b 24 25 25* 27—28* 27* 28 13—16 19 30 25 27 32 ff.* 31 17—43* 44 b 45 51* 52* 53 54 32 4—14 33 1—16* (36 teilweise); die jahvistische Josephgeschichte Gen 37—50[1].

---

[1] Inhaltsangabe: 1. Hauptabschnitt: Abraham und Isaak. Bei J_1 handelt es sich zunächst um Abrahams Verhältnis zu Lot, der mit ihm in das Westjordanland kommt, es aber freiwillig räumt. Dabei werden einige berühmte Kultorte mit dem Erzvater in Verbindung gebracht, nämlich Sichem, Bethel und Hebron. Im Gegensatz zu der Verheißung und Geburt des rechtmäßigen Sohnes Abrahams wird von dem illegitimen Ursprung der Nachkommen Lots und dem Verlust seiner Wohnsitze erzählt und dabei ein Blick auf Israels Nachbarvölker Moab und Ammon geworfen. Nach Abrahams Tod zieht Isaak nach Lachai Roi im Negeb, von hier wegen Hungersnot nach Gerar, wo Rebekka in Gefahr kommt; wieder spielt das Verhältnis zu einem Nachbarvolk Israels herein, zu den Philistern, die Isaak über Sitna und Esek nach Rechoboth zurückdrängen. Endlich kommt es in Beersaba zur friedlichen Auseinandersetzung mit ihnen.

J_2 hat nach SMEND die Abrahamsgeschichte in größerer Ausführlichkeit. Er betont in den Schicksalen der Patriarchen besonders die Fürsorge Jahves, der Abraham den Besitz des Landes Kanaan zusichert, Sarah aus schwerer Gefahr rettet, die Verheißung des Landbesitzes wiederholt und die eines Sohnes hinzufügt, und, nachdem die auf Hagar gesetzte Hoffnung fehlgeschlagen ist, den langersehnten Leibeserben schenkt. Abrahams Wanderung geht von einem unbestimmten Ort Kanaans nach Ägypten, von da nach dem Süden Judas, wahrscheinlich Beersaba, wo er der Vater Ismaels wird, dann nach Hebron. Auch Isaak erfährt den besonderen Schutz Jahves nach seines Vaters Tode in der wunderbar glücklichen Werbung des Knechts um Rebekka. Von Lachai Roi scheint er direkt nach Beersaba gezogen zu sein.

Zerlegen wir Gen 12—50 in die Geschichte von Abraham und Isaak und die von Jakob und seinen Söhnen, so finden wir in dem ersten Abschnitt bei J_1 nur eine Lücke: das Fehlen der Heirat der Rebekka. In diesem Punkt konnte die Notiz von J_1 neben Gen 24 nicht mehr aufkommen. In dem Bericht von J_2 fehlt der Auszug Abrahams, der Übergang vom Negeb nach Beersaba und von Beersaba nach Hebron, ebenso eine Notiz über die Wanderung Isaaks von Lachai Roi nach Beersaba und die Geburt von Esau und Jakob. Diese Lücken wollen indessen nicht viel besagen, da auch in diesem Stück der Genesis J_1 und J_2 wohl verständliche Zusammenhänge darstellen, und die Schwierigkeiten, die u. a. besonders die Lokalisierung der einzelnen Geschichten macht, befriedigend gelöst werden.

Bedenklicher scheint uns die in Kap. 18 und 19 sowie in Kap. 24 vorgenommene Quellenanalyse zu sein. Denn jeder Versuch, in Gen 18 19 Doppelberichte herauszuschälen, verstößt gegen die Einheitlichkeit und kunstvolle Komposition der Sage, auf die wir schon S. 110 ff. näher eingegangen sind; die zweifellos vorhandenen Unebenheiten der Erzählung sind kaum durch die Unterscheidung einer älteren Engelrezension und einer jüngeren Jahverezension zu beheben, wodurch nur zusammenhanglose Bruchstücke herausgelöst werden, sondern viel wahrscheinlicher als Spuren des Ringens des Erzählers mit seiner Vorlage oder als Änderungen der Überarbeiter oder Abschreiber aufzufassen. Für J_2 wird die Sodomgeschichte überdies unwahrscheinlich, weil er nichts von Lot weiß. Was Gen 24 betrifft, so ist hier die Zusammensetzung aus zwei Quellen wohl zu beweisen, ebenso auch die Identifizierung dieser Quellen mit J_2 und E; die genaue Wiederherstellung der beiden Berichte aber bis auf

---

2. Hauptabschnitt: Jakob und seine Söhne. Hier hat J_1 die Erzählung von der Geburt Esaus und Jakobs und dem Verkauf der Erstgeburt. Jakob wird von seinem Oheim Laban in seine Dienste genommen, heiratet dessen Töchter Lea und Rachel, wobei er von seinem Schwiegervater betrogen wird, trifft nach der Geburt seiner Söhne mit Laban eine Vereinbarung über seinen Lohn, der aus bunten Ziegenjungen bestehen soll und den er durch List zu vergrößern weiß. Er entflieht, wobei Rachel die Terafim ihres Vaters entwendet, versöhnt sich mit dem ihn einholenden Laban und gelangt nach dem Gotteskampf am Jabbok ins Land Kanaan. Die Patriarchengeschichte schließt mit Berichten über die vier Leasöhne und mit dem Jakobsegen,

J_2 berichtet ebenfalls von der Geburt Esaus und Jakobs und erzählt dann von der Erschleichung des Erstgeburtssegens durch Jakob und seiner Wanderung nach Charan mit der Betheloffenbarung. Es folgt der Aufenthalt bei Laban und Jakobs betrügerische Mehrung seines Reichtums. Nach der Auseinandersetzung mit Laban und der Begegnung mit Esau bleibt Jakob im mittleren Lande wohnen. Das letzte Stück bildet die Josephgeschichte.

Vers und Halbvers kann stets nur als Versuch der Veranschaulichung, nicht als sicheres Resultat betrachtet werden, was auch die meisten Forscher zugeben. Endlich kann Gen 21 33 nicht als Stück von E betrachtet werden, sondern ist in den Zusammenhang von J_2 einzustellen, der den Wohnort Abrahams in Gen 15 16 aller Wahrscheinlichkeit nach in Beersaba lokalisiert hat. Auch in Gen 12—26 dürfte demnach die Ausscheidung von J_1 und J_2 eine Berichtigung verlangen.

Wir kommen zu der Geschichte von Jakob und seinen Söhnen. Die einzelnen Stücke von J_1 stehen hier mitunter nur in lockerer Verbindung, doch ist nur eine merkliche Lücke vorhanden, nämlich hinsichtlich der Reise Jakobs von Beersaba zu seinem Oheim Laban. Nicht ganz so befriedigend steht es mit dem Bericht von J_2. Über die Geburt Esaus und Jakobs enthält er nur kleine Bruchstücke (wie übrigens auch E). Sehr lückenhaft ist seine Überlieferung über den Aufenthalt Jakobs bei Laban. Nur die von Jakob angewandte Hirtenlist kann ihm hier mit Sicherheit zugeschrieben werden, ebenso ein Anteil an der Erzählung von der letzten Auseinandersetzung mit Laban. Überhaupt ist SMENDS Quellenanalyse in Gen 29—31, zumal sie mit einer falschen These über die Heimat der Patriarchen bei J und E belastet ist, nicht überall einleuchtend. Außer an den beiden erwähnten Stellen wird man in diesen Kapiteln über den Nachweis, daß hier drei Quellen zugrunde lagen, kaum hinauskommen können. Dieser genügt aber auch vollständig.

Bedauerlich ist noch das Fehlen eines Übergangs zur Josephgeschichte, da es infolge davon nicht recht klar ist, wie die jahvistische Rezension der Josephgeschichte zu dem Namen ישׂראל kommt. SMENDS Ausführungen geben darüber keinen Aufschluß. Entweder muß man annehmen, daß der Name bei J_2 durch die Redaktion, welche die Vereinigung der beiden Jahvisten vollzog, mit Rücksicht auf die Überlieferung von J_1 geändert wurde, oder es ist an eine absichtliche Auslassung einer zweiten jahvistischen Erzählung über die Namensänderung Jakobs zugunsten der jetzt vorliegenden Relation von J_1 zu denken. Die letztere Annahme würde die Ansicht begünstigen, daß J_2 von J_1 abhängig sei. Ein solches Verhältnis der beiden Jahvisten wird auch bei einem Rückblick auf die beiden Erzählungsreihen in der Genesis nahegelegt (vgl. die Paradieserzählung, die nahe Berührung bei der Nennung der Söhne Noahs und die Bevorzugung von J_1 beim Bericht von Abrahams Zug nach Kanaan). Doch ist auf der anderen Seite nicht außer acht zu lassen, daß J_2 viel Sondergut besitzt (Brudermord, Sintflut, Völkertafel, Hagars Flucht, Isaaks Heirat, Jakobs Erschleichung des Erstgeburtssegens und seine Versöhnung mit Esau, die Josephgeschichte), das man nicht einfach wie SMEND als „Ergänzung und Überbietung" des Stoffes von J_1 auffassen kann[1]. Vielmehr ist nicht zu leugnen, daß dies Sondergut für eine weitgehende Selbständigkeit von J_2 spricht und der Hypothese vom Zurückgehen aller drei Quellen auf eine gemeinsame Urüberlieferung von neuem Wahrscheinlichkeit verleiht. Man sieht daraus, daß die Frage nach der Abhängigkeit der Quellen eine zu schwierige ist, um mit der selbstverständlichen Sicherheit SMENDS entschieden zu werden. Eine allseitig befriedigende Lösung hat die neuere kritische Arbeit an der Genesis nicht gegeben, und es wäre verfrüht, in einer Untersuchung, die den literarischen Aufbau der Genesis als Hauptproblem behandelt, über eine Frage ein abschließendes Urteil fällen zu wollen, die erst in zweiter Linie in Betracht kommen kann und, wie die stark auseinandergehenden Ansichten der namhaftesten Forscher zeigen, noch nicht spruchreif ist[2].

Aus dem gebotenen Überblick erhellt jedenfalls, daß die Möglichkeit, aus der jahvistischen Gesamtüberlieferung zwei in sich geschlossene Erzählungsreihen zu rekonstruieren, von SMEND in entscheidender Weise nachgewiesen ist. Daß damit ein Fortschritt gegenüber der bisher herrschenden Auffassung erreicht ist, kann aber gerade EERDMANS' neue Komposition der Genesis klarmachen.

Wie aus der Besprechung dieses Teils der Arbeit von EERDMANS hervorging, wird sie dadurch charakterisiert, daß sie die sprachliche Eigenart, die sachlichen Zusammenhänge und das religiöse Gepräge, das die einzelnen Sagen zusammenschließt, völlig ignoriert und sie nach äußerlichen Merkmalen (Toledoth) und, wo es angeht, mit möglichster Abrundung des Inhalts der einzelnen Abschnitte nebeneinander stellt. Fragt man sich, wie es zu dieser völligen Verkennung des literarischen Charakters der Genesis kommen konnte, so lehrt ein Blick auf die Entwicklung der Hexateuchkritik in den letzten Jahrzehnten, daß EERDMANS nicht etwa eine ohne erkennbare Zusammenhänge plötzlich auftauchende Sondererscheinung ist, sondern die zwar einseitige, aber folgerichtige Endentwicklung einer starken kritischen Strömung darstellt. Es ist im Grunde eine Art von Rücklaufbewegung, die die Urkundenhypothese nach der Überwindung der Fragmenten- und Ergänzungshypothese vollzog, indem sich das Interesse von den Quellenschriften zu ihren Schichten

---

[1] Die Übereinstimmung der Jahvisten sogar im Stil, die SMEND aus Gen 19 31 17 ff. erschließt, beruht dort auf einer nicht unanfechtbaren Quellenscheidung und kann hier auch zufälliger Anklang sein.

[2] Das gilt auch für das Verhältnis von J und E und die Hypothesen über Alter und Heimat der Quellen, die SMEND vertritt.

wandte, um schließlich die Schichten in ihre Urbestandteile aufzulösen und in diesem den Prozeß der Sagenbildung und -umbildung von der schriftlichen in die mündliche Überlieferung zurück zu verfolgen. So sehr bei dieser Forschungsmethode die Verwertung einer erdrückenden Fülle von religionsgeschichtlichem Vergleichsmaterial, die Einreihung der israelitischen Sagen in die Sagen der Umwelt und ihre Beleuchtung von hier aus anlockt, so besteht doch auch die Gefahr, über der Diskussion über Herkunft und ursprüngliche Bedeutung einzelner Sagenzüge die jetzt vorliegende Form der Sage und über dem Bemühen, Urgestalt und Ursinn der Einzelsage zu erforschen, die Komposition, in die sie hinein-gestellt ist, mit ihren bestimmten Leitgedanken und Absichten zu über-sehen oder falsch einzuschätzen. Und dieser Gefahr ist man nicht ent-gangen. Die Einzelsage wurde auf Kosten der Bedeutung des Sagenbuches verselbständigt; nur der Einzelsage glaubte man noch bestimmte Zwecke und Beziehungen auf geschichtliche Verhältnisse zuschreiben zu dürfen; das Sagenbuch dagegen sank zu einer Sammlung der vielen verschiedenen Einzelsagen herab, es verlor jeden persönlichen Charakter. Und wenn man auch noch ganz allgemein von einem den Sammlern „vor-schwebenden, wenn auch natürlich etwas unbestimmten Gedanken"[1] zu reden wagte, der dem Buch zugrunde liegen sollte, so konnte das die tatsächliche Auflösung der einheitlichen Urkunden, die zusammen den Pentateuch bilden, nicht verdecken, wenigstens nicht für den, der in konsequenter Weise den fundamentalen Unterschied zwischen Sammlung und schriftstellerischer Komposition erfaßte und bei seiner Betrachtung verwertete. Denn die Schwierigkeit, bei dem über lange Zeiträume sich ausdehnenden und ohne besonderen persönlichen Einfluß vor sich ge-henden Werdeprozeß die Einheitlichkeit von Sprache, Stil oder gar reli-giösen und sittlichen Anschauungen der Quelle festzuhalten, ermöglichte es, ja ließ es als notwendigen Fortschritt erscheinen, sich über diese Schranken hinwegzusetzen. Tat man diesen Schritt, so erhielt man in losem Zusammenhang nebeneinanderstehende Sagen und Sagenkränze, die nur nach aus ihnen selbst zu entnehmenden Gesichtspunkten auf ihr ungefähres Alter und ihre Herkunft bestimmt und deren Zusammen-wachsen nur mittels einer mit großer Freiheit gebrauchten Ergänzungs- und Fragmentenhypothese erklärt werden konnte.

Diese Entwicklung zeigt uns die Genesiskomposition von EERDMANS ganz deutlich. Haben wir die oben gekennzeichnete kritische Strömung bei GUNKEL am schärfsten ausgeprägt, so läßt sich auch kaum bestreiten,

---

[1] GUNKEL, Gen.³ LXXXV.

daß EERDMANS hier auf seinen Schultern steht, so sehr seine letzten Ziele
GUNKELS Absichten zuwiderlaufen mögen.

Diesem Auflösungsprozeß kann nur durch eine bewußte Neugrün-
dung der Urkundenhypothese entgegengetreten werden. Worauf es hierbei
ankommt, das dürfte aus unserem Versuch, EERDMANS in den Zusammenhang der neueren Hexateuchforschung hineinzustellen, deutlich geworden
sein. Es gilt, der Quellentheorie dadurch größere Geschlossenheit zu verleihen, daß das Bild der hinter den einzelnen Quellen stehenden Verfasser durch erneute und vertiefte Forschung klarer hervortritt und dadurch
jede Quellenschrift als zweckvolle Gestaltung einer schriftstellerischen
Persönlichkeit erscheint. Nicht zufällig entstandene Sammlungen sind die
einzelnen Urkunden, sondern Werke, deren Verfasser den überkommenen
Stoff ihren Zwecken dienstbar machten.

In dieser Richtung ist das bisher in bezug auf die Schichtung der
Quellen Erarbeitete zu verwerten. Liegen hier erst einmal allgemeiner
anerkannte Ergebnisse vor, so ist auch zu hoffen, daß von ihnen aus
noch ungelöste Fragen, wie die nach Alter, Heimat und Abhängigkeit
der Quellen, einer übereinstimmenden Lösung entgegengeführt werden.

Nachtrag am Schluß des Ganzen.

Inzwischen ist von König (die moderne Pentateuchkritik und ihre neuste Bekämpfung, 1914) der Wert der ganzen neueren, auf die LXX gestützten textkritischen Arbeit an der hebräischen Genesis in eingehender Untersuchung in Frage gestellt worden. Es liegt nicht im Rahmen dieser Abhandlung, hier das ganze LXX-Problem aufzurollen. Es kann sich vielmehr nur darum handeln, den hier vertretenen Standpunkt auch gegenüber der neuen Betrachtungsweise kurz zu begründen, wobei ich mich, da mir Königs Schrift erst nach Fertigstellung des Manuskripts vorlag, auf einen Nachtrag beschränke.

Wenn König zunächst eine allgemeine Einschätzung der Autorität des MT und der LXX vorausschickt, und dabei für den MT eine „sehr hohe relative Sicherheit und Ursprünglichkeit", für die LXX aber eine häufige Verwischung des ursprünglichen Textes infolge der absichtlich erklärenden und aufhellenden Art jeder derartigen Übersetzung feststellen zu können glaubt, so ist dieses Urteil zwar an sich richtig, aber auch geeignet, falsche Vorstellungen vom gegenseitigen Verhältnis von MT und LXX zu erwecken, indem es verschweigt oder zu wenig berücksichtigt, daß dieses Verhältnis auch eine Kehrseite hat. Denn die Aufzählung „positiver Glaubwürdigkeitsspuren" des MT kann doch nicht die Tatsache aus der Welt schaffen, daß wir es im MT nur mit einer unter vielen Textüberlieferungen zu tun haben und nicht mit dem Urtext selbst, so daß der von ihm dargebotene Text ohne weiteres richtig wäre. Vielmehr weist er zahlreiche Verderbnisse, sekundäre Lesarten usw. auf, die mit Hilfe anderer Textzeugen korrigiert werden müssen. Und daß unter diesen zur Korrektur heranzuziehenden Textzeugen die LXX einer der wichtigsten ist, die an vielen Stellen die ältere und richtige Lesart bewahrt hat, bleibt ebenfalls zu Recht bestehen trotz der starken Betonung ihrer Mangelhaftigkeit durch König. Es darf also nicht der falsche Schein erweckt werden, als ob man zwar der LXX nur mit dem größten Mißtrauen gegenübertreten könne und bei jeder Variante zum MT zuerst absichtliche oder zufällige Veränderung des Urtextes vermuten müsse, aber beim MT von jeder derartigen Vorsicht entbunden sei.

Wenn König dann bezüglich der Veränderlichkeit des atl. Textes zwei Perioden unterscheidet, von denen die erste den Text während seiner Entstehung, die zweite denselben nach seiner Kanonisierung umfaßt, und nur für die erste die Möglichkeit von Textänderungen gelten lassen will, so ist diese These völlig unbeweisbar. Denn wir haben erst seit dem zweiten nachchristlichen Jahrhundert, also zwei bis drei Jahrhunderte nach der Kanonisierung, einen einigermaßen einheitlichen hebräischen Text (die Einheitlichkeit ist auch hier stark überschätzt worden, die alten Handschriften zeigen noch genug eigentliche Varianten [1]; besonders interessant sind die Unterschiede zwischen den Orientalen und Okzidentalen, die durch die neuere Handschriftenforschung wahrscheinlich noch eine Vermehrung erfahren); von den vorhergehenden Jahrhunderten aber

---

[1] Das gibt übrigens auch König gelegentlich zu, vgl. S. 34 f.

wissen wir auf Grund des Zeugnisses aller Textzeugen, daß in ihnen eine sehr sorg-
lose, wenn nicht leichtsinnige Textüberlieferung geherrscht hat. Daran vermag auch
der später aufgestellte massoretische Grundsatz der Unveränderlichkeit des Textes nichts
zu ändern. Im Gegenteil, wenn man vorher nicht geändert hätte, so wäre ja seine
Aufstellung zwecklos gewesen. Man kann sich also, wenn man die Unmöglichkeit von
Textänderungen seit der Zeit des autoritativen Gebrauchs der betr. Schrift in der Gemeinde behauptet, kaum mit dem Warten „auf den Erweis des Gegenteils" beruhigen.
Auch die Heiligkeit des um die Mitte des 5. Jahrh. etwa in seiner jetzigen Gestalt vorliegenden Pentateuch so weit zu steigern, daß keine Hand mehr an den Wortlaut des
Textes zu rühren gewagt hätte, ist ein Postulat von sehr zweifelhaftem Wert (so hat
man z. B. bisher das Zahlensystem des massoretischen Pentateuch, das bekanntlich von
dem des Sam. wie der LXX stark abweicht, meist nicht für das Ursprüngliche gehalten).

Was den Sam. betrifft, dessen weitgehende Übereinstimmung mit dem MT König
als starke Stütze für die Zuverlässigkeit des MT ansieht, so ist er zweifellos ein wichtiger Textzeuge, der ja auch schon zur Korrektur des MT beigetragen hat (vgl. Gen 7 9,
wo die Lesart יהוה statt אלהים bei Sam. und Vulg. allgemein angenommen ist). Doch
darf er nicht überschätzt und als ausschlaggebend betrachtet werden, da sowohl die
Zeit seiner Übernahme von den Juden, als die Frage ev. späterer Annäherung seines
Textes an den MT im Dunkeln liegt.

So können also auch allgemeine Erwägungen über das Verhältnis von MT und
LXX uns nicht bestimmen, von der Benutzung der LXX zur Eruierung des ursprünglichen Textes, selbst hinsichtlich der Gottesnamen des Pentateuch, abzugehen. Was nun
Königs Nachprüfung der von Dahse für die Autorität der LXX angeführten Gründe im
einzelnen betrifft, so können wir, trotz mancher Zustimmung, prinzipiell nicht der immer
wieder zum Ausdruck gebrachten, ja eigentlich jedesmal die Basis der Widerlegung
bildenden Ansicht Königs beitreten, daß die Abweichungen der LXX und anderer Textzeugen vom MT von vornherein „am natürlichsten" auf innere Entwicklung des griechischen Textes oder auf Abschreiberversehen zurückzuführen seien. Aus der Vergleichung
griechischer und hebräischer Manuskripte z. B., die Dahse vorgenommen hat, geht ja
einmal die Verschiedenartigkeit in der Überlieferung des hebräischen Textes hervor, so
daß schon hierdurch die untrügliche Richtigkeit der massoretischen Textüberlieferung
stark in Frage gestellt ist; denn daß die Abweichungen der hebräischen MSS vom MT
nichts als Verschreibungen seien, dafür läßt sich doch kein durchschlagender Beweis
anführen. Verdanken wir es ja nur der ausgleichenden Arbeit der jüdischen Schrift-
gelehrsamkeit, daß wir keine größere Zahl von Varianten des hebräischen Textes haben!
Ferner muß aus der Übereinstimmung griechischer und hebräischer MSS bei vorurteils-
freier Betrachtung geschlossen werden, daß griechische MSS auch in ihren Abweichungen
vom MT hebräische Traditionsformen wiedergeben können, eine Annahme, von der man
ja auch an vielen Stellen des MT mit Erfolg Gebrauch macht; warum also nur hier
nicht? Damit ist natürlich nicht die Unfehlbarkeit der griechischen Varianten behauptet,
so daß ein Abirren vom ursprünglichen hebräischen Text bei ihnen ausgeschlossen wäre.
Aber eine Entscheidung pro oder contra läßt sich nicht von allgemeinen Voraussetzungen
oder Regeln aus, sondern immer nur von Fall zu Fall mit bestimmten Gründen treffen.
Ein Urteil in Bausch und Bogen abzugeben, ist völlig unzulässig.

Dagegen können wir Königs Kritik nur zustimmen, wo er sich gegen Dahses Versuch wendet, durch Zusammenstellung von griechischen und hebräischen Handschriftengruppen die Vornahme von Rezensionen bezüglich der Gottesnamen schon in hebräischen
Texten nachzuweisen. Man wird zwar nicht wie König (a. a. O. S. 39 f.) alle abwei-

chenden Lesarten auf Abschreiberversehen zurückführen können und lediglich inner-
hebräische und innergriechische Entwicklung des Textes behaupten. Die griechischen
Handschriftengruppen mögen immerhin auf hebräische Vorlagen zurückgehen. Aber
einmal ist die von DAHSE herangezogene hebräische Handschriftengruppe K 132, 152,
199, 9, 81, 193 doch nicht so einheitlich, daß sie zusammen einen fest umrissenen
hebräischen Typus darstellen könnten, der mit den betr. LXX-Handschriften an allen
wichtigeren Punkten übereinstimmte. Wagt doch auch DAHSE nur von „Spuren" eines
jener Handschriftengruppe vorliegenden Hebräers zu sprechen! Und dann ist es doch
sehr fraglich, ob die jetzt in egj z. B. vorliegenden Variationen lediglich auf den Grundsatz: „Im selben Abschnitt nur ein- und derselbe Gottesname" zurückzuführen sind;
denn diesen Grundsatz finden wir z. B. in dem Abschnitt 3 1—24 (weiter gefaßt 2 4b—3 24)
nicht angewandt, vgl. 3 3 5 *o ϑεος*; ebensowenig in dem Abschnitt 6 9—7 24 (der Anfang
des Abschnitts liegt sicher bei 6 9 und nicht erst 6 12, wie DAHSE S. 104 zu meinen
scheint), wo 6 9 und 7 9 in allen MSS *o ϑεος* hat, während sonst meist *κυριος ο ϑεος* steht.

Hinsichtlich der Übereinstimmung der LXX mit anderen Textzeugen wie Aquila,
Pesch., Vulg. u. a. gerade in den Abweichungen vom MT können wir nur unser oben
ausgesprochenes prinzipielles Urteil über die Verwendung der außermassoretischen Textzeugen zur Herstellung des ursprünglichen Textes wiederholen. So sehr man sich vor
voreiliger Inanspruchnahme jeder vom MT abweichenden Lesart als hebräischer Variante
hüten muß, so unbedingt ist doch auch an einer vorurteilsfreien und selbständigen
Stellung gegenüber dem MT festzuhalten, von der aus man unmöglich alle Zusammen-
stimmung der außermassoretischen Textzeugen auf zufälliges Zusammentreffen in den
Verschreibungen zurückführen kann. Infolgedessen scheint uns vor allem die These
einer Einsetzung von יהוה für אלהים im MT durch KÖNIG nicht widerlegt zu sein
(Gen 14 22 hat man ja das יהוה des MT schon lange für späte Einfügung gehalten) und
wir können daher, auch ohne auf alle Einzelfragen einzugehen, was im Rahmen dieser
Arbeit unmöglich ist, unsere oben ausgeführte Stellungnahme bezüglich der
Verwendung der LXX und anderer Textzeugen zur Korrektur des MT
selbst in seiner Gottesnamenlesung auch nach KÖNIGs Bestreitung für
wohl begründet halten.

Was schließlich die Beurteilung von DAHSEs Gottesnamenrezensionen und seiner
Perikopenhypothese betrifft, so stimmen wir hierin, wie aus unseren früheren Aus-
führungen S. 30. 32 ff. 121 ff. hervorgeht, mit dem Resultat von KÖNIGs eingehender
Nachprüfung durchaus überein, so daß hierüber keine weitere Diskussion nötig ist.

Verzeichnis der in der Arbeit benutzten Literatur
von prinzipieller Bedeutung.

Budde, K.: Die biblische Urgeschichte. Gießen 1883.

Dillmann: Genesis [6] 1892.

Holzinger, H.: Einleitung in den Hexateuch. Freiburg i. Br. und Leipzig 1893. (Holzinger, Hexat.).

Wellhausen, J.: Prolegomena zur Geschichte Israels. 4. Ausg. Berlin 1895. (Wellhausen [4] 1895).

Holzinger, H.: Genesis erklärt. Freiburg, Leipzig und Tübingen 1898.

Wellhausen, J.: Die Komposition des Hexateuchs und der historischen Bücher des Alten Testaments. 3. Aufl. Berlin 1899.

Steuernagel, C.: Übersetzung und Erklärung der Bücher Deuteronomium und Josua und Allgemeine Einleitung in den Hexateuch. Göttingen 1900.

Procksch, O.: Das Nordhebräische Sagenbuch die Elohimquelle. Leipzig 1906.

Eerdmans, B. D.: Alttestamentliche Studien. I. Die Komposition der Genesis. Gießen 1908.

Kautzsch, E.: Die heilige Schrift des Alten Testaments. 3. Aufl. Tübingen 1908. (Kautzsch [3]).

Steuernagel, C.: Eerdmans, B. D., Alttestamentliche Studien. I. Die Komposition der Genesis in Th. St. Kr. 1908, S. 623 ff.

Gunkel, H.: Genesis übersetzt und erklärt. 3. Aufl. Göttingen 1910. (Gunkel, Gen. [3]).

Holzinger, H.: Nachprüfung von B. D. Eerdmans, Die Komposition der Genesis in ZAW. 1910, S. 245 ff. und 1911, S. 44 ff.

Dahse, J.: Textkritische Materialien zur Hexateuchfrage. I. Die Gottesnamen der Genesis, Jakob und Israel, P in Genesis 12—50. Gießen 1912. (Dahse, Texkrit. Mat.).

Smend, R.: Die Erzählung des Hexateuch auf ihre Quellen untersucht. Berlin 1912. (Smend, Erz. d. Hexat.).

Steuernagel, C.: Lehrbuch der Einleitung in das Alte Testament. Tübingen 1912.

Hahn, J.: Die biblische und die babylonische Gottesidee. Leipzig 1913.

Procksch, O.: Die Genesis übersetzt und erklärt. Leipzig 1913.

Sellin, E.: Gehen wir einer Umwälzung auf dem Gebiet der Pentateuchkritik entgegen? in N. K. Z. 1913, 119 ff.

Wegen der nur gelegentlich benutzten Literatur wird auf die Anmerkungen verwiesen.

Buchdruckerei des Waisenhauses in Halle a. d. S.